AF155346

J. F. Julius Schmidt

Astronomische Beobachtungen über Kometen

J. F. Julius Schmidt

Astronomische Beobachtungen über Kometen

ISBN/EAN: 9783743317710

Hergestellt in Europa, USA, Kanada, Australien, Japan

Cover: Foto ©Thomas Meinert / pixelio.de

Manufactured and distributed by brebook publishing software
(www.brebook.com)

J. F. Julius Schmidt

Astronomische Beobachtungen über Kometen

PUBLICATIONS
DE
L'OBSERVATOIRE D'ATHÈNES.
1re SÉRIE, TOME I.

ASTRONOMISCHE
BEOBACHTUNGEN

ÜBER

COMETEN

VON

J. F. JULIUS SCHMIDT.

DIRECTOR DER STERNWARTE ZU ATHEN.

MIT IN LITHOGRAPHIRTEN TAFELN UND 1 HOLZSCHNITT.

ATHEN 1863.
KARL WILBERG.

Vorwort.

Constantin Bouris, der erste Astronom an der von dem Freiherrn Georg v. Sina erbauten Sternwarte zu Athen, hatte die Absicht, seine Arbeiten in der Form von Annalen zu veröffentlichen. Nachdem er verschiedene Aufsätze in den Astronomischen Nachrichten hatte drucken lassen, welche ihm die Anerkennung der wissenschaftlichen Welt erwirkten, verliess er Athen, unmuthig, und von Krankheit geplagt, zu Anfang des Jahres 1855, und starb zu Wien am 14. Juli 1860. Seine in Athen befindlichen Papiere sind leider nicht in dem Stande, dass sie sich zu einer umfassenden Publication eignen, und es ist zu befürchten, dass die Frucht seiner angestrengten Thätigkeit, die er Jahre lang unter sehr ungünstigen Verhältnissen durchgeführt hat, für die Wissenschaft verloren sein werde.

Von meinen Athenischen Beobachtungen erscheint hiermit die auf verschiedene Cometen bezügliche Abtheilung. Darunter auch die Abhandlung über Donati's Cometen von 1858, obgleich diese Arbeit noch vollständig in Wien abgeschlossen ward. Der noch sehr unvollkommene Zustand der Sternwarte zu Athen erlaubte mir für jetzt nur die Ausführung untergeordneter Arbeiten, die theilweise bereits durch die Astronomischen Nachrichten bekannt wurden. Was nun erscheint, ward abermals durch die unmittelbare grossmüthige Unterstützung Sr. Exc. des Freiherrn Simon v. Sina gefördert.

Wien, den 11. März 1863.

J. F. Julius Schmidt.

Inhalt.

Donati's Comet 1858.

Der Bericht über diesen Cometen, wie er hier vorliegt, ward 1858 im November zu Wien druckfertig abgeschlossen. Nachdem Se. Exc. der griechische Gesandte Herr Baron von Sina die Veröffentlichung dieser Beobachtungen auf seine Kosten genehmigt hatte, machte ich 1859 im Frühling zu Athen den Versuch, den Druck der Abhandlung in der königlichen Typographie besorgen zu lassen. Es waren aber die zu überwindenden Schwierigkeiten so gross, dass ich darauf verzichten musste, und beschloss nun zu warten, bis ich in der Lage sein würde, den ersten Band astronomischer Annalen der Athener Sternwarte erscheinen zu lassen. Nach vierjähriger Zögerung gelangen nun vier Abhandlungen über die letzten grossen Cometen gleichzeitig in die Oeffentlichkeit. Ich habe mich indessen auf meine eigenen Wiener Beobachtungen beschränkt, ohne irgend eine der zahlreichen Arbeiten anderer Astronomen zu vergleichen. Hier will ich nur bemerken, dass mir die ausgezeichneten Werke von Winneke und Bond wohl bekannt sind, und dass ich auf Bond's Relation über die Strömungsphänomene in einer besondern Arbeit (Astron. Nachrichten No. 1389) inzwischen Rücksicht genommen habe.

Wien, den 12. Februar 1863.

Julius Schmidt.

Die Beobachtungen, welche ich über den grossen, von Donati in Florenz am 2. Juni 1858 entdeckten Cometen angestellt habe, und die sich wegen ihrer beträchtlichen Anzahl, sowie auch wegen der Abbildungen, zur Veröffentlichung durch eine Zeitschrift nicht besonders eignen, geschahen unter Umständen, welche zuerst einer besondern Erwähnung bedürfen. Um die Zeit der telescopischen Sichtbarkeit des Cometen war ich noch in Olmütz (bis Aug. 30), konnte aber wegen der Lage der Sternwarte den Cometen im Juli und August nicht beobachten; früher aber desshalb nicht, weil er viel zu lichtschwach war. Als sich der Comet später in so grossartiger Weise entwickelte, stand mir, beschäftigt mit meiner Uebersiedlung nach Athen, keine Sternwarte zu Gebote, und ich musste, um nicht jede Beobachtung zu verlieren, auf Mittel sinnen, welche ich, damals in Wien wohnhaft, auch zur Genüge erreicht habe. Ich verdanke der Gefälligkeit des Herrn Lukas, Assistenten an der k. k. meteorologischen Centralanstalt, den uneingeschränkten Gebrauch eines ältern, etwa 2½zolligen Plössl'schen Fernrohrs mit parallaktischer Aufstellung. Das Objectiv hat nahe 3 Zoll im Durchmesser, und die schwächern Okulare geben ausgezeichnet scharfe Bilder. Die stärkern Okulare sind weniger brauchbar, und auch nur selten in Anwendung gekommen. An jedem heitern Abend ward das Instrument auf den westlichen Rand der Mauer des Dach-Plateau's gestellt, nachdem es gleich Anfangs durch die gewöhnlichen Mittel so orientirt ward, dass es sich, wenigstens innerhalb gewisser Gränzen, als Aequatoreal behandeln liess. Auf diesem Dache hatte ich zwar eine ganz freie Aussicht, dafür aber mit Uebelständen zu kämpfen, die auf Sternwarten nur selten eintreten: diese waren: das unaufhörliche Wagengerassel, das nie endende Zittern der Mauern Tag und Nacht, stete Einwirkung des oft heftigen Windes, und die niemals fehlende Verfinsterung des Horizontes durch mehr oder weniger dichte Rauchnebel, wie sie Abends sich über die grosse Stadt hin ausbreiten. Ich habe mich durch solche Hindernisse nicht entmuthigen lassen, sondern versucht, der ausserordentlichen Erscheinung des Cometen soviel als möglich abzugewinnen. Indem ich auf diese Weise mich einrichtete, war ich wenigstens so glücklich, die Zeit nicht mit Ortsbestimmungen verlieren zu müssen, an denen übrigens heutzutage kein Mangel ist, sondern ich konnte mich ganz dem Studium der äusserlichen Erscheinung des Cometen widmen und, begünstigt durch eine so lange Reihe sternheller Abende, in aller Vollständigkeit mein Vorhaben ausführen. Ein bestimmter Plan liegt den Beobachtungen, die ich jetzt der Reihe nach mittheilen werde, nicht zum Grunde. Es war Anfangs nur meine Absicht, die Helligkeit, die Länge und die Richtung des Schweifes genau zu notiren. Allein später, als die wunderbaren Phänomene am Nucleus sichtbar wurden, nahmen Mikrometermessungen die meiste Zeit in Anspruch; dann fügte ich die Untersuchungen über die Polarisation hinzu, und das Aufsuchen des Cometen am Tage, sodass ich regelmässig von 4 Uhr bis 9 Uhr auf der met. Central-

1*

4

anstalt beschäftigt war. Im Allgemeinen vertheilten sich die Beobachtungen auf folgende Abschnitte:

1. Sichtbarkeit des Cometen mit freiem Auge.
2. Sichtbarkeit des Cometen am Tage.
3. Beobachtungen über die Helligkeit des Nucleus.
4. Bestimmung der Länge des Schweifes.
5. Richtung und Krümmung des Schweifes.
6. Lichtausströmung des Nucleus; Messungen und Resultate.
7. Versuche über die Polarisation des Cometenlichtes.

Am 5. September sah ich den Cometen zum ersten Male, und zwar zu Rappoltenkirchen im Wiener Walde. Sept. 6. 7. 8 war es trübe. Von Sept. 9 bis Octob. 21 blieb ich in Wien, um keinen Tag für die Beobachtung zu verlieren. Die Abende, an denen der Comet meistens bei sehr heiterem Himmel gesehen und mehr oder weniger vollständig beobachtet werden konnte, waren die folgenden: Sept. 5. 9. 10. 12. 13. 14. 15. 16. 17. 18. 19. 20. 22. 23. 24. 25. 26. 27. 28. 29. 30. Octob. 1. 2. 3. 4. 5. 6. 7. 8. 9. 10. 11. 12. 14. 15. 16. 17. 18. In dieser Zeit sind noch verschiedene Morgenstunden zur Beobachtung geeignet gewesen. Ganz bewölkt waren nur die Abendstunden der folgenden Tage: Sept. 6. 7. 8. 11. 21. Octob. 13. 20; sehr ungünstig wegen Dunst und Gewölk: Sept. 9. 18. 19. 27. Octob. 1. 10. 12. 13.

1. Sichtbarkeit des Cometen in der Dämmerung.

An jedem heitern Abende erwartete ich, am Fernrohre entlang sehend, die erste Sichtbarkeit des Cometenkopfes in der Dämmerung, stets mit freiem Auge, indem die beiläufige Einstellung des Fernrohres mir dazu diente, die Richtung zu finden. Fünfmal gelangen diese Versuche auch in der Morgendämmerung. Die Zeiten des Unter- und Aufganges des Sonnenmittelpunktes für den Horizont von Wien, welche nach mittlerer Wiener Zeit angegeben sind, entnehme ich dem Littrow'schen Calender. Das Datum zähle ich astronomisch. t^1 ist das Zeitintervall zwischen dem Verschwinden des Cometen in der Morgendämmerung und dem Aufgange der Sonne, t das Intervall zwischen dem Untergange der Sonne und der ersten Sichtbarkeit des Cometen in der Abenddämmerung.

Comet sichtbar.			Sonnen-Aufgang und Untergang.			t^1	t
Sept. 12.	6 Uhr 50 Min.		6 Uhr 29 Min.			—	39 Min.
" 13.	6 " 55 "		6 " 18 "			—	37 "
" 13.	17 " 0 "		17 " 37 "			37	— "
" 14.	6 " 47 "		6 " 16 "			—	31 "
" 15.	6 " 43 "		6 " 14 "			—	29 "
" 17.	6 " 41 "		6 " 9 "			—	32 "
" 17.	17 " 7 "		17 " 42 "			35	— "
" 21.	17 " 19 "		17 " 48 "			29	— "
" 22.	6 " 25 "		5 " 59 "			—	26 "
" 23.	6 " 23 "		5 " 57 "			—	26 "
" 23.	17 " 23 "		17 " 50 "			27	— "
" 24.	6 " 19 "		5 " 55 "			—	24 "
" 25.	6 " 13 "		5 " 50 "			—	23* "

Comet sichtbar.			Sonnen-Aufgang und Untergang.			t^0	t	
Sept. 27.	6 Uhr	8 Min.	5 Uhr	48 Min.		—	30° Min.	
» 28.	6 »	7 »	5 »	46 »		—	21° »	
» 29.	6 »	8 »	5 »	44 »		—	24° »	
» 29.	17 »	30 »	17 »	58 »		28	— »	
» 30.	6 »	4 »	5 »	42 »		—	22° »	
Octob. 2.	6 »	3 »	5 »	38 »		—	25° »	
» 3.	5 »	59 »	5 »	36 »		—	23 »	
» 4.	5 »	57 »	5 »	34 »		—	23 »	
» 5.	5 »	52 »	5 »	32 »		—	20 »	
» 7.	5 »	48 »	5 »	28 »		—	20° »	
» 8.	5 »	46 »	5 »	26 »		—	20° »	
» 14.	5 »	48 »	5 »	16 »		—	32° »	
» 15.	5 »	46 »	5 »	12 »		—	34 »	
» 16.	5 »	44 »	5 »	10 »		—	34 »	
» 17.	5 »	50 »	5 »	8 »		—	42° »	
» 18.	5 »	50 »	5 »	6 »		—	44° »	

Die mit (*) bezeichneten Werthe t sind Mittel aus 2 Beobachtungen, deren erste angab, wann ich die erste Spur des Cometen zu sehen vermuthete, während die zweite zur Zeit der gewissen Sichtbarkeit stattfand. Nicht blos leichte Dunststreifen, sondern auch zuweilen der ausserordentliche Glanz des Abendhimmels und dessen glühende Farben, erschwerten die Beobachtung. Dass der Mondschein Einfluss geübt habe, fürchte ich weniger, da zu der Zeit, als der Comet eben sichtbar wurde, der Mond noch keinen Schatten werfen konnte. Bei diesen Beobachtungen war der Mond über dem Horizonte von Sept. 13 bis 24, und von Octob. 14 bis zu Ende der Sichtbarkeit des Cometen. Dünste im Westen zeigten sich Sept. 27. 28, Octob. 4, auch einigemal isolirte Wolken, ohne zu stören.

Werden die beobachteten Werthe t (Abends) durch Curven ausgeglichen, welche sich den einzelnen Angaben möglichst nahe anschliessen, ohne auf eine wenig wahrscheinliche Einbiegung gegen Ende Septembers Rücksicht zu nehmen, so erhält man das folgende Resultat:

Die früheste Sichtbarkeit des Cometen in der Abenddämmerung fällt auf den 5. Octob., also 4 Tage nach dem Perihele, und 8 Tage vor dem berechneten Maximum des Glanzes. Eine geringe Variation der Curve ergiebt den 7. Octob., also auch noch einige Tage vor der grössten Helligkeit, soweit diese auf bekannte Weise im Voraus bestimmt wird. Indessen trifft um diese Zeit auch die kleinste scheinbare Entfernung des Cometen von der Sonne ein, wodurch seine erste Sichtbarkeit vergleichungsweise zu den andern Tagen beeinträchtigt werden müsste. Den Einfluss der Dämmerung (ein noch immer nicht genügend erörtertes Problem), hoffe ich später aus meinen im Februar 1856 zu Olmütz begonnenen, und darauf bezüglichen Beobachtungen theilweise ermitteln zu können.

Nennt man $\triangle$ die Entfernung des Cometen von der Erde, r aber den Radius Vector des Cometen, so hat man, wenn E den scheinbaren Abstand des Cometen von der Sonne bedeutet:

Sept. 12. $\triangle = 1{,}32$ $r = 0{,}71$ Comet 39 Min. nach Sonnenuntergang sichtbar. $E = 32{,}1°$
» 30. $\triangle = 0{,}71$ $r = 0{,}58$ » 22 » » » $E = 34{,}4$
Octob. 18. $\triangle = 0{,}63$ $r = 0{,}70$ » 44 » » » $E = 44{,}8$

Zwischen der ersten und letzten Beobachtung verflossen 36 Tage, in welcher Zeit der Comet seine Entfernung von der Erde um die Hälfte verminderte, nämlich von 1,32 bis 0,63, oder von 27½ Millionen bis 13 Millionen geographischen Meilen. Zu eben diesen Zeiten, Sept. 12 und Octob. 18, hatte er nahe dieselbe Distanz von der Sonne, d. i. 0,7 oder 14½ Millionen Meilen. Am 12. Sept. hatte er Abends eine günstige Lage am Himmel, am 18. Octob. dagegen war er sehr tief am südwestlichen Horizonte, wodurch für die Beobachtung der Vortheil einer grössern Elongation von der Sonne wieder verloren ging.

2. Sichtbarkeit des Cometen am Tage.

Man kennt einige Cometen, wie z. B. die von 1744 und 1843, welche im Tageslichte mit freiem Auge gesehen werden konnten. Namentlich war dies bei dem berühmten Märzcometen von 1843 der Fall, indem er am Tage seines Perihels, am 28. Februar, unmittelbar neben dem Rande der Sonnenscheibe mit unbewaffnetem Auge beobachtet ward. Seit jener Zeit sind 3 andere Fälle bekannt geworden, dass Cometen wenigstens im Fernrohre, deutlich am hellen Tage sich erkennen liessen. Am 30. März 1847 Mittags sah Hind zu London den von ihm am 6. Febr. entdeckten Cometen mit Hülfe eines grossen Reflectors ganz nahe bei der Sonne. Von Aug. 30 bis Sept. 4 im Jahre 1853 beobachtete ich zu Olmütz täglich viele Stunden lang den von Klinkerfues entdeckten Cometen, wenige Grade von der Sonne entfernt, worüber ich damals umständlich in den Astr. Nachr. Bericht erstattet habe. Endlich im Octob. 1858 trat der dritte Fall dieser Art ein, dass der grosse Donati'sche Comet ebenfalls für das Fernrohr am Tage sichtbar ward. Ich habe schon von der geringen Kraft des von mir benutzten kleinen Refractors gesprochen, dabei aber die grosse Schärfe der Bilder bei schwächern Okularen erwähnt. Diese Okulare und das Schattenrohr am Objectiv, welches ich 1853 auch mit dem Olmützer Refractor verband, haben sehr gute Dienste geleistet. Indessen ging viel Zeit mit der Aufsuchung des Cometen am Tage verloren. Getäuscht durch den Glanz und das oft planetarische Aussehen des Kernes, erwartete ich dessen Sichtbarkeit am Tage viel früher, als es für das kleine Fernrohr möglich war. Gelang es mir nun auch nicht, ihn schon um 3 Uhr Nachmittags aufzufinden, so hatte ich doch die Genugthuung, ihn endlich vor dem Untergange der Sonne zu sehen, wovon sich meine Mitbeobachter, die Herren Lukas und Rath, einige Male ebenfalls überzeugt haben. Die auf der Centralanstalt erhaltenen Beobachtungen am 2½ schuhigen Fernrohre sind die folgenden:

Sept. 23 Abends 6 Uhr 8 Min., d. i. 11 Min. nach Sonnenuntergang, war der Comet gut sichtbar, sodass er leicht 5 Min. früher, also 6 Min. nach Untergang des Sonnenmittelpunktes, oder 4 Min. nach Untergang des obern Randes der Sonne hätte gesehen werden können.

Sept. 24 Abends 6 Uhr 13 Min., d. i. 18 Min. nach Sonnenuntergang, war der Comet schon hell im Fernrohre sichtbar, und gewiss schon 10 Min. früher erkennbar.

Sept. 26 Abends 6 Uhr 0 Min., d. i. 10 Min. nach der Sonne gut sichtbar, ohne Zweifel auch 10 Min. früher, also während des Sonnenunterganges.

Sept. 27 Abends 5 Uhr 50 Min., d. i. 2 Min. nach Sonnenuntergang war der Comet schon so hell, dass er wenigstens 5 Min. vor dem Untergange des Sonnenmittelpunktes sichtbar gewesen sein muss.

Sept. 28 5 Uhr 55 Min., d. i. 9 Min. nach Sonnenuntergang, war der Comet im Refractor so glänzend, dass er wenigstens 5 Min. vor Untergang der Sonne hätte gesehen werden können.

Sept. 30 5 Uhr 42 Min., d. i. während des Sonnenunterganges; er war schwach, und mehr als 5 Min. früher würde ich ihn nicht bemerkt haben.

Octob. 2 5 Uhr 41 Min., d. i. 9 Min. nach Sonnenuntergang, Comet sehr hell, und sicher schon 10 Min. früher sichtbar.

Octob. 3 5 Uhr 37,5 Min., d. i. 1,5 Min. nach Sonnenuntergang, war der Comet schon mit der halbkreisförmigen Ausströmung sichtbar, und ohne Zweifel schon 10 Min. früher.

Octob. 4 5 Uhr 21 Min., d. i. 13 Min. vor dem Verschwinden der Sonne, sah ich den Cometen deutlich am Refractor, ungeachtet seitwärts die Sonne mir ins Gesicht schien; noch 5 bis 7 Min. früher hätte es auch keine Schwierigkeit gehabt, ihn zu sehen.

Octob. 5 5 Uhr 20 Min., d. i. 12 Min. früher, ehe die Sonne unterging, hatte ich Arcturus, und nahe dabei den Cometen im Gesichtsfelde. Der Unterschied in der Helligkeit beider Himmelskörper war unter diesen Umständen enorm. Der Comet erschien, mit dem strahlenden Fixsterne verglichen, wie ein mattes weissliches Wölkchen; aber das Sonnenlicht hinderte nicht, auch den Sector zu sehen, welcher den Kern umgab.

Auch am 7. Octob. beobachtete ich nahe dasselbe. In Erwägung der geringen optischen Kraft meines Fernrohres und des Umstandes, dass bei grösserer Elevation der tiefblaue Himmel die Auffindung begünstigte, halte ich es für sicher, dass grosse Refractoren den Cometen am Mittage zeigen mussten. Bei meiner Einrichtung auf der Centralanstalt konnte ich nur innerhalb gewisser Gränzen die Fehler der Aufstellung des Fernrohrs ermitteln, wobei ich die Fehler der Ephemeride und die Wirkung der Refraction mit in dieselbe Correction einrechnete.

3. Ueber die Helligkeit des Cometen.

Die Methode der Stufenschätzungen des Lichtes, nach welcher Argelander die veränderlichen Sterne beobachtet, und deren ich mich ebenfalls mit einigen Abänderungen seit dem Jahre 1842 bediene, habe ich auch auf den Cometen angewandt, und mich bemüht, so oft es anging, ihn mit günstig gelegenen Sternen zu vergleichen. Der Spielraum war nicht gross, weil der Comet niemals hoch stand, und nur die Vergleichungen mit Arcturus haben einigen Werth. Es versteht sich von selbst, dass ich stets das Ende der Dämmerung abwartete, ehe ich die Vergleichung begann, und dass ich dabei nur den Gesammteindruck des Cometenkopfes im Auge hatte. Die Schwierigkeiten waren beträchtlich; doch hielt ich es für zweckmässiger, Beobachtungen zu versuchen, anstatt fruchtlos den Mangel eines Photometers zu beklagen. Ich erhielt folgende Vergleichungen, bei denen das Zeichen + heller bedeutet, das Zeichen — aber schwächer. Demnach will (c + 5,0 ψ Ursae) sagen, dass ich den Cometen 5 Stufen heller als den Stern ψ im Bären sah; durch c wird im Folgenden stets der Comet bezeichnet.

	Uhr							
Sept. 5.	8,0	c	0,0	ψ Ursae				
" 10.	8,2	+ 2,0	"	c — 0,5	α Canum	c	0,0	η Bootis
" 12.	8,0	+ 3,0	"	0,0	"		0,0	"
" 13.	16,5	"	—	"	—	"	—	" c 0,0 η Ursae
" 14.	8,2	+ 5,0	"	+ 1,0	"		—	"
" 15.	8,0	+ 6,0	"	+ 3,0	"	+ 4,0	"	—
" 16.	7,2	+ 7,5	"	+ 3,5	"	+ 4,0	"	—

	Uhr									
Sept. 17.	7,5	$c + 9{,}0$ ψ Ursae	$c + 7{,}0$ α Canum	$c + 8{,}0$ χ Bootis			
„ 17.	15,7	— „	— „	— „	$c + 1{,}0$ χ Ursae
„ 17.	16,2	— „	— „	— „	$+ 2{,}5$ „
„ 19.	7,0	— „	$+ 8{,}0$ „	$+ 8{,}0$ „	— „
„ 21.	16,0	— „	— „	— „	$+ 4{,}0$ „
„ 23.	17,0	— „	— „	— „	$+ 5{,}0$ „
Octob. 14.	6,5	— „	— „	$+ 8{,}0$ „	— „
„ 15.	6,6	— „	$+ 6{,}0$ „	$+ 7{,}5$ „	— „
„ 16.	6,8	— „	— „	$+ 4{,}0$ „	— „

Diese Beobachtungen werde ich nicht weiter berücksichtigen, wohl aber die folgenden Vergleichungen des Cometen mit Arcturus, von denen die Werthe A die unmittelbaren Beobachtungen, die Werthe B aber die durch Curven ausgeglichenen Angaben A bedeuten.

	A				B					
	Uhr									
Sept. 23.	7,0	$c - 4{,}0$ Arct.	Sept. 23.	$c - 5{,}8$ Arct.	Octob. 4.	$c + 0{,}4$ Arct.
„ 24.	7,0	$- 5{,}0$ „	„ 24.	$- 5{,}0$ „	„ 5.	$+ 0{,}4$ „
„ 25.	7,0	$- 4{,}0$ „	„ 25.	$- 4{,}1$ „	„ 6.	$+ 0{,}6$ „
„ 26.	7,0	$- 2{,}5$ „	„ 26.	$- 3{,}5$ „	„ 7.	$+ 0{,}6$ „
„ 29.	6,9	$- 2{,}0$ „	„ 27.	$- 2{,}8$ „	„ 8.	$+ 0{,}5$ „
„ 30.	6,9	$- 1{,}0$ „	„ 28.	$- 2{,}4$ „	„ 9.	$+ 0{,}1$ „
Octob. 2.	6,5	$- 0{,}5$ „	„ 29.	$- 1{,}8$ „	„ 10.	$- 0{,}4$ „
„ 3.	6,5	$0{,}0$ „	„ 30.	$- 1{,}2$ „	„ 11.	$- 1{,}0$ „
„ 4.	6,5	$+ 0{,}5$ „	Octob. 1.	$- 0{,}8$ „	„ 12.	$- 2{,}1$ „
„ 5.	6,5	$0{,}0$ „	„ 2.	$- 0{,}4$ „	„ 13.	$- 3{,}3$ „
„ 6.	7,0	$0{,}0$ „	„ 3.	$0{,}0$ „	„ 14.	$- 5{,}0$ „
„ 7.	7,2	$+ 0{,}5$ „	„ 4.	$+ 0{,}3$ „	„ 15.	$- 7{,}0$ „
„ 8.	7,2	$+ 0{,}5$ „				
„ 9.	7,0	$0{,}0$ „				
„ 11.	6,7	$- 0{,}5$ „				
„ 14.	6,5	$- 5{,}0$ „				
„ 15.	6,6	$- 7{,}0$ „				

Aus der Zahlenreihe B ergiebt sich das Maximum der Helligkeit des Cometen für Octob. 6 oder 7, 3 oder 2 Tage früher als die Rechnung das Maximum ansetzt. Die Beobachtungen über die Sichtbarkeit des Cometen in der Dämmerung und am Tage lassen das Maximum gegen den 3. Octob. also noch früher vermuthen, zu einer Zeit, als die Elongation von der Sonne nahezu den kleinsten Werth erreicht hatte. Die Rechnung behält zwar immer Recht, allein Niemand kann wissen, welche Aenderungen der Comet um die Zeit des Perihels, namentlich nach demselben, erleidet, wenn er so unermessliche Mengen Materie zur Bildung des viele Millionen Meilen langen Schweifes verschwendet hat.

4. Ueber den Schweif des Cometen.

Nur wenige Cometen aller Zeiten haben eine so bedeutende Schweifentwickelung gezeigt wie dieser. Seit der Mitte des vorigen Jahrhunderts sind nach dem berühmten von 1744 zu nennen: 1759 Halley's Comet, 1769 ein sehr grosser von mehr als 90° Schweiflänge;

9

1811, 1835 Halley's Comet, und die grosse Erscheinung von 1843. Die Cometen von 1807, 1827, 1845, 1853, 1854 waren von mittlerem Range. Nur die Cometen von 1769 und 1843, vielleicht auch der von 1744, übertrafen an Länge des Schweifes den von 1858. Ich werde meine eigenen Beobachtungen etwas ausführlicher mittheilen, weil sie, nach derselben Methode angestellt, unter sich vergleichbar sind.

Ich lege zwar kein Gewicht darauf zu wissen, ob der Lichtschweif eines Cometen einige Grade mehr oder weniger lang war, denke aber, dass, falls darüber etwas Bestimmtes gesagt werden soll, auch dieses mit möglichster Genauigkeit geschehe, mit Uebergehung aller sogenannten beiläufigen Angaben. Ist es auch nicht möglich, hierin gewisse Fehler gänzlich zu vermeiden, so ist es doch leicht genug, Gränzen zu bezeichnen, innerhalb welcher die beobachteten Werthe sich wahrscheinlich befinden. Eine Schätzung, ob nach dem Augenmaasse der Schweif 10° oder 20° lang erschienen sei, sehe ich nicht als eine Beobachtung an, bei der man sich nicht wundern darf, wenn eine andere nur die Hälfte oder das Doppelte angiebt. Will man solche Länge bestimmen, so muss man die Figur in die Charte oder auf den Globus eintragen, und das obere Ende des ins Unbestimmte sich verlierenden Schweifes durch Versuche an einem vor fremden Lichtstrahlen geschützten Orte ermitteln. Dies habe ich auf dem Dache der meteorologischen Centralanstalt zur Genüge ausführen können, und habe mich durch gleichzeitiges Urtheil anwesender und ganz unvorbereiteter Personen überzeugt, dass ich selbst keineswegs in allen Fällen die äusserste Gränze der Schweifmaterie erkannt habe. Die ganz ausserordentliche Krümmung des Schweifes nöthigte mich, die Messung in der Mittellinie dieser Krümmung anzustellen, sodass sich also meine Länge durchaus nicht auf diejenige Stück eines grössten Kreises beziehen, welches den Nucleus mit dem Ende des Schweifes verbindet. Ich gebe 3 Zahlenreihen für die Schweiflänge von folgender Bedeutung: alle Angaben sind Resultate aus freilich nur rohen Messungen, anfangs mit Hülfe von Cometensuchern und durch Eintragung in die Charten, später durch diese allein. Einige Tage lang, ehe die Krümmung noch so stark war, schätzte ich versuchsweise die Schweiflänge auch nach bequem gelegenen Sterndistanzen.

A. sind die Längen nach beiläufiger Notirung am Sucher, und später nach Eintragung derjenigen Schweifendes, welches sich nicht leicht, selbst im Scheine so vieler Gasflammen der Stadt, erkennen liess: es sind diejenige Dimensionen, die man bei dem ersten Anblicke erkannte, ohne viel und scharf nachzusehen und wiederholt zu prüfen.

B. sind die Längen des Schweifes, ermittelt durch verschiedene Methoden, mit Berücksichtigung aller Vorkommnisse, und mit Vermeidung von Uebertreibungen in soweit, dass ich anstatt der wahrscheinlichen äussersten Gränze nur diejenige unter den Sternen notirte, wo sich das schwächste Licht des Schweifes noch sicher erkennen liess.

C. giebt die Maxima, die wahrscheinlich stattfanden, und die ein scharfes Auge unter dem reinsten Himmel beobachtet haben würde.

In einer grossen Stadt darf man auf völlig reine Luft so leicht nicht rechnen, namentlich nicht Abends. War ich auf dem Dache der Centralanstalt auch gegen fremdes Licht genügend geschützt, so genügten doch sehr schwache Rauchnebel über Wien, um die tiefe Dunkelheit des gestirnten Himmels etwas zu mässigen. Dazu kam endlich noch die Störung durch das Mondlicht. Ich habe indessen auch unter diesen Umständen die Schweiflänge annähernd zu bestimmen gesucht, auch, soweit es anging, das jedesmalige Maximum der Breite. So erlangte ich eine Reihe von Zahlwerthen, die nicht auf Schätzungen, sondern auf wirklicher Beobachtung beruhen.

Längen des Schweifes, gemessen in der Linie der Krümmung.

	Uhr	A	B	C	
Sept. 5.	8,0	2°	2°,0	—	Comet sehr tief; Luft theilweise wolkig.
„ 10.	8,5	4	5,3	—	Luft heiter.
12.	8,0	5	6,0	—	Sehr klare Luft.
„ 13.	8,2	5	4,8	—	ebenso; die Einwirkung des Mondes beginnt.
„ 13.	16,0	6	6,0	—	vollkommen heiter; Mondlicht.
„ 14.	8,2	6	6,0	—	sehr klar, Mondlicht mässig.
17.	16,5	6	6.0	—	vollkommen heiter.
20.	7,5	4	4,0	—	sehr klar, starker Mondschein.
„ 21.	16,5	7	7,5	—	sehr klar, auch Morgens hindert der Mond.
„ 22.	7,7	5	5,0	—	sehr heiter, Vollmond.
23.	7,5	7	7,0	—	dieselben Umstände.
24.	7,3	7	7,8	—	sehr heiter, helles Mondlicht.
25.	7,0	8	8,3	—	dieselben Umstände.
„ 26.	7,0	8	9,8	—	sehr heiter; Mond noch wirksam.
28.	7,5	13	14	15	vollkommen klar; Mond wirkungslos.
„ 29.	7,2	15	19	20	vollkommen heiterer Himmel.
„ 30.	7,0	20	22	25	ebenso.
Octob. 2.	7,0	25	27	30	meist sehr heiter.
„ 3.	7,0	27	30	32	vollkommen heiter.
„ 4.	6,7	30	32	34	vorzügliche Klarheit.
„ 5.	7,5	35	37	40	sehr heiter.
„ 6.	8,0	40	45	46	vollkommen heiter.
„ 7.	8,0	40	46	48	vollkommen heiter.
„ 8.	8,0	40	53	55	kurze Zeit sehr heiter.
„ 9.	8,0	45	58	60	ebenso.
11.	8,0	50	60	60—65	sehr heiter.
14.	7,0	20	34	40	sehr klar, Mondschein.
15.	7,0	15	20	22	ebenso, helles Mondlicht.
„ 16.	7,0	6	8	10	ebenso.
„ 17.	7.0	2	4	5	sehr klar, starker Mondschein.
„ 18.	7,0	1	1	2	ebenso.

Am 12. Octob. war und blieb der Himmel meist völlig von Wolken bedeckt. Um 7 Uhr kamen Risse darin, und bruchstückweise erschienen dazwischen Theile des Schweifes, ähnlich den Aufhellungen des Mondlichtes an den Wolkenrändern. Der Schweif war noch stark gekrümmt, und zog sich weit und hoch über δ Herculis hinaus. Der linke Rand lag nahe bei α und ε Ophiuchi.

Am 21. Octob. war der Comet bei ganz durchsichtiger Luft und hellem Mondschein, aber nur 3° bis 4° Höhe, selbst für das Fernrohr spurlos verschwunden; er stand damals in 28° der südlichen Declination.

Für das Maximum der Breite des Schweifes habe ich an einigen Abenden folgende genäherte Bestimmungen erhalten:

Sept. 5. Maximum der Breite = 0,5°

„ 17. „ „ „ 1,0

Sept. 28.	Maximum der Breite		=	2,3°
» 30.	»	»	»	= 2,5
Octob. 2.	»	»	»	= 2,7
» 3.	»	»	»	= 3,0
» 4.	»	»	»	= 4,0
» 5.	»	»	»	= 5,0
» 6.	»	»	»	= 7,0
» 7.	»	»	»	= 8,0
» 8.	»	»	»	= 15
» 9.	»	»	»	= 12
» 11.	»	»	»	= 18
» 14.	»	»	»	= 14
» 15.		»		= 5
» 16.		»		= 2
» 17.				= 1
» 18.	»	»		= 0,3

Gegen Ende des Sept. ersuchte ich Herrn Oeltzen so wie einige andere Personen um gelegentliche Bestimmungen der Schweiflänge des Cometen, damit man daraus die etwaige Uebereinstimmung ersehen könne. Dass ich diese Längen grösser finden würde, konnte ich voraussehen, da sich die grössere Sehfähigkeit meines Auges schon bei andern Gelegenheiten gezeigt hatte. Als Beispiel diene die folgende Beobachtung am 29. Sept.:

Länge des Cometenschweifes   19° bis 20° nach Beobachtung von mir.
»   »   »   = 17,5 » 18   »   »   » Tschermak.
»   »   »   = 16 » 17,5 »   »   » Oeltzen.

Um die Zeit der Erdnähe des Cometen liess ich mir von verschiedenen zufällig anwesenden Personen die Sterne bezeichnen, bei welchen sie noch die letzten Spuren des Schweifes bemerkten, oder zu erkennen glaubten. Dies war namentlich am 11. Octob. (mit Ausnahme der Angabe zweier Personen) stets die Region zwischen ι und κ Draconis, und selbst noch weiter gegen β und γ Ursae minoris hin, wo ich zuweilen selbst Spuren des Schweifes zu sehen vermeinte, sodass an diesem Abende die ganze Länge der Krümmung gegen und über 70° betragen hätte. Doch begnüge ich mich damit, 60° im Verzeichnisse notirt zu haben. Man kann sich aber von den unvermeidlichen Mängeln der Beobachtung, so wie von dem Einflusse des Mondlichtes theilweise unabhängig machen, wenn man die Angaben der Schweiflänge durch Curven ausgleicht. Giebt man den Messungen bei nicht ganz reiner Luft ein geringeres Gewicht, und nimmt man aus der Periode des Mondscheins nur diejenigen Abend- und Morgenbeobachtungen, an denen der Mond entweder gar nicht, oder nur ganz unbedeutend einwirkte, so lässt sich mit hinlänglicher Sicherheit aus meinen Beobachtungen die Länge für die mondhellen Septemberabende interpoliren, zu einer Zeit, als die denkwürdigen Lichtexhalationen des Kernes ihren Anfang nahmen. Hierbei werden also die Angaben der Abende, Sept. 13. 14. 20. 22. 23. 24. 25., sowie die eine Beobachtung Sept. 21. 16 Uhr nicht berücksichtigt. Sept. 26 wird mitgenommen, weil der abnehmende Mond noch im Horizonte stand. Ueberdies wähle ich natürlich die Beobachtungsreihe B, welche auf wirklicher Messung beruht, werde aber die Angaben nach dem 14. Octob. nicht weiter discutiren.

2*

Schweiflängen interpolirt aus der Curve.

Sept.	5. = 4,0°	Sept.	25. = 10,1°
»	6. = 4,1	»	26. = 12,1
»	7. = 4,3	»	27. = 13,5
»	8. = 4,5	»	28. = 15,5
»	9. = 4,8	»	29. = 18,3
»	10. = 5,0	»	30. = 21,2
»	11. = 5,2	Octob.	1. = 24,0
»	12. = 5,5	»	2. = 26,7
»	13. = 5,8	»	3. = 29,6
»	14. = 5,9	»	4. = 33,0
»	15. = 6,1	»	5. = 37,5
»	16. = 6,3	»	6. = 43,0
»	17. = 6,5	»	7. = 48,7
»	18. = 6,8	»	8. = 54,0
»	19. = 7,1	»	9. = 58,0
»	20. = 7,4	»	10. = 59,8
»	21. = 7,8	»	11. = 60,0
»	22. = 8,1	»	12. = 58,5
»	23. = 8,7	»	13. = 52,5
»	24. = 9,4	»	14. = 34,0

Diese Curve schliesst sich vortrefflich allen Beobachtungen an, und zwar allein auf Kosten der ersten und letzten Angabe. Dies geschieht mit bestem Grunde; die erste Beobachtung zu Rappoltenkirchen, Sept. 5, geschah tief am Horizonte zwischen Gewölk, die letzte Octob. 14 zu Wien bei hellem Mondscheine. Nenne ich D die Werthe der Curve, B aber wie früher die unmittelbaren Werthe der Beobachtung, so zeigen sich folgende übrigbleibende Unterschiede:

$D-B$ zur Zeit des Mondscheins.		$D-B$ vor und nach dem Mondschein.			
Sept. 20. = + 3,4°		Sept. 10. = — 0,3°		Octob. 2. = — 0,3°	
» 22. = + 3,1		» 12. = + 0,5		» 3. = — 0,4	
» 23. = + 1,7		» 13. = + 0,2		» 4. = + 1,0	
» 24. = + 1,6		» 17. = — 0,7		» 5. = + 0,5	
» 25. = + 1,8		» 28. = + 1,5		» 6. = — 2,0	
» 26. = + 1,5		» 29. = — 0,7		» 7. = + 2,7	
		» 30. = — 0,8		» 8. = + 1,0	
				» 9. = 0,0	

Die erstere Zusammenstellung zeigt deutlich den abnehmenden Einfluss der Lunation seit dem Vollmonde am 22. 23. Sept., zu einer Zeit, als der Comet rasch an Licht zunahm. In der zweiten Zahlenreihe, gültig für die Zeit der Abwesenheit des Mondlichtes, sind die übrigbleibenden Differenzen so gering, dass sie in Rücksicht auf die ausserordentliche Lichtschwäche der äussern Schweiftheile, so wie auf die kleinern Trübungen der Luft, als ganz unwesentlich angesehen werden dürfen. Rasche Aenderungen, sogenannte Zuckungen, oder plötzliche Verlängerungen der Lichtmaterie habe ich weder bei diesem, noch bei irgend einem der grössern Cometen seit 1843 jemals wahrgenommen.

Durch eine Construction habe ich versuchsweise den Flächenraum ermittelt, den der Comet am 11. Octob. bedeckte; ich finde dafür die Summe von 470 bis 480 Quadratgraden, während man die Area des grossen Cometen von 1843, am 21. März, nach meiner Beobachtung zu Hamburg nur auf höchstens 80 Quadratgrade berechnen konnte. Damals erreichte der fast gerade aber schmale Schweif ebenfalls 50° bis 60° Länge und mehr, nicht aber, wie viele Citate lauten, nur 40° bis 45°. Wie bekannt, erreichte der Schweif in den ersten Tagen des März 1843 für die Beobachter der südlichen Hemisphäre eine Länge von 70° bis 80° und wahrscheinlich darüber, wie ich aus einer Zeichnung entnehmen konnte, welche mir ehemals vom Conferenzrathe Schumacher mitgetheilt wurde.

Von der Gestalt und Farbe des Schweifes.

Alle grössern Cometen mit Ausnahme des von 1843, die ich seither beobachtete, hatten kein weisses Licht, sondern waren von gelblicher oder matt gelbröthlicher, schwer zu bestimmender Farbe. Auch der Comet von Donati war nicht weiss, und namentlich war das gelbliche Colorit aller zum Kopfe gehörigen Theile stets erkennbar, auch im Vergleiche mit der freilich lebhafteren Farbe des Arcturus. In der ganzen Zeit vom 5. Sept. bis wenigstens zum 11., selbst 14. Octob. war die linke, im Raume vorangehende Seite des Schweifes, zumal in den untern, dem Kerne nahen Regionen, sehr viel schärfer begränzt als an der entgegengesetzten Seite. Die erstere Gränze zeigte sich zu Ende des Sept. so scharf, dass sie bis fast auf eine Bogenminute genau fixirt werden konnte. Alle Theile des Schweifes waren durchsichtig wie gewöhnlich; ganz kleine Sterne verschwanden darin, weil das Cometenlicht sie überglänzte, ebenso, wie kleine Sterne in heller Dämmerung unsichtbar werden.

Was diesen Cometen schon für den freien Anblick so besonders auszeichnete, war die ausserordentliche Krümmung des Schweifes. Diese, verbunden mit der gänzlichen Unbestimmtheit des Lichtes an der rechten, im Raume nachfolgenden Seite des Schweifes, erinnert wohl aufs Neue an den beträchtlichen Widerstand, der sich dem mehr und mehr an Geschwindigkeit und an Volum zunehmenden Cometen bis Sept. 30 entgegenstellte. Aber die Krümmung, so wie die Zerstreuung des Lichtes an der rechten Seite des Schweifes hat sich nach dem Perihele eher vermehrt als vermindert. Die Krümmung des Schweifes bemerkte ich nicht früher als am 13. Sept.; sie blieb durch die ganze Zeit bis zum Verschwinden des Cometen von derselben Art, und zwar so, dass der Scheitel der Krümmung der Bewegung im Raume vorangng, die hohle Seite aber folgte. Der ganze Comet erschien hohl, eine gekrümmte an der nachfolgenden Seite offene Schaale. Von den vielen Zeichnungen, die ich ausgeführt habe, werden die beigegebenen besser als alle Beschreibung die scheinbare Figur des Cometen deutlich machen. Am 23. Sept. war die Krümmung noch schwach, am 24. früh noch schwächer, sodass es schien, als ob nur die grössere Schärfe und Lichtstärke der linken Seite des Schweifes die Anomalie bewirke. Sept. 26 trat die Krümmung schon deutlicher hervor, und hat von nun an stets zugenommen, wenigstens bis Octob. 14. Am 29. Sept. bemerkte ich zum ersten Male den schmalen dunklen Raum hinter dem Nucleus, der, beiläufig in der Hauptaxe des Schweifes fortlaufend, nicht mehr verschwand, anfangs 2° bis 3°, später viel weiter zu verfolgen war, und an der allgemeinen Krümmung des Schweifes nicht nur Theil nahm, sondern auch breiter wurde, und an Breite den Kern nebst den Sectoren der Ausströmung einigemale übertraf. Das Maximum der Dunkelheit schien jedesmal hart an der Rückseite des Kernes zu liegen, sodass dieser, hellleuchtend wie er war, mit seinem Lichtfächer den lebhaftesten Contrast zu dem unmittelbar daranstossenden dunklen Raume bildete, ganz so wie nach, Bessels Abbildungen der Halley'sche Comet sich im Octob. 1835 darstellte. Am 30. Sept. erschien die allgemeine Krümmung des Schweifes schon sehr auffallend, beschränkte sich aber mehr auf die mittleren Regionen, während die beiden Seiten des untern Theiles, oder des Stammes, noch nahezu geradlinigt, wenn auch keineswegs parallel waren. Wenn der Comet, wie Sept. 28 ein solcher Fall eintrat, aus tiefdunklen Wolken mit dem Kerne und dem untern Theile des Schweifes rasch hervorkam, gewährte er ganz den Anblick einer prachtvollen Rakete, wie diese etwa im umkehrenden Sucher (in Rücksicht auf die Richtung der Bewegung) gesehen wird. Am 3. Octob. hielt ich die Krümmung für etwas geringer, als Tags zuvor, und so schien es auch am 4. zu sein, als sich noch eine andere, gewissermaassen unsymmetrische Anlage der ganzen Figur verrieth, und zwar so, als ob sich die linke schärfere Seite des Schweifes nach oben selbständig etwas verlängere, ohne an der Krümmung des übrigen Schweifes Theil zu nehmen. Diese Erscheinung war auch in den nächsten Tagen noch sichtbar. Am 5. Octob. zeigte sich die Krümmung wieder bedeutender, und der Comet, dessen Nucleus so nahe am Arcturus vorbeizog, gewährte eine der seltensten und herrlichsten Erscheinungen, welche der Himmel nur darbieten kann. Der dunkle Raum in der Längenaxe des Schweifes war wenigstens 6° bis 7° lang, und sehr leicht und deutlich selbst im Sucher zu erkennen. Mit dem 7. Octob. vermehrte sich die Krümmung so wie die Breite des Schweifes; diese nahm zu bis zum 11., während jene fortzuwachsen schien bis zum Ende der Sichtbarkeit, und sich seit Octob. 7 selbst auf den untern Theil des Schweifes erstreckte. Vom 9. bis 14. Octob. war die Krümmung des Schweifes so bedeutend, dass er als Theil eines Kreisbogens von etwa 40° Radius angesehen werden konnte. Die grossartigste Entwickelung des Schweifes beobachtete ich am 11. Octob. bei zum Theil sehr reinem Himmel. Der Kern stand im Aequator, der Schweif zog sich durch weite Räume der Schlange, des Ophiuchus, des Hercules und der Krone bis zum Kopfe des Drachen hin. Am 12. und 13. Octob. verhinderte der meist ganz trübe Himmel jede genaue Beobachtung; ich konnte am 12. nur Bruchstücke des Schweifes zwischen Wolken sehen. Am 14., als der Mond schon im ersten Viertel stand, spielte der Comet bereits eine weit geringere Figur, und es konnte der Schweif nur mit Mühe bis in die Gegend von α Ophiuchi verfolgt werden. Noch viel mehr vermindert erschien er an den folgenden mondhellen Abenden, bis er Octob. 21 bereits spurlos, selbst am Fernrohre, verschwunden war, ebenso wunderbar schnell, wie im Anfange des April der grosse Comet von 1843, den ich damals auf der Hamburger Sternwarte zwischen dem 5. und 15. April mit einem 4füssigen Refractor vergebens suchte, nachdem ich ihn März 30 noch mit einer Schweiflänge von 38° gesehen hatte. Die Umstände waren in beiden Fällen nahe dieselben; rasche Entfernung von Erde und Sonne, sehr tiefe Lage am Horizonte, und das Licht des Mondes.

Positionswinkel des Schweifes.

Wenn die Figur eines geschweiften Cometen regelmässig, und bei nicht zu beträchtlicher Dimension an beiden Seiten nahe geradlinigt begränzt ist, kann man durch Einstellung der Mikrometerfäden den Positionswinkel bestimmen. Bei unserm grossen Cometen war diese Methode selbst zur Zeit der Krümmung des Schweifes ebenfalls anwendbar, und wenigstens eine Zeitlang begünstigt durch den schmalen dunkeln Raum in der Längsaxe des Schweifes hinter dem Nucleus. Da ich keine Mittel zu solchen Beobachtungen an meinem Fernrohre besass, so dachte ich auf andere, an sich zwar sehr unvollkommene Behelfe, die aber bei guter und vielfach geprüfter Anwendung doch brauchbare Resultate liefern, namentlich bei einem Cometen von so ausserordentlicher Figur, der fast nirgends eine geradlinigte Begränzung aufzuweisen hatte. Schon bei dem grossen Cometen von 1843 (Hamburg), später bei dem von 1845 (Bilk), und bei den Cometen von 1853 und 1854 (Olmütz) bediente ich mich eines langen und dünnen Stabes, den ich mit der rechten Hand hielt, und vor dem Auge so lange bewegte, bis er die Mittellinie des Cometen deckte. Hierbei beobachtete ich nur mit dem linken Auge, und vermerkte die Sterne, die in der verlängert gedachten Richtung des Schweifes durch den Stab bezeichnet wurden. Erst im Jahre 1854 erkannte ich die bei solcher Beobachtungsmethode vorkommenden Fehler, und hatte jetzt oft genug Gelegenheit sie zu prüfen. Diese Fehler rühren von verschiedenen Ursachen her: einmal von der Lage des Schweifes gegen den Horizont, dann von der Lage der Verbindungslinie beider Augen gegen den Stab, resp. gegen die Richtung des Schweifes, endlich von dem Unterschiede der Visur an der linken und rechten Seitenfläche des Stabes. Um die Zeit der senkrechten Stellung des Cometen gegen den Horizont haben diese Fehler wenig zu bedeuten; sie werden aber beträchtlicher, so wie der Neigungswinkel der Schweiflinie zunimmt. *Anstatt einer längern Auseinandersetzung will ich ein Beispiel hersetzen, und dabei nur erinnern, dass wahrscheinlich jeder Beobachter bei Anwendung dieser Methode sich um die für seine Person gültigen Fehlerquellen näher bemühen müsse. Ich bemerke ausdrücklich, dass ich nur den untersten Theil des Schweifes, also das Stück nahe am Nucleus, des Positionswinkels wegen bestimmt habe, indem der Stab jedesmal mit der Mittellinie, nicht mit der Tangente der linken hellern Seite dieses Schweifstückes zur Deckung gebracht ward.

Beispiel.

October 8. Der Visirstab, nachdem er für das Auge den untern Theil des Schweifes deckte, zeigte nach oben auf die Verbindungslinie zwischen α Coronae und γ Herculis. Von links nach rechts zählend, also von γ Herculis gegen α Coronae, ergab das Visiren an der linken Seite des Stabes, dass das Ende des Stabes 0,530 der Differenz gedachter Sterne von γ Herculis nach rechts gelegen war, und zwar im Mittel aus 10 Beobachtungen. Das Visiren an der rechten Seite des Stabes gab dagegen 0,525 Δ, wenn Δ das Stück des grössten Kreises zwischen γ Herculis und α Coronae bezeichnet. Das Mittel beider Angaben ist 0,5275 Δ aus 20 Beobachtungen. Ermittelt man nun durch Construction oder Rechnung die gerade Aufsteigung und Declination jenes Punktes, der 0,5275 Theile von der Länge des Bogen γ Herculis—α Coronae von ersterem nach rechts liegt, und verbindet man diesen Punkt O durch einen grössten Kreis mit dem Kopfe des Cometen, so ist es leicht, den Positionswinkel daraus zu bestimmen, also den sphärischen Winkel, welchen gedachter Bogen (O—Comet) mit demjenigen grössten Kreise bildet, der den Pol des Himmels mit dem Kopfe des Cometen verbindet. Nach dieser Darlegung gebe ich zuerst die Unterschiede links oder rechts vom Stabe, also die Werthe (A—B), alsdann die Resultate für die Richtung des unteren Schweifstückes.

Die Beobachtungen zeigen, wie schon erwähnt ward, die Eigenthümlichkeit, dass bei dem Visiren an der rechten und linken Seite des Stabes, also in den Lagen B und A, Unterschiede auftreten, welche von der Neigung der Figur des Cometen gegen den Horizont, also, wegen der Natur der Messungen, auch von der Neigung des Stabes abzuhängen scheinen. Die Differenzen (A—B) sind merkwürdig genug, um sie übersichtlich zusammenzustellen, damit spätere Beobachter sich nöthigenfalls an Aehnliches erinnern. Mit Ausschluss von nur einer mangelhaften Morgenbeobachtung im September, und wenn ich für die doppelten und dreifachen Reihen einzelner Abende das Mittel nehme, finde ich:

1858 Sept. 20. $(A - B)$ = — 0,142 Δ Comet nach Rechts geneigt.

»	21.	»	= — 0,144		
»	22.	»	= — 0,200		
»	23.	»	= — 0,264		
»	24.	»	= — 0,272		
»	25.	»	= — 0,320		
»	26.	»	= — 0,375		
»	28.	»	= — 0,323		
»	29.	»	= — 0,328		
»	30.	»	= — 0,452		
Octob.	2.	»	= — 0,151		
»	3.	»	= — 0,122		
»	4.	»	= — 0,090		
»	5.	»	= — 0,125		
»	6.	»	= + 0,073		
»	7.	»	= + 0,005		
»	8.	»	= + 0,005	Comet nahe senkrecht.	
»	9.	»	= + 0,003		
»	11.	»	= — 0,047		
»	14.	»	= — 0,057		
»	15.	»	= — 0,230	Comet nach Links geneigt.	
»	16.	»	= — 0,006	Beobachtungen unsicher.	
»	17.	»	= — 0,230		

Gerade Aufsteigung (a) und Declination (b) der Zielpunkte, welche die Lage der Mittellinie des untern Schweifendes bestimmen, gültig für 1840.

Die nach der vorhin dargelegten Beobachtungsmethode ermittelten Zielpunkte werde ich im Folgenden übersichtlich zusammenstellen. Ihre Verbindung mit den scheinbaren Cometenörtern führt zur Kenntniss des Positionswinkels = π, und demnach zur Kenntniss des Winkels II, den das untere Schweifstück mit der Projection des Radius Vector bildet. Da alle meine Zeichnungen und Constructionen mit Hülfe von Argelanders Uranometrie ausgeführt wurden, so blieb ich bei dem Gradnetze für 1840. Spätere Rechnungen dürfen also die Reduction der Cometen und der Sonnenörter von 1858 auf 1840 nicht übersehen.

		Uhr				
Sept.	10.	8,0	a = 165,0°	δ = +	41,5°
»	12.	8,0	= 163,0	=	57,2
»	13.	7,0	= 163,25	=	59,0
»	13.	7,5	= 163,45	=	62,6
»	13.	8,35	= 163,00	=	54,25
»	13.	16,0	= 163,45	=	62,6
»	14.	7,0	= 163,25	=	59,9
»	15.	8,0	= 163,45	=	62,6
»	16.	7,3	= 163,45	=	62,6

	Uhr		
Sept. 17.	7,0	α = 168,0°	δ = + 62,1°
" 17.	15,8	= 167,33	= 62,16
" 19.	7,0	= 171,0	= 61,13
" 20.	7,15	= 174,0	= 60,5
" 20.	7,15	= 174,4	= 48,67
" 21.	16,0	= 176,0	= 59,9
" 22.	7,5	= 178,0	= 59,16
" 23.	7,1	= 181,83	= 57,9
" 23.	17,0	= 182,66	= 57,67
" 24.	6,93	= 184,5	= 57,8
" 25.	6,8	= 186,5	= 57,8
" 26.	6,96	= 191,0	= 57,1
" 26.	7,25	= 187,5	= 42,0
" 28.	7,03	= 196,0	= 56,9
" 29.	7,14	= 201,0	= 55,0
" 30.	7,26	= 205,0	= 50,6
" 30.	7,83	= 196,0	= 56,7
Octob. 2.	6,4	= 211,7	= 43,5
" 2.	6,7	= 213,0	= 43,1
" 2.	6,7	= 212,6	= 46,8
" 3.	7,2	= 215,8	= 40,2
" 4.	7,0	= 220,5	= 37,3
" 5.	6,45	= 224,0	= 35,6
" 5.	7,3	= 225,0	= 35,0
" 6.	8,0	= 229,0	= 31,5
" 7.	6,83	= 234,3	= 26,2
" 8.	6,6	= 238,85	= 23,25
" 9.	7,4	= 243,0	= 20,6
" 11.	6,8	= 258,6	= 14,6
" 11.	7,33	= 237,0	= 3,5
" 14.	6,35	= 246,0	= − 9,0
" 14.	6,4	= 263,5	= + 0,05
" 15.	6,6	= 249,2	= − 11,5
" 15.	6,6	= 247,0	= − 3,3
" 16.	6,3	= 254,0	= − 14,5
" 17.	6,4	= 258,6	= − 17,5
" 18.	6,2	= 282,0	= − 18,0

Die Rechnungen über den Unterschied des beobachteten und berechneten Positionswinkels des unteren Schweifstückes habe ich nicht durchgeführt, weil die Bahnbestimmung des Cometen noch unvollständig ist, und Ephemeriden einer und derselben Bahn für obigen Zeitraum fehlen. Beispielsweise setze ich einige nur flüchtig berechnete Werthe her, in denen π den berechneten, π' den gemessenen Positionswinkel bezeichnet.

$$\text{Sept. 13. } (\pi - \pi') = - 0{,}2°$$
$$\text{ " 19. } " = + 2{,}6$$
$$\text{ " 26. } " = + 3{,}1$$

$$\begin{aligned}
\text{Octob.} \quad 2. \quad &(\kappa - \kappa') = + 5{,}1° \\
\text{\textquotedbl} \quad 7. \quad &\text{\textquotedbl} \quad = + 6{,}5 \\
\text{\textquotedbl} \quad 11. \quad &\text{\textquotedbl} \quad = + 15{,}2 \\
\text{\textquotedbl} \quad 15. \quad &\text{\textquotedbl} \quad = + 14{,}9 \\
\text{\textquotedbl} \quad 18. \quad &\text{\textquotedbl} \quad = + 7{,}8
\end{aligned}$$

Es war demnach die Zurückkrümmung selbst des untern Schweifstückes zur Zeit der Erdnähe sehr ansehnlich.

Fernere Beobachtungen über die Figur des Schweifes.

Damit nichts fehle, um in Ermangelung sehr zahlreicher Abbildungen, durch reichliche Zahlwerthe die Construction der Figur des Cometenschweifes zu ermöglichen, will ich aus meinen Wiener Originalpapieren noch die folgenden Angaben mittheilen. Ich erinnere auch an diesem Orte wieder daran, dass sich sowohl die Cometenörter selbst, als alle α und δ, welche die Lage der Ränder des Schweifes bezeichnen, auf Argelanders Uranometrie, also auf das Gradnetz von 1840 beziehen.

Sept. 10 8½ Uhr. Schweif wenigstens 3° lang, im ersten Grade vom Kerne an gerechnet, sehr hell.

Sept. 12 8 Uhr. Der erste Grad des Schweifes sehr hell.

Sept. 13 8 Uhr 16 Min. Die Axe des krummen Schweifs nahe bei dem westlichsten von 2 Sternen, deren Ort für 1840 = 167,6° + 39,1° und 170,1° + 40,2°.

Sept. 14. Um 7¾ Uhr war die Breite des Schweifes = 8,5' und zwar bei 19,5' Abstand vom Kerne.

Sept. 15 7,5 Uhr. Breite des Schweifes: 10,4' in 19,5' Abstand vom Kerne.

Sept. 15 7 Uhr 44 Min. Ein Stern 9 Gr. liegt 2° nördlicher als der Kern, genau in der Axe des Schweifes. Die Convexität der Krümmung ging in der scheinbaren Bewegung voran (d. h. in der scheinbaren, geocentrischen Bewegung).

Sept. 21 16 Uhr. Krümmung des Schweifes unbedeutend, doch sicher vorhanden.

Sept. 22. Krümmung des Schweifes nur schwach. Um 7¾ Uhr hatte der Comet mit der Sonne nahe dieselbe Ascension. Die Anwendung des Visirstabes gab die Richtung des Schweifes nahe auf den Polarstern, woher erhellt, dass er sich von der Projection des Radius Vector nicht merklich entfernte.

Sept. 23. Schweif nur schwach gekrümmt, fast genau auf den Nordpol gerichtet.

Sept. 23 17 Uhr. Krümmung vielleicht nicht vorhanden; das Hauptlicht des Schweifes lag merklich an der linken Seite angehäuft, und diese Eigenthümlichkeit blieb bis nach der Mitte Octobers dieselbe, denn von nun an war der Schweif an der rechten Seite stets bleich und ganz verwaschen. 34 Min. vor dem Aufgange der Sonne verschwanden für das freie Auge die hellsten untern Theile des Schweifes, und 7 Min. später verschwand der Comet selbst in der Morgenröthe.

Sept. 24. Um 6 Uhr 20 Min., also 34 Min. nach Sonnenuntergang, zeigte sich dem freien Auge die erste Spur des Schweifes, nachdem 10 Min. früher der Comet selbst sichtbar wurde. Die Krümmung des Schweifes an der linken Seite deutlich, dort war er auch am hellsten, ebenso wie der parabolische Lichtbogen des Nucleus an derselben Seite grösseres Licht hatte.

Sept. 26. Der Schweif an der linken (östlichen) Seite auffallend scharf begränzt; ebenso war der östliche Lichtbogen des Kernes der hellere.

Sept. 28 7 Uhr 30 Min. stand α Canum (Cor Caroli) in der Mitte des Schweifes dort, wo die Krümmung am stärksten war. Das Schweifstück oberhalb, also von jenem Sterne an gerechnet, war mit seiner Verlängerung gegen ι Ursae gerichtet. Von diesem Tage an gebe ich nach Argelanders Uranometrie die Gränzen des Schweifes nach Aufsteigung und Abweichung, ohne indessen α und δ jedesmal hinzusetzen. Die andern Bezeichnungen sind: K = Kopf des Cometen. E = Ende des Schweifes. Z. B.

$K = 211,9° + 19,8°$ will sagen, dass die gerade Aufsteigung = 211,9°, die Declination = + 19,8° war. L bedeutet stets die linke, helle und schärfere Seite des Schweifes, R die rechte schwächere und verwaschene Seite. Alle Zahlwerthe dienen dazu, den allgemeinen Umriss der Schweiffigur in der Charte oder auf dem Globus wieder darzustellen.

Sept. 28 7.03 Uhr. L. $K = 191,7° + 33,25°$ $193,5° + 40°$ $E = 192,5° + 45,5°$
          R . $191,2 + 40$

Die mittlern Zahlwerthe geben also die Oerter der mittlern Ränder des Schweifes, und bei dieser Lage zugleich noch die mittlere Breite des Schweifes = 2,3°.

Sept. 29 7,13 Uhr. Fünf Minuten später als der Nucleus ward der untere Theil des Schweifes dem freien Auge in der Dämmerung sichtbar. Der dunkle schmale Raum hinter dem Kerne hatte 3° Länge. Die Krümmung des Schweifes schien beträchtlich. Die Figur wird durch folgende Punkte im Allgemeinen bestimmt:

L . . . $K = 194,7° + 31,25°$ . . . $196,7° + 40°$ . . . $E = 194° + 50°$.
R . . .   . $194,5 + 40$ »

Nachdem der Comet untergegangen war, konnte man um 10 Uhr noch den obern Theil des Schweifes sehen. Um 17 Uhr 58 Min. d. h. 33 Min. vor Sonnenaufgang verschwand die letzte Spur des Schweifes in der Morgenröthe; 5 Min. später auch der Nucleus.

Sept. 30. An der ganzen linken (östlichen) Seite war der Schweif sehr scharf begränzt, sodass er sich bis ½ oder ¾ Bogenminuten sicher einzeichnen liess, wenn es darauf ankam, die Gränze in einer telescopisch ausführlichen Sterncharte darzustellen. Die ersten beiden Grade des Schweifes sehr glänzend, sodass im Sucher Sterne der 8. und 9. Grösse darin verschwanden; die Krümmung ansehnlich. Das obere Ende des Schweifes schwer erkennbar. Die ganze Figur ergiebt sich durch folgende Punkte (für 7,25 Uhr).

L. . . . $K = 196,25° + 29,98°$ . . . $201,4° + 40°$ . . . $201,7° + 50°$ . . . $E = 206° + 56,7°$
R . . .   . $198,0 + 40$ . . . $198,0 + 50$ »

Octob. 2. Um 6 Uhr 45 Min. lag das schwer kenntliche Ende des Schweifes in 13 Uhr 28 Min. + 52°, gerichtet auf ζ Ursae Majoris. Der Umriss des Schweifes ergiebt sich durch folgende Punkte:

L . . . $K = 201,83° + 26,7°$ . . . $204,2° + 30°$ . . . $206,2° + 40°$ . . . $203,5° + 50°$ . . . $E = 201,5° + 52°$
R . . .   . $203,3 + 30$ . . . $203,0 + 40$ . . . $202,0 + 50$ »

Octob. 3 7,2 Uhr. Die Krümmung des Schweifes schien gegen gestern vermindert; das schwer erkennbare obere Ende lag etwas unter η Ursae. Die Figur resultirt aus folgenden Angaben:

L . . . $K = 200,86° + 24,6°$ . . . $207,8° + 30°$ . . . $209,8° + 40°$ . . . $208,5° + 50°$ . . . $E = 206,0° + 54°$
R . . .   . $206,5 + 30$ . . . $207,5 + 40$ . . . $207,5 + 50$

Octob. 4 6,5 Uhr. Der Schweif schien nicht sehr stark gekrümmt, und an der Mitte der linken hellern Seite offenbar anomal gestaltet (Spur des Nebenschweifes). Das Ende lag in der Gegend von δ κ Bootis. Für 7 Uhr ist der Umriss dieser:

$L...K = 208,86° + 22,3°...212,5° + 30°...215,7° + 40°...214,0° + 50°...E = 212,0° + 53°$
$R...$ » $...210,7 + 30 ...212,0 + 40 ...212,2 + 50$ »

Anfang der Anomalie links in 215,7° + 40,0°
Ende derselben   »   in 216,5 + 44,0

Octob. 5. Um 7 Uhr 33 Min. reichte die Spitze des Schweifes deutlich bis κ ε ζ Bootis, und noch etwas darüber hinaus; diese letztere Wahrnehmung kann aber unsicher sein. Links an der Krümmung der hellen Seite, auf dem Wege zwischen γ und β Bootis zeigte sich die Anomalie, eine sehr unvollkommene und unbedeutende Nebenbildung des Schweifes. Den Umriss der ganzen Figur erhält man nach folgenden Angaben:

$L...K = 211,95° + 19,8°...217,0° + 30°...220,5° + 40°...217,0° + 50°...E = 213,0° + 53°$
$R...$ » $...214,0 + 30 ...215,0 + 40 ...215,0 + 50$ »

Anfang der Anomalie links in 219,5° + 39,5°
Ende derselben   »   in 221,0 + 42,5

Ich sah noch, wie Arcturus, dem Nucleus nahe, von der glänzenden linken Seite des Schweifes bedeckt ward; dann senkte sich der Comet hinter Gewölk.

Octob. 6. Um 8 Uhr lag das obere Ende etwa in 14 Uhr 52 Min. + 52°. Durch folgende Zahlwerthe bestimmt sich der Umriss der Figur des Schweifes:

$L...K = 215,2° + 16,8°...217,5° + 20°...222,2° + 30°...227,5° + 40°...222,5° + 50°...E = 221° + 51,5°$
$R...$ » $...215,5 + 20 ...217,0 + 30 ...218,5 + 40 ...220,7 + 50$ »

Die Anomalie an der linken Seite vorhanden, aber unbestimmbar.

Octob. 7. 7 Uhr 13 Min. Schweif unten sehr gekrümmt; um 8 Uhr glaubte ich das obere Ende in 15 Uhr 0 Min. + 57,5° zu erkennen. Der Umriss der Figur (7,5 Uhr) geht durch folgende Punkte:

$L...K = 218,2° + 13,86°...224,0° + 20°...229,0° + 30°...229,8° + 40°...227,7° + 50°...E = 222,0° + 57°$
$R...$ » $...220,0 + 20 ...220,0 + 30 ...224,0 + 40 ...225,0 + 50$ »

Anfang der Anomalie links in 229,5° + 30°, zweifelhaft.

Um 10 Uhr, lange nach dem Untergange des Cometen, war der obere Theil des Schweifes im NW. kenntlich.

Octob. 8. Um 7½ Uhr schien die Spitze bei ι Draconis zu liegen; aber die äussern Theile des Schweifes sind zu schwach, um ihren Ort genau angeben zu können. Die Anomalie links begann oberhalb α Coronae; an der rechten zart verlaufenden Seite reichte das Nebellicht fast bis ε Bootis, kam γ und β Bootis bis auf etwa 1° nahe. Die Figur ist folgende:

$L...K = 221,7° + 10,65°...229,0° + 20°...234,7° + 30°...232,5° + 40°...227,5° + 50°...E = 230,0° + 59°$
$R...$ » $...223,0 + 20 ...221,5 + 30 ...227,0 + 40 ...224,5 + 50$ »

Anfang der Anomalie links in 233,0° + 30°
Ende derselben   »   in 236,0 + 34

Octob. 9. 7 Uhr 25 Min. Die Krümmung des untern Schweifes sehr stark; das Ende reichte bis in die Gegend von ι ζ Draconis hinauf. Die Umrisslinie der Figur des ganzen Schweifes findet man durch folgende Punkte:

7 Uhr 25 Min. $K = 224.5° + 7.1°$ $E = 237.0° + 59°$

$L \ldots 228.0° + 10° \ldots 235.7° + 20° \ldots 240.0° + 30° \ldots 241.0° + 40° \ldots 240.0° + 50°$
$R \ldots 226.0 + 10 \ldots 229.5 + 20 \ldots 229.0 + 30 \ldots 232.0 + 40 \ldots 238.0 + 50$

Anomalie links unbestimmt.

Octob. 11. Um 8 Uhr füllte der breiteste Theil des Schweifes den Raum zwischen δ ε Herculis und α Coronae; bis zur Mitte von δ und ε Herculis reichte wenigstens der anomale Auswuchs an der linken Seite. Von hier an nördlicher ward jede Gränzbestimmung sehr schwierig, und man konnte mit Sicherheit nur sagen, dass die Nebelmaterie des Schweifs bis zur Gegend zwischen β und η Draconis aufstieg: wahrscheinlich ging sie aber viel weiter. Ich versuche es den Umriss der Figur folgendermassen darzustellen:

8 Uhr. $K = 230.5° + 0.1°$ $E = 255.0° + 55°$
$L \ldots 232.0° \quad 0.0° \ldots 240.0° + 7.5° \ldots 242.5° + 10° \ldots 250.0° + 19° \ldots 256.0° + 30° \ldots 257.5° + 40° \ldots 257.5° + 50°$
$R \ldots \quad - \quad \ldots 235.5 + 10.0 \ldots 237.0 + 20 \ldots 237.0 + 30 \ldots 247.0 + 40 \ldots 254.0 + 50$

Anfang der Anomalie links in $253.0° + 28°$
Ende derselben   ⁕ in $257.0 + 30$

Octob. 14. Wegen des Mondscheines konnten die obern Theile des Schweifes heute nicht gesehen werden; der übrige Theil der Figur ergiebt sich aus folgenden Werthen um 6.5 Uhr:

$K = 238.8° - 10.1°$ $E = 264° + 5°$ ferner $E = 262° + 12.5°$ und $E = 252.5° + 10°$
$L \ldots 240.0° - 10° \ldots 250.0° - 5.5° \ldots 260.0° + 1.5°$
$R \ldots 240.0 - 9 \ldots 248.0 \quad 0.0 \ldots 250.0 + 5.0$

Für die folgenden 2 Tage sind diese Angaben schon ohne alle Sicherheit.

Beobachtungen über die Phänomene der Ausströmungen des Nucleus.

Nur wenige Cometen haben bis jetzt deutliche Erscheinungen gezeigt, welche geeignet waren, uns über die Natur dieser Körper zu belehren; noch viel weniger sind sie allseitig durch die Beobachter verfolgt und aufgefasst worden, und namentlich sind die kleinern Cometen fast unberücksichtigt geblieben, wenn sie, obzwar weniger deutlich, Analoges aufzuweisen hatten. Um wegen der Nomenclatur verstanden zu werden, will ich bemerken, dass ich den eigentlichen Kern oder Nucleus unterscheide von der Coma, welche beiderseitig in die Aeste des Schweifs übergeht; von dieser aber die besondern Erscheinungen der Ausströmung, welche am Nucleus beginnend, in Gestalt von symmetrisch gestellten, an einer Seite unterbrochenen kreisförmigen Lichtbögen, oder mehr als 180° umspannenden Sectoren, im Gebiete der Coma sich darstellten. Die Ausströmung, die in mancher Beziehung an die ähnliche von 1835 erinnerte, kann man auch mit einem ausgebreiteten Fächer, mit einem Heiligenschein auf Gemälden, und sehr gut auch mit dem Halo um Sonne und Mond vergleichen, denn es ist nicht nöthig, dass der Halo immer einen vollkommen geschlossenen Kreis bilde.

Die Beobachtung der Phänomene des grossen Cometen von 1858 wurden durch mancherlei Umstände beeinträchtigt. Einen Theil der Zeit hindurch hinderte die Dämmerung, einen andern Theil die Lage des Cometen am Horizonte; über ungünstige Luft hatte ich, wie schon erwähnt, nur selten zu klagen. Wenn, wie ich hoffe, auf einigen andern Sternwarten, namentlich in Nordamerika, hinlänglich Mikrometermessungen angestellt wurden, so wird man die Deutung gewisser Hergänge durchführen können. Meine Messungen allein werden dazu nicht ausreichen. Für Diejenigen, welche nicht selbst beobachtet haben, will ich wegen des Einflusses der Dämmerung noch die folgende Erklärung geben. Sucht man in der Dämmerung einen telescopischen Cometen auf, so wird man zuerst die hellern centralen Theile oder den Kern entdecken, und später von der Coma oder dem etwa vorhandenen Schweife um so mehr, je mehr die Dunkelheit der Nacht zunimmt, weil beide keine scharfen Gränzen haben. Eine Messung über die Ausdehnung solches Nebels, ausgeführt in der Dämmerung, hat also keinen Werth, denn sie wird um so grösser ausfallen, je mehr die Nacht vorrückt. Die Planetenscheiben Merkur, Venus, Mars, Jupiter kann man am Tage und in der Dämmerung messen, und die Messung zum Theil bis in die Nacht fortsetzen, ohne eine andere Aenderung zu finden, als die von der zunehmenden Irradiation abhängende, denn die Wirkung der Refraction, wenn merklich, ist bei jeder Messung zu berücksichtigen. Bei unserm Cometen hat man zwei Fälle zu unterscheiden. Die Messung der Coma durfte nur bei völliger Dunkelheit geschehen, ebenso wie die des Schweifes; aber die Messung des Lichtsectors oder des Halo um den Nucleus war dieser Beschränkung nicht unterworfen, weil er sich nicht nur in hellster Dämmerung, sondern selbst einigemale vor und während des Unterganges der Sonne in scharfbegränzter Gestalt bei schwacher und mittlerer Vergrösserung darstellte, sodass die Mikrometermessung sich mit Leichtigkeit bewerkstelligen liess. Auf Grund dieser an allen Abenden bestätigten Erfahrung erkläre ich die Messungen des Halo während der Dämmerung und im völligen Dunkel der Nacht als von gleichem Werthe, und bin zugleich der Meinung, dass diese Erfahrung keinem aufmerksamen Beobachter entgangen sein könne.

In Ermangelung eines gewöhnlichen beweglichen Mikrometers mit Schraube und Theilung war ich genöthigt, Passagen am Faden zu beobachten. Das Kreuz im Okulare wurde hierzu jedesmal in die erforderliche Lage gebracht, und je nach den Umständen die Passage des Durchmessers oder des Halbmessers des Halo nach Uhrschlägen notirt. Ich bediente mich einer gewöhnlichen Taschenuhr, die 5 Schläge in einer Secunde machte, die aber an jedem Abende in doppelter Reihe vor und nach der Beobachtung mit der Vorauer'schen Pendeluhr verglichen ward, um den Werth der Uhrschläge genau zu ermitteln. Für die Dauer der Beobachtungen erhielt ich die folgenden übersichtlich zusammengestellten Vergleichungen im Mittel:

Octob.	3.	1 Sec. m. Zeit = 4,86	Uhrschläge.
»	4.	» = 4,95	»
»	5.	» = 4,99	»
»	6.	» = 5,01	»
»	7.	» = 5,02	»
»	8.	» = 5,01	»
»	9.	» = 5,01	»
»	11.	» = 5,01	»
»	14.	» = 4,99	»
»	15.	» = 4,98	»
»	16.	» = 4,98	»
»	17.	» = 5,03	»
»	18.	» = 5,00	»

Es wurden jedesmal Gruppen von meist 10 Durchgängen nach Uhrschlägen beobachtet, und dann auf gewöhnliche Weise reducirt, wobei ich indessen nur die Bewegung des Cometen in gerader Aufsteigung = x berücksichtigte, welche während der Passage stattfand. Nenne ich δ die Declination des Cometen, y die Anzahl der Uhrschläge in 1 Secunde, τ die Passage nach einzelnen Uhrschlägen, und c die Constante zur Verwandlung der mittleren Zeit in Sternzeit, so ist der gemessene Durchmesser d, ausgedrückt in Bogensecunden:

$$d = \left(\left(\frac{\tau}{y} - x\right)c\right) 15. \cos \delta.$$

Die Bildung der Ausströmung habe ich wegen der geringen Kraft meines Fernrohrs gewiss zu spät bemerkt, obgleich ich sie erwartete, und an jedem Abende schon seit der Mitte des Sept. darauf achtete. Erst am 30. September, also am ersten Abende nach dem Perihcldurchgange, der Mittags erfolgte, sah ich die Erscheinung der Lichthüllen, und betrachtete diese von nun an als den Hauptgegenstand der Beobachtung. Was früher gesehen ward, werde ich jetzt der Reihe nach mittheilen.

Sept. 5 Abends 8 Uhr. An einem dem Herrn Baron v. Sina gehörigen sehr guten Dollond'schen Fernrohre sah ich (zu Rappoltenkirchen) den Cometen zum ersten Male. Der Kern war sternartig, sehr hell und von der parabolisch geformten Coma sehr scharf geschieden. Der Anblick des Ganzen erinnerte sehr an die Cometen im Juni 1845, Aug. 1853 und April 1854.

Sept. 10. An einem 5füssigen Fernrohre der kais. Sternwarte zu Wien fand ich den Scheitelradius der Coma, also in der Richtung vom Nucleus zur Sonne = 39" (Bogen) durch Passagen des Parameters der Coma. Der leuchtende Kern liess sich mit starken Vergrösserungen fast ganz in Nebel auflösen.

Sept. 12. Den Scheitelradius fand ich gegen 36" gross, das Uebrige wie Sept. 10. Der Nucleus ist von der Coma ausserordentlich scharf abgehoben.

Sept. 13. Der Kern ist bis auf etwa 2 übrigbleibende Secunden ganz in Nebel auflösbar; in 15 Bogenminuten Abstand vom Kern hat der Schweif 5½ Minuten im Durchmesser.

Sept. 14. Scheitelradius der Coma = 38". Im Abstande von 18 Minuten vom Kerne war die Breite des Schweifes etwa 8½ Bogenminuten.

Sept. 15. Scheitelradius der Coma = 30". Breite des Schweifs im Abstande von 18' = 10½ Bogenminuten.

Sept. 16. Von hier an beginnen die Beobachtungen auf der k. k. meteorologischen Centralanstalt am 2½füssigen Plössl'schen Refractor. Der Comet war durch Rauchnebel und durch den Mond ziemlich stark getrübt, und zeigte keine auffallende Erscheinung.

Sept. 17. Sehr heiterer Himmel und Mondschein; am Cometen nichts Besonderes.

Sept. 18. Dunstige und rauchige Luft; der Comet zeigt keine auffallende Erscheinung.

Sept. 19. Bei sehr wolkigem Himmel sah ich den Cometen nur kurze Zeit mit freiem Auge.

Sept. 20. Luft dunstig; der Glanz des Kerns höchst intensiv und fast sternartig.

Sept. 21. Abends ganz trübe. Sept. 22 Morgens beobachtete ich ohne Fernrohr in meiner Wohnung.

Sept. 22. Abends überaus heitere Luft und Vollmondschein. Der Kern ist scharf und plötzlich von der Coma abgesetzt, der Scheitelradius dieser sehr klein.

Sept. 23. Vollkommen heiterer Himmel und heller Mondschein; der Comet nahe wie gestern.

Sept. 24. Abends sehr heiterer Himmel bis 8 Uhr. Mondschein. Noch in heller Dämmerung beobachtete ich den Nucleus am Fernrohre, als von dem Schweife noch keine Spur zu erkennen war. Nur der schmale Saum der Coma erstreckte sich bogenförmig zu beiden Seiten des glänzenden Kerns, der nicht mehr völlig rund zu sein schien. In solcher Figur sah ich mehrmals den Cometen im Juni 1845, damals zu Bülk. Die Farbe des Kerns und der Coma war deutlich gelb, aber matter als das Gelb des Arcturus.

Sept. 25. Meist sehr heitere Luft; Comet nahe wie gestern, aber der Kern viel schärfer begränzt, dem Ansehen nach rund und ganz planetarisch.

Sept. 26. Luft genügend klar. Der Kern äusserst hell, sehr klein und rund, verbunden mit den beiderseitigen Aesten der Coma.

Sept. 27. Kurze Zeitlang ward der Comet zwischen Wolken sichtbar. Der Kern zeigte sich in merkwürdiger Schärfe, ganz rund, und im Uebrigen wie gestern in Ansehung der Coma.

Sept. 28. Anfangs wolkig, dann sehr heiter. Sowohl in der Dämmerung als auch später zeigte sich der Kern verwaschen und weniger klar, sehr verschieden gegen den Anblick der frühern Abende.

Sept. 29. Vollkommen heiterer Himmel. Der Nucleus war heute ohne alle scharfe Begränzung und trieb gegen die Sonne viel dichteres, nach aussen sich zerstreuendes Licht. Unmittelbar hinter dem Kerne begann der bis 3° lange schmale und dunkle Raum im Schweife, als wäre es der Schatten des Kernes, wofür man ihn indessen nicht halten darf.

Sept. 30. Vollkommen heiterer Himmel. Um 5 Uhr 45 Min., 3 Min. nach Untergang des Sonnenmittelpunktes, dann um 6 Uhr, als der Lichtbogen der Coma sich zeigte, erschien der Kern ganz verwaschen, ähnlich einer kleinen Wolke; er trieb eine bedeutende Lichtströmung gegen die Sonne, über welche ich zwischen 6 Uhr 20 Min. und 7 Uhr 40 Min. eine genauere Ansicht und eine Zeichnung erlangte. Der Kern hatte zunächst seine frühere Schärfe und Kleinheit wieder erhalten, und war von einem schönen kreisförmigen Lichtbogen, von einer Hülle umgeben, die an der Peripherie wohl begränzt und heller, rückwärts aber gegen den dunklen Raum hin geöffnet war. Ausserdem zeigte sich, noch in dem allgemeinen Licht der Coma, eine zweite äussere, der erstern concentrische, mattere Hülle, deren besser begränzter Saum sich aber nur an einer Stelle gut auffassen liess. Der erstere (innere) Lichtbogen umspannte mehr als 180°.

Octob. 1. Der ganze Himmel war mit Wolken der schlimmsten Art bedeckt. Aber um 7 Uhr 12 Min. kam der Comet in kurzen Momenten zum Vorschein, und sogleich erschien die gestrige, oder eine ähnliche kreisförmige Hülle um den sehr kleinen scharfbegränzten Nucleus. Der Comet war so hell, dass, als er durch das Nebelgewölk (welches ohne Bewegung an Ort und Stelle sich bildete und verschwand) hervortrat, zwar nur 3° bis 4° lang durchschimmerte, aber sich mit einem starken Dunst-Halo umgab, sodass er dadurch auffallend vergrössert erschien. Selbst der Kopf schien wegen der atmosphärischen Lichthülle in der Grösse der halben Mondscheibe.

Octob. 2. Meist sehr heiterer Himmel, sodass alle Beobachtungen gelangen. Um 5 Uhr 41 Min., also 3 Min. nach dem Untergange des Sonnenmittelpunktes, demnach fast noch am Tage, sah ich den hellen kreisförmigen Lichtsaum den feinen glänzenden Kern umgeben, als noch keine Spur der Coma bemerkt werden konnte. Um 6¼ Uhr sah ich die Lichthülle in aller Schönheit und Schärfe; eine zweite zeigte sich nicht. An der Seite des Schweifes oder des dunklen Raumes war der Lichtbogen offen.

Um 6 Uhr 5 Min. fand ich durch 14 Passagen, aber ohne Anwendung einer Uhr, den reducirten Halbmesser des Halo = 24,5″ (Bogen). Den Durchmesser des Kerns konnte ich hiernach höchstens auf ⅕, also = 4,9″ schätzen. Der dunkle Raum ist viel breiter als der Kern selbst.

October 3.

Mit diesem Tage beginnen die regelmässigen Messungen der Ausströmung des Nucleus vermittelst Passagen am Fadenkreuze, und mit Hülfe von Uhrschlägen, von denen früher schon die Rede war. Die Genauigkeit bei diesen ausser der Mode liegenden Messungen ist sehr beträchtlich. Der Himmel war vorzüglich heiter.

Da die Mittheilung aller einzelnen Messungen einen zu grossen Raum erfordern würde, so will ich mich darauf beschränken, das jedesmalige Mittel aus einer gewissen Anzahl von Durchgängen herzusetzen, und zwar, um von dem Original alles Nöthige zu geben, folgendes:

1. Die mittlere Wiener Zeit der Beobachtung, meist auf 10″ bis 20″ genau $= t$.
2. Das Mittel der Durchgänge nach Uhrschlägen $= \tau$.
3. Dies Mittel in Sternzeit ausgedrückt, und wegen der Bewegung des Cometen in α beiläufig corrigirt $= s$.
4. Den Halbmesser des jedesmal gemessenen Sector's oder Halo's, ausgedrückt in Bogensecunden $= r$.
5. Den wahrscheinlichen Fehler des Mittels in jedem Beobachtungssatze $= w$.
6. Die Anzahl der einzelnen Durchgänge für jede Gruppe $= n$.

Im Ganzen stellt sich der wahrscheinliche Fehler in r auffallend gering heraus, wobei nicht zu übersehen ist, dass man bei einer Beobachtung nach Fünftelsecunden wohl nicht leicht erhebliche Fehler begehen kann. Da ich in der ersten Zeit nicht r, sondern d, den Durchmesser des Halo maass, so musste der für d gefundene wahrscheinliche Fehler auch noch etwa um die Hälfte verkleinert werden, wenn er für den Radius gelten sollte. Indessen werde ich später auf diesen Gegenstand wieder zurückkommen. Am 3. October kamen sehr merkwürdige und lehrreiche Phänomene zum Vorschein; nicht nur der schon bekannte mehr als 180° umspannende Halo, sondern die Bildung eines neuen kleinern, ganz unter den Augen des Beobachters. Diesen neuen Halo nenne ich b, den andern a.

Um 5 Uhr 38 Min., während die Sonne unterging, war rings um den sehr scharfen Kern ein lichter selbst in der Tageshelle zu dieser Zeit gut sichtbarer Ring $= a$ erkennbar. Der Kern zeigte höchstens an der der Sonne zugewandten Seite eine etwas verwaschene Stelle, wie ich an 3 Okularen bei vorzüglicher Reinheit und Ruhe der Luft mit aller Sicherheit prüfen konnte. Durch Schätzung gegen den später gemessenen Radius des Halo a fand ich den Durchmesser des Kerns $= 6,8″$; $r = 3,4″$. Als die Tageshelle sich genügend vermindert hatte, begann ich die Messungen, und setzte sie bis gegen 8 Uhr fort.

Halo a.

t		τ	s	r	w	n
Uhr	Min.		Sec.			
6	10	22,07	4,514	30,76″	± 0,35″	14
7	56	27,25	5,565	37,96	± 0,69	5

In 1 Uhr 46 Min. war also der Halbmesser des Halo um 7,2″ gewachsen, also um etwa das 15fache des diesen Beobachtungen zukommenden wahrscheinlichen Fehlers.

Um 6 Uhr, und wie bemerkt ward, schon früher, gewahrte ich die zunehmende Undeutlichkeit des Kernes, und um 6 Uhr 10 Min. zeigte sich unzweifelhaft die Neubildung einer kreisförmigen Lichthülle, die soeben sich vom Kerne zu trennen begann. Das Licht dieses Saumes b war heller als das von a, schwächer aber als das des Kernes. Ich erhielt die folgenden Messungen (zwischen den Beobachtungen von a angestellt):

Halo b.

t	?	δ	r	r''	n
Uhr Min.		Sec.			
6 10	4,30	0,879	5,99''	± 0,09''	14
7 50	7,92	1,717	11,71	± 0,18	19

In 1 Uhr 40 Min. betrug die Zunahme des Radius von b also 5,7'', d. h. mehr als das 20fache der wahrscheinlichen Fehler. Nach 6¼ Uhr verlor ich wegen anderer Beobachtungen diese Messungen etwas aus dem Auge, denn ich wusste damals noch nicht, was sich zeigen würde. Aber um 7¼ Uhr bemerkte ich die auffallende Vergrösserung von b bei dem ersten Anblick. Der Comet ging bald so tief, dass ich die Messungen beenden musste.

October 4.

Den ganzen Tag und die Nacht hindurch währte die vollkommenste Klarheit des Himmels bis etwa 16 Uhr, als dichte Nebel kamen. Nicht die geringste Spur von Wolken und Dünsten liess sich am Horizonte von Wien entdecken. Die Luft war sehr durchsichtig und still. Unter solchen Umständen gelangen die Beobachtungen besonders gut.

Um 5 Uhr 28 Min., also 6 Min. vor dem Untergange der Sonne, nachdem ich den Kern schon früher aufgefunden hatte, glaubte ich die erste Spur eines Halo = c zu bemerken, was sich einige Minuten später bestätigte. Um 5 Uhr 50 Min., 16 Min. nach Sonnenuntergang, zeigte sich c in schöner Deutlichkeit und Schärfe, viel mehr als 180° umspannend, und zugleich an der linken Seite des Kerns (im umkehrenden Fernrohr) ein nebliger Anhang, die erste Spur der Neubildung eines andern Halo d, der sich später in ausgezeichneter Deutlichkeit zunehmend an Grösse bis zum Ende der Beobachtungen verfolgen liess. Der Kern erschien an diesem Abende nie besonders scharf und gut begränzt; er war in besonderer Thätigkeit begriffen, und strömte in der Gestalt von Kugelschaalen unausgesetzt Lichtmaterie gegen die Sonne und ringsum seitwärts hin, mit Ausnahme der Richtung gegen den dunkeln Raum im Schweife. Im Ganzen wiederholten sich die Phänomene von gestern. Ich mass wie folgt diese Durchmesser; r ist wie immer der Halbmesser in Bogensecunden.

Halo d.

t	τ	δ	r	r''	n
Uhr Min.		Sec.			
5 36,5	3,871	0,777	5,38''	± 0,07''	14
5 57,0	6,300	1,266	8,77	± 0,16	10
6 2,0	6,720	1,350	9,36	± 0,08	10
6 23,0	7,640	1,534	10,63	± 0,11	10
6 31,0	8,420	1,692	11,73	± 0,14	10
6 56,5	9,450	1,899	13,17	± 0,16	10
7 18,0	9,909	1,990	13,81	± 0,18	11
7 39,0	11,800	2,369	16,45	± 0,20	10
7 56,5	11,900	2,389	16,58	± 0,18	10
8 10,0	13,200	2,651	18,41	± 0,17	10
8 19,0	14,200	2,852	19,80	± 0,43	10

In 2 Uhr 43 Min. war also der Halbmesser von d fast 4 Mal grösser als am Anfange der Messung.

Den grössern Halo *e* maass ich wie folgt:

t	*z*	*s*	*r*	*w*	*n*
Uhr Min.		Sec.			
5 50,0	23,10	4,640	32,16″	+ 0,48″	10
6 19,0	25,70	5,162	35,79	+ 0,46	10
6 58,0	26,60	5,342	37,06	+ 0,40	10
7 20,0	27,10	5,461	37,90	+ 0,32	10
7 41,0	28,50	5,724	39,73	+ 0,28	10

Dieser Halo wuchs durch 1 Uhr 42 Min. im Radius also um 7,5″. In demselben Zeitraume wuchs der Radius des kleinen Halo *d* um 7,7″.

October 5.

Bis gegen 8 Uhr, als Arcturus von der linken Seite des Schweifes berührt wurde, blieb der Himmel vollkommen heiter, und alle Beobachtungen gelangen. Dann senkte sich der Kopf des Cometen in eine Nebelbank, während der Schweif noch über 2 Stunden sichtbar blieb.

Um 5 Uhr 20 Min., demnach 12 Minuten v o r dem Untergange der Sonne, sah ich den Kern von dem Halo *e* deutlich umgeben, und bald darauf konnten die Messungen anfangen. Er lag, an einer Stelle in der Peripherie unterbrochen, dem Kerne sehr nahe; aber um 5 Uhr 28 Min., also noch vor Sonnenuntergang, versuchte ich dennoch die erste Zeichnung. Später erschien der Nucleus mit dem glänzenden Sector *e*, und der zweiten kreisförmigen Umhüllung *f* in besonderer Pracht und Schönheit. Das Licht der Coma umschloss das Ganze. Um 5 Uhr 50 Min., also 18 Min. nach Sonnenuntergang, erkannte ich *f*, und die ungleiche Vertheilung des Lichtes in *e*; Links war das Licht stärker, und schien wie eine dichtere Ausstrahlung vom Kerne her. Um 6 Uhr 16 Min. hatte sich diese etwas nach Rechts gedreht. Um 7 Uhr 5 Min. lag zwar noch viel helles Licht in der linken Ecke des Fächers *e*, aber vom Kerne durch einen weniger hellen Raum getrennt, wogegen nun eine zweite Strömung im Fächer *e* vom Kerne gegen die rechte Seite der Peripherie gerichtet war. Diese kann übrigens mit der erstern um 5 Uhr 50 Min. identisch sein; man wäre dann aber genöthigt anzunehmen, dass die Ausströmung in 1 Uhr 15 Min. eine Schwingung von 90° im Halo *e* ausgeführt hätte. Die zahlreichen Messungen gebe ich in der folgenden Zusammenstellung:

Halo *f*.

t	*z*	*s*	*r*	*w*	*n*
Uhr Min.		Sec.			
5 36,5	8,05	1,600	11,28″	+ 0,19″	10
5 44,0	8,70	1,730	12,20	+ 0,21	10
5 50,5	9,15	1,819	12,83	+ 0,24	10
5 58,5	9,55	1,898	13,39	+ 0,13	10
6 12,5	10,40	2,068	14,59	+ 0,18	10
6 25,0	12,15	2,418	17,05	+ 0,21	10
6 46,0	12,90	2,565	18,10	+ 0,22	10
7 11,0	15,05	2,983	21,13	+ 0,16	10
7 14,0	15,15	3,012	21,26	+ 0,21	10
7 21,0	15,15	3,012	21,26	+ 0,30	10

4*

In 1 Uhr 45 Min. hatte sich also die Länge des Radius von e nahe verdoppelt. Ueber den grössern äussern Halo erhielt ich diese Messungen:

Halo f.

t	τ	s	r	w	n
Uhr Min.		Sec.			
6 4,0	28,30	5,626	39,68″	± 0,37″	10
6 15,0	29,00	5,805	41,51	+ 0,45	10
6 48,0	31,60	6,282	44,33	+ 0,37	10
7 14,0	32,50	6,462	45,61	± 0,50	10

f war weniger gut begränzt und viel lichtschwächer, weshalb auch die Messungen minder genau. Bisjetzt wurden immer noch die Passagen der Durchmesser beobachtet, und daraus r bestimmt.

October 6.

Der Tag war sehr bewölkt, und Abends schien ein sogenannter Windbaum im Westen jede Beobachtung verhindern zu wollen. Allein er löste sich auf, und ich erhielt, wenn auch etwas spät, Alles was ich gewünscht hatte. In 7 Uhr 10 Min. trat der Nucleus aus dem Gewölk hervor, und ich sah sogleich die grosse schöngeformte Gestalt des fächerförmigen Halo, mehr als 180° den Kern umspannend. Sein Licht war an verschiedenen Stellen von merklich ungleicher Intensität. Um diese Zeit ging ein nicht besonders deutlicher Lichtbüschel vom Nucleus gerade gegen die Richtung zur Sonne, ohne den Rand des Halo zu erreichen. Um 8 Uhr sah ich ihn nicht mehr. Eine zweite Umhüllung des Kerns fehlte; nur der ausgezeichnete Lichtfächer g war allein sichtbar. Der dunkle Raum hinter dem Kern, aus welchem dieser wie aus tiefster Nacht hervorleuchtete, war bedeutend breit geworden.

Halo g.

t	τ	s	r	w	n
Uhr Min.		Sec.			
7 14,5	17,80	3,533	25,35″	+ 0,45″	10
7 17,6	17,54	3,481	24,97	± 0,47	11
7 20,5	18,30	3,632	26,06	± 0,24	10
7 24,2	18,50	3,672	26,35	± 0,32	10
7 27,8	20,00	3,969	28,48	± 0,28	10
7 31,7	20,11	3,992	28,65	± 0,25	9
7 39,7	20,00	3,969	28,48	+ 0,37	10
7 42,5	19,90	3,951	28,36	± 0,30	10
7 43,7	20,90	4,149	29,78	± 0,43	10
7 45,0	20,20	4,009	28,77	+ 0,24	10
7 53,2	20,20	4,009	28,78	± 0,27	10
7 55,2	20,70	4,109	29,49	± 0,25	10
7 57,2	20,50	4,069	29,12	± 0,21	10
7 59,0	20,50	4,069	29,12	± 0,38	10
8 7,5	20,90	4,149	29,78	+ 0,36	10

Tiefe Lage und der Wind machten die Beobachtungen schwierig. In derselben Weise maass ich den Durchmesser des Kerns wie folgt:

	t	*τ*	*s*	*r*	*n*
Uhr Min.		Sec.			
7 46,5	3,54	0,703	5,04″	—	13

Den Halbmesser des den Fächer rings umgebenden Nebels (zur Coma gehörig) fand ich aus 4 unsichern Durchgängen = 53″; vermuthlich hatte er wenigstens 1′.

October 7.

Vollkommen heiterer Himmel und sehr stille Luft, d. h. ohne Undulation: aber der Wind war so gewaltsam, dass ich das Dach mit dem Instrumente verliess, und mich zwei Etagen tiefer in einem Zimmer einrichtete, woselbst ich bis Octob. 21 alle fernern Beobachtungen in mehr geschützter Lage ausgeführt habe.

Um 5 Uhr 36 Min., d. i. 8 Min. nach dem Untergange der Sonne, war die helle Peripherie eines grossen Halo, den ich A nenne, an meinem Fernrohr schon sichtbar. Um 6 Uhr 13 Min. zeigte sich ein äusserer Lichtbogen *i*, und um 6 Uhr 20 Min. bemerkte ich zu meiner Ueberraschung links vom Kerne, aber innerhalb des Lichtfächers A, eine kleine Wolke = *v*, und darüber, der Peripherie des Halo näher, eine dunkle Stelle, fast wie ein Loch im Fächer. Das Gesammtaussehen des Halo liess mich noch einige andere dunkle Stellen vermuthen, worüber ich indessen keine Gewissheit erlangte. Zwei Mitbeobachter sahen ebenfalls die kleine Wolke, weniger sicher aber die dunkle Stelle und Anfangs glaubte ich, dass ein kleiner Stern durch den Nebel des Fächers hindurchschimmere, allein in Berücksichtigung der raschen Bewegung des Cometen erkannte ich bald auch ohne Messung, dass die Erscheinung dem Fächer A angehöre. Von heute an erlaubte die Lage des Halo gegen die Fäden nicht mehr, die Durchmesser zu beobachten; ich bestimmte von nun an bloss die Radien, die im Sinne der täglichen Bewegung dem Kerne vorangingen, also die vom Kerne gegen Westen gerichteten.

Halo A.

	t	*τ*	*s*	*r*	*w*	*n*
Uhr Min.		Sec.				
5 44,0	9,09	1,800	26,19″	± 0,12″	11
5 53,7	10,10	2,000	29,11	± 0,22	10
5 55,2	10,10	2,000	29,10	± 0,16	10
5 57,2	9,90	1,961	28,54	± 0,12	10
6 15,0	11,15	2,209	32,15	± 0,19	10
6 16,6	10,75	2,130	31,00	± 0,27	10
6 22,5	11,15	2,209	32,15	± 0,27	10
6 28,7	11,10	2,190	32,01	± 0,26	10
6 34,0	11,30	2,238	32,08	± 0,20	10
6 57,5	12,25	2,427	35,34	± 0,18	10
6 59,5	12,40	2,456	35,76	± 0,19	10
7 16,5	12,30	2,437	35,49	± 0,14	10
7 18,0	12,49	2,474	36,03	± 0,25	10
7 19,5	12,22	2,421	35,26	± 0,16	10
7 23,5	13,00	2,575	36,73	± 0,24	10
7 44,7	13,60	2,694	39,24	± 0,27	10
7 45,8	13,47	2,669	38,88	± 0,18	10
7 46,6	13,14	2,603	37,92	± 0,20	10

Halo *h*.

t	*τ*	*s*	*r*	*w*	*n*
Uhr Min.		Sec.			
7 51,0	13,27	2,629	38,30″	±: 0,15″	10
7 56,5	13,75	2,724	39,68	±: 0,20	10

Halo *i*.

t	*τ*	*s*	*r*	*w*	*n*
Uhr Min.		Sec.			
6 14,0	18,47	3,650	53,25″	±: 0,21″	10
6 18,3	18,75	3.714	54,06	±: 0,26	10
7 3,2	19,60	3,883	56,54	±: 0,21	10

Ferner maass ich (in der Richtung der täglichen Bewegung) den Abstand der kleinen Wolke vom Kerne $= d$; der Lage wegen muss $\left(\left(\frac{d}{y} - z\right) c\right)$ 15. cos δ noch mit sec. 40° multiplicirt werden; diesen so reducirten scheinbaren Abstand nenne ich φ. Die Messung war sehr schwierig.

Kleine Wolke *r*.

t	*d*	*s*	*φ*	*n*
Uhr Min.		Sec.		
6 24,7	5,20	1,030	19,57″	— 10
6 27,3	4,80	0,951	18,11	— 10
6 37.7	4.25	0,842	16,00	— 10
7 14.5	4,05	0,802	15,25	— 10

Die Abnahme von φ ist zwar nicht unwahrscheinlich, allein durch diese misslichen Messungen eines so kleinen und schwachen Objects nicht hinlänglich erwiesen. Es schien mir eber, als hätte sich die Wolke gegen Rechts bewegt.

Uhr Min.	
6 20	kleine Wolke zuerst bemerkt.
6 24	sehr deutlich und hell.
6 28	noch gut zu sehen.
6 32	kaum erkennbar.
6 34	schwach sichtbar.
6 38	noch messbar.
7 14	noch zu sehen.
7 25	kaum noch erkennbar.

Messung des Kerndurchmessers. *r* ist der in Bogensecunden ausgedrückte Radius.

t	*τ*	*s*	*r*	*n*
Uhr Min.		Sec.		
7 1,0	3,27	0,647	4,71″	— 10
7 56,5	4,10	0,812	5,91	— 12

October 8.

Der ganze Tag war wolkenlos, und Abends der Himmel vollkommen heiter und die Luft still. Gegen 7 Uhr senkte sich der ohnehin schon tiefstehende Kopf des Cometen hinter Strichdünste am Horizonte. Um 6 Uhr zeigte sich um den goldfarbigen Kern des

Halo in schöner reiner Form und Schärfe; er war nicht völlig kreisförmig, sondern ein wenig elliptisch. Ich nenne ihn heute k. Links, an welcher Seite ich zu messen hatte, war r etwas grösser. Ich bemerkte links wieder die kleine Wolke $= r$, weniger deutlich dagegen die dunklern Schattirungen im Fächer. Die Sichtbarkeit von r war ziemlich veränderlich; ich glaubte wieder eine Bewegung nach Rechts (gegen Osten) zu bemerken. Sie kam aber (im Fernrohr) nicht mehr senkrecht über dem Kerne zu stehen. Von einem äussern Halo l zeigten sich nur schwache Spuren.

Halo k.

t		τ	s	r	w	n
Uhr	Min.		Sec.			
5	56,2	11,15	2,212	32,59″	± 0,26″	10
6	6,5	11,84	2,352	34,66	± 0,14	10
6	10,2	12,25	2,431	35,82	± 0,22	10
6	11,3	12,32	2,445	36,03	± 0,21	10
6	17,0	12,10	2,401	35,38	± 0,19	10
6	18,1	12,35	2,451	36,12	± 0,19	10
6	32,7	13,10	2,600	38,32	± 0,29	10
6	43,3	13,80	2,739	40,47	± 0,28	10
6	45,3	13,35	2,648	39,03	± 0,21	10
6	57,0	13,55	2,688	39,62	± 0,25	10
6	58,1	13,65	2,700	39,94	± 0,30	10
7	0,8	14,05	2,788	41,11	± 0,15	10
7	24,0	14,60	2,899	42,74	± 0,14	10

Halo l.

t		τ	s	r	w	n
Uhr	Min.		Sec.			
6	8,7	18,10	3,591	52,92″	± 0,40″	10

Kern. Gemessen ward der Durchmesser; den Radius nenne ich r.

t		τ	s	r	n
Uhr	Min.		Sec.		
6	20,7	3,30	0,654	4,82″	— 10

Kleine Wolke r. Der gemessene Abstand vom Kerne ist der Reihe nach mit sec. 40°, sec. 35°, sec. 30° zu multipliciren; ρ ist der so reducirte scheinbare Abstand.

t		τ	s	ρ	n
Uhr	Min.		Sec.		
5	56,2	3,80	0,754	14,50″	— 10
5	57,0	3,87	0,768	14,77	— 10
6	3,5	4,10	0,814	14,64	— 10
6	13,5	4,35	0,863	14,69	— 10
6	44,2	5,80	1,151	19,58	— 10

Die Messungen von r waren zu schwierig, als dass man Folgerungen daraus ziehen dürfte.

October 9.

Der Tag war trübe, und Abends der Himmel so bewölkt, dass ich kaum hoffen durfte, den Cometen nur auf Augenblicke zu sehen. Aber alles ging gut, denn es ward über grosse Räume hin heiter, sodass ich, wenn auch etwas spät und in der Zeit beschränkt, die verschiedenen Arten von Messungen und Beobachtungen ausführen konnte.

Um 6 Uhr 44 Min., als ich den Cometen, der schon tief stand, zuerst zwischen Nebeln deutlicher gewahrte, erschien der äussere Halo nicht kenntlich, sondern an seiner Stelle nur das zerstreute Licht der Coma; der innere Halo = m, gross und noch ziemlich gut unter diesen Umständen begränzt; der Kern undeutlich, verwaschen gewahrte das merkwürdige Phänomen der Neubildung eines innersten kleinen Halo = n, dessen Wachsthum ich constatiren konnte. Dieser war an der linken Seite heller und breiter.

Halo m.

t		τ	s	r	w	n
Uhr	Min.		Sec.			
6	44.7	14,65	2,887	43,20"	+ 0,39"	10
6	46.1	14,85	2,946	43,84	+ 0,44	10
6	49.5	14,75	2,926	43,54	+ 0,58	10
7	3.5	15,25	3,044	45,31	+ 0,50	10
7	12.8	15,15	3,004	44,71	+ 0,40	10
7	17.6	15,25	3,024	45,01	+ 0,47	10
7	32.4	16,10	3,194	47,55	+ 0,48	10

Halo n.

t		τ	s	r	w	n
Uhr	Min.		Sec.			
6	52.3(*)	6,00(*)	1,188(*)	10,35"	+ 0,12"	13
7	11.4	4,40	0,873	12,99	+ 0,20	10
7	14.3	5,00	0,991	14,57	+ 0,36	10
7	18.7	5,60	1,110	16,52	+ 0,25	10
7	31.1	6,60	1,305	19,49	+ 0,41	10
7	33.1	6,55	1,298	19,32	+ 0,27	10
7	34.0	6,55	1,298	19,32	+ 0,43	10

Die erste mit (*) bezeichnete Messung beruht auf 13 Durchgängen des Durchmessers, die andern geben die Passage des Halbmessers an der linken Seite im Fernrohr. r ist überall der Radius in Bogensecunden. Ich habe aber noch zu bemerken, dass ich bei der ersten Beobachtung (6 Uhr 52,3 Min.) nicht ½ τ berechnet, also nicht 3,00 Uhrschläge, sondern wegen der Excentricität der Figur 3,5 Uhrschläge genommen habe.

· October 10.

Ein ganz trüber Himmel verhinderte heute jede genaue Beobachtung. Ich harrte aber am Fernrohr aus, bis ich den Cometen erblickte. Zuerst erschienen Theile des Schweifes, ähnlich den vom Mondlichte bewirkten Aufhellungen zwischen den Wolken. Dann kam auch in kurzen Momenten der Kern zum Vorschein. Soviel sah ich wohl, dass der kleine helle Kern von einem grossen Halo = o umgeben war. Ich erhielt die folgende ganz mangelhafte Messung in etwa 3½° Höhe des Cometen.

Halo o.

t		τ	s	r	w	n
Uhr	Min.		Sec.			
7	41.0	8,8	1,79	26,8"	+ 1,5"	5

October 11.

Den Tag hindurch war die Luft abwechselnd trübe und heiter, gegen Abend langsam sich verbessernd. Es ward, wenn auch für die Messungen etwas spät, über grosse Räume hin vorzüglich klar. Ein Halo $= p$ von mittlerer Grösse und gut begränzt, etwa 190° bis 200° umspannend, umgab den kleinen gutbegränzten Kern. Ausserhalb lagen die Spuren einer grössern Lichthülle — q. Die zu tiefe Lage des Cometen liess kein Detail mehr erkennen.

Halo p.

	t	τ	s	r	w	n
Uhr	Min.		Sec.			
6	52,7	8,55	1,698	25,47"	+0,35"	10
6	54,5	8,45	1,678	25,17	+0,47	10
6	56,0	8,50	1,748	26,22	+0,47	10
6	57,0	9,15	1,817	27,26	+0,45	10
6	58,3	9,30	1,847	27,71	+0,50	10
6	59,1	9,40	1,867	28,01	+0,52	10
7	11,1	10,40	2,062	30,93	+0,29	10
7	12,8	10,20	2,022	30,33	+0,40	10
7	15,6	10,42	2,062	30,93	+0,46	12
7	28,5	11,15	2,210	33,15	+0,49	10
7	28,2	11,40	2,258	33,87	+0,52	10

Halo q.

	t	τ	t	r	w	n
Uhr	Min.		Sec.			
6	51,7	15,55	3,085	46,27"	+0,76"	10
6	55,0	16,70	3,311	49,67	+0,50	10
7	14,2	18,30	3,627	54,42	+1,10	10

October 12.

Obgleich der ganz bewölkte Himmel gar keiner Hoffnung Raum gab, den Cometen zu sehen, wartete ich dennoch am Fernrohr, und sah ihn sowohl an diesem, als auch mit freiem Auge gegen 7 Uhr, als er stückweise zwischen sehr dunstigen Wolkenrissen zum Vorschein kam. Ich sah wohl den Schimmer des Lichtfächers, aber sonst nichts weiter.

October 13.

Völlig bewölkter Himmel, Regen und Sturm am Abende vereitelten jede Beobachtung.

October 14.

Ganz heiter, sehr ruhige Luft. Der Mond ist wieder wirksam und geht erst nach dem Cometen unter. Noch in starker Dämmerung sah ich den hellen gutbegränzten Halo $= r$, in welchem ich später links und rechts vom Kerne, aber in ungleichen Abständen, die kleinen Lichtwolken w und z, wenn auch sehr schwierig, bemerkte. Auch waren Andeutungen von Löchern, oder von verschiedenartiger Schattirung im Fächer r vorhanden.

Ein äusserer Halo, oder irgend welche merkliche Begränzung der Coma in jener Gegend fand nicht statt.

Halo r.

t	τ	s	r	w	n
Uhr Min.		Sec.			
5 58,5	10,75	2,148	31,65″	± 0,52″	10
6 1,1	11,40	2,279	33,58″	± 0,38	10
6 3,3	11,20	2,239	32,59	± 0,27	10
6 4,1	11,60	2,319	34,16	± 0,35	10
6 5,9	11,82	2,362	34,80	± 0,22	10
6 8,8	11,90	2,378	35,03	± 0,29	10
6 10,4	12,16	2,430	35,80	± 0,40	10
6 13,9	12,10	2,419	35,63	± 0,38	10
6 17,8	12,00	2,403	35,40	± 0,36	10
6 19,0	12,40	2,477	36,49	± 0,35	10
6 24,7	12,75	2,548	37,53	± 0,26	10
6 45,0	13,70	2,739	40,34	± 0,42	10
6 46,2	13,85	2,769	40,78	± 0,40	10
6 47,5	14,00	2,798	41,21	± 0,48	10
6 49,3	14,40	2,880	42,42	± 0,52	10
6 57,5	14,50	2,913	42,90	± 0,51	10
6 58,4	14,05	2,808	41,35	± 0,41	10

Kleine Wolke w (links).

| 6 7,3 | 6,50 | 1,298 | 19,12 | — | 10 |

19,12″ sec. 30° = 22″ wird den ungefähren Abstand der Wolke w vom Nucleus des Cometen ausdrücken.

October 15.

Vollkommen heiterer Himmel und starker Mondschein. Von nun an muss der Comet in ganz niedrigen Lagen am Horizonte beobachtet werden. Um 5 Uhr 30 Min., 18 Min. nach Sonnenuntergang, also in ganz heller Dämmerung, erschien der Kern sehr klein, scharf und glänzend, etwa 0,33 Sec., oder gegen 5″ im Durchmesser. Später aber sah ich ihn grösser und verwaschen, freilich schon der tiefern Lage wegen, aber links und rechts mit ansehnlich hellen Anhängseln, unter denen man die Spur eines neu sich bildenden Halo vermuthen durfte. Der gewöhnliche Halo, den ich heute s nenne, zeigte zwar die halbkreisförmige Figur, war aber schlecht begränzt, links viel heller, als wenn vom Kerne aus ein nach aussen breiter werdender Lichtbüschel sich gegen den Rand des Halo wende, diesen in die Räume der Coma hinein überschreitend.

Halo s.

t	τ	s	r	w	n
Uhr Min.		Sec.			
5 49,8	11,35	2,271	33,18″	± 0,46″	10
5 50,8	11,67	2,335	34,11	± 0,34	10
5 52,4	12,30	2,461	35,95	± 0,37	10
5 53,8	12,25	2,450	35,79	± 0,42	10
5 56,3	12,40	2,481	36,24	± 0,41	10

Halo s.

t Uhr Min.	τ	s Sec.	r	w	n
5 56,8	12,85	2,571	37,55	± 0,58	10
5 58,3	12,85	2,531	36,97	± 0,33	10
5 59,9	12,40	2,481	36,24	± 0,41	10
6 1,4	13,30	2,660	38,84	± 0,42	10
6 8,3	13,65	2,732	39,90	± 0,44	10
6 9,4	13,25	2,651	38,72	± 0,44	10
6 11,3	13,25	2,650	38,71	± 0,42	10
6 12,5	13,40	2,682	39,18	± 0,47	10
6 14,0	13,40	2,682	39,19	± 0,48	10
6 15,4	13,75	2,751	40,18	± 0,49	10
6 30,8	14,30	2,860	41,77	± 0,58	10
6 32,5	13,90	2,781	40,61	± 0,48	10
6 33,2	13,90	2,781	40,61	± 0,45	10

October 16.

Vollkommen heiterer Himmel bei starkem Mondschein. Um 5 Uhr 38 Min., also 28 Min. nach Sonnenuntergang, in noch heller Dämmerung am Horizonte, sah ich den Kern in kleiner scharfer Gestalt, blos an der linken Seite mit einem Lichtbüschel, wie gestern schon bemerkt, versehen. Später schimmerte der Halo t durch diesen Büschel wie durch einen Schleier hindurch. Er war ganz umflort, und von dem sehr zerstreuten Licht der Coma umgeben. Die Messungen liessen sich nur mit grosser Schwierigkeit ausführen; denn es konnte wegen Lichtschwäche des Bildes auch das Fadennetz nur mit Anstrengung gesehen werden.

Halo t.

t Uhr Min.	τ	s Sec.	r	w	n
5 46,3	12,15	2,432	35,06″	± 0,54″	10
5 48,0	12,75	2,553	36,07	± 0,57	11
5 51,1	13,10	2,620	37,77	± 0,54	10
5 52,3	13,30	2,662	38,37	± 0,50	10
5 55,8	13,30	2,662	38,37	± 0,50	10
5 57,1	13,60	2,720	39,22	± 0,43	10
5 58,6	13,55	2,712	39,09	± 0,33	10
6 0,5	13,42	2,686	38,72	± 0,41	10
6 3,4	13,90	2,782	40,10	± 0,43	10
6 14,1	14,00	2,803	40,40	± 0,59	10
6 15,7	14,00	2,803	40,40	± 0,46	10
6 29,0	14,45	2,891	41,66	± 0,89	10
6 30,8	14,20	2,843	40,96	± 0,66	10
6 32,8	14,25	2,863	41,23	± 0,39	10
6 35,0	14,50	2,891	41,64	± 0,52	10

Um 5 Uhr 40,8 Min. fand ich den Durchmesser des Kerns wie folgt:
2,794   0,559   8,06   —   17, den Halbmesser r = 4,03″.

5*

October 17.

Ganz wolkenloser Himmel und heller Mondschein; die Luft so ruhig, dass ich in 2° Höhe der Sonne die kleinsten Flecken auf ihr scharf sehen und zeichnen konnte. Der Comet stand in der Dämmerung tief am Horizonte in der Nähe der Venus. Der Thaufall erschwerte die Beobachtung im hohen Grade. Der Kern erschien recht scharf, aber mit einem enganschliessenden kleinen excentrischen Halo = w versehen; eine andere deutlich begränzte Lichthülle war nicht vorhanden.

Halo w.

Uhr Min.	τ	Sec.	r	w	n
5 50,5	5,85	1,158	16,44″	± 0,30″	10
5 52,8	6,01	1,188	16,87	± 0,31	10
5 59,8	6,15	1,217	17,28	± 0,20	10
6 4,8	6,45	1,278	18,14	± 0,51	10
6 7,4	6,75	1,338	19,00	± 0,29	10

Der Scheitelradius der Coma ward nach 10 Durchgängen = circa 45″ gefunden.

October 18.

Vollkommen heiterer Himmel und sehr heller Mondschein. Der Comet stand in 21° südl. Declination, hatte überaus abgenommen, und ward heute zum letzten Male gemessen. Der Kern war recht scharf und hell, links mit starkglänzendem ganz verwaschenen Licht-büschel versehen, aber schlecht begränzt, und als Halo nicht mehr sicher erkennbar. Ich nenne die Stelle = e als mögliche Repräsentation eines Stückes vom Halo.

Ausströmung e.

Uhr Min.	τ	Sec.	r	w	n
5 49,6	7,15	1,426	19,93″	± 0,29″	10
5 57,7	7,30	1,456	20,35	± 0,37	10
5 59,5	7,05	1,406	19,65	± 0,32	10

October 19.

Bei sonst heiterm Himmel, hinderte der Nebel am Horizonte die Aufsuchung des Cometen, von dem am 21. Octob. bei sehr klarer Luft keine Spur am Fernrohre mehr aufgefunden werden konnte.

Einige Untersuchungen über das Phänomen der Ausströmung.

Die Beobachtungen über die scheinbare Grösse des Halo so wie über dessen Wachs-thum, lassen sich auf verschiedene Weise behandeln. Eine weitgehende sehr scharfe Berechnung mit Anwendung der Methode der kleinsten Quadrate liegt vorläufig nicht in meiner Absicht; sie würde auch den Beobachtungen mehr Sicherheit zugestehen, als ich selbst von ihnen glaube, denn durch die Kleinheit der wahrscheinlichen Fehler lasse ich mich in diesem Falle, wie in andern ähnlichen, nicht täuschen. Am nächsten liegt die Frage nach der Natur der Bewegungen im Halo, oder im Ausströmungssector; die Untersuchung der Geschwindigkeiten, mit welchen der Comet einen Theil seiner Materie gegen die Sonne hin ausströmte, und die nähere Erörterung des Umstandes, dass diese Geschwindigkeiten nahe am Nucleus vielleicht grösser waren, als in beträchtlichen Entfernungen davon. Meine Beobachtungen können darüber nur ungefähre Andeutungen geben, aber in Verbindung mit Messungen, die in ähnlicher Ausdehnung auf westlichen Sternwarten, namentlich amerikanischen etwa angestellt wurden, sind sie im Stande, wichtigere Fragen zur Entscheidung zu bringen, namentlich über die Dauer der Pulsationen des Lichtes, oder besser, über die Länge der Pausen, nach denen sich stets ein neuer Halo bildete, nach welchen eine neue Exhalation des Nucleus die Lichtmaterie in Form concentrischer Kugelschaalen absonderte. Dies ist die Ansicht, welche ich von der Sache habe, und die ich hoffe früher oder später durch brauchbare Beobachtungen auf irgend eine Weise erledigt zu sehen. Die in Bogensecunden ausgedrückten Radien r jedes Halo, so wie sie an einem Abende gemessen wurden, kann man durch eine Curve ausgleichen, und zwar der Art, dass man nur eine gleichförmige Aenderung derselben voraussetzt, die ganz oder sehr nahe den Zeiten proportional ist. Man wird also in der Construction eine gerade Linie, oder eine von dieser nur wenig abweichende Curve zu wählen haben. Dann kann man die übrigbleibenden Fehler zu beiden Seiten (also Curve — Beobachtung) als Fehler der Beobachtung ansehen, und aufs neue die Rechnung über die Gränzen der Unsicherheit ausführen. Da jeder so construirte Werth r schon das Mittel aus meist 10 Messungen ist, für welche der wahrscheinliche Fehler $=\varepsilon$ bestimmt wurde, so wird diesem ε ungefähr der mittlere Fehler einer Angabe in der neuen Rechnung entsprechen. Ich werde dies zunächst in einem Beispiel an Octob. 4 ausführen.

October 4.

Wie früher heisst der gemessene Halbmesser des Halo r in Bogensecunden; er ist das Mittel aus je 10 Durchgängen. Die Werthe der Construction durch eine gerade Linie nenne ich c, diejenigen, welche ich durch eine schwach gekrümmte Linie darstellte, nenne ich f. $(c - r)$ und $(f - r)$ sind also in beiden Hypothesen die übrigbleibenden Fehler.

t	r	c	f	$(c - r)$	$(f - r)$
Uhr Min.					
5 36,5	5,98″	7,20″	6,00″	+ 1,22″	+ 0,02″
5 57,0	8,77	8,77	8,90	0,00	+ 0,13
6 2,0	9,36	9,07	9,36	— 0,29	0,00
6 23,0	10,63	10,50	10,95	— 0,13	+ 0,32
6 31,0	11,73	11,10	11,50	— 0,63	— 0,23
6 56,5	13,17	13,10	12,80	— 0,07	— 0,37
7 18,0	13,81	14,40	13,81	+ 0,59	0,00
7 39,0	16,45	15,80	15,20	— 0,65	— 1,25
7 56,5	16,59	17,00	16,80	+ 0,41	+ 0,21
8 10,0	18,41	18,00	18,00	— 0,41	— 0,41
8 19,0	19,80	18,75	19,20	— 1,05	— 0,60

Unter diesen Annahmen c und f findet man die Quadratsummen aus $(c - r)$ und $(f - r)$ resp. $\Sigma = 6,40$ und $\Sigma = 2,83$, und die mittlern Fehler einer Angabe resp. $\pm 0,8″$ und $\pm 0,5″$, die also ungefähr den früher bestimmten wahrscheinlichen Fehlern jeder einzelnen Gruppe beiläufig entsprechen müssten. Dies ist nicht der Fall; die Fehler sind beträchtlich grösser, aber, wie ich glaube, der Natur der Beobachtung mehr angemessen, übrigens noch sehr von der Grösse und Genauigkeit der Construction von c und f abhängig.

Hierbei indessen darf man nicht wohl stehen bleiben; während der Dauer der Beobachtungen ändert sich die Entfernung des Cometen von der Erde, und wir haben die Resultate der Messungen noch behaftet mit der Variation des scheinbaren Durchmessers; überdies aber wird das ganze Phänomen der Ausströmung erst klarer anschaulich, wenn alle gemessenen Grössen auf die Entfernung 1 reducirt werden, wozu die Logarithmen $\triangle$ in den Ephemeriden der von Bruhns und Löwy berechneten Ellipsen hinreichende Genauigkeit besitzen. Geschieht diese Reduction, so nenne ich nun die aus der Entfernung 1 gesehenen Halbmesser ρ, (anstatt früher r), und erhalte beispielsweise für Octob. 4 folgende Werthe:

t		ρ	c'	f'	$(c' - \rho)$	$(f' - \rho)$
Uhr	Min.					
5	36,5	3,25"	4,60"	3,50"	+ 1,35"	+ 0,32"
5	57,0	5,30	5,35	5,33	+ 0,05	0,00
6	2,0	5,66	5,70	5,75	+ 0,04	— 0,01
6	23,0	6,43	6,45	6,80	+ 0,02	+ 0,32
6	31,0	7,09	6,85	7,10	— 0,24	0,00
6	56,5	7,96	7,90	7,96	— 0,06	+ 0,04
7	18,0	8,34	8,80	8,65	+ 0,46	+ 0,41
7	39,0	9,93	9,70	9,60	— 0,23	— 0,33
7	56,5	10,00	10,40	10,40	+ 0,40	+ 0,35
8	10,0	11,10	11,00	11,25	— 0,10	+ 0,10
8	19,0	11,91	11,50	11,85	— 0,41	— 0,06

c' und f' sind die den vorigen c und f analogen Curvenwerthe.

Jetzt sind die Quadratsummen von $(c' - \rho)$ und $(f' - \rho)$ resp. $= 2,49$ und $0,64$, und die mittlern Fehler beiläufig resp. $w' = \pm 0,50"$ und $w'' = \pm 0,25"$. Um diese aber für die wahre Distanz des Cometen von der Erde zu finden, setzen wir nur $\frac{w'}{\triangle}$ und $\frac{w''}{\triangle}$ und finden $\pm 0,82"$ und $\pm 0,42"$ Werthe, welche sehr gut mit den aus den Curven c und f ermittelten übereinstimmen.

In diesem Falle nun würde nichts uns nöthigen, eine andere als die der Zeit proportionale Geschwindigkeit anzunehmen. Durch die Annahme der geraden Linie c' lassen wir jeder Beobachtung, welche die 11 Sätze darbieten, denselben Werth, und berechnen für die aus c' gezogenen, also durch die Construction ausgeglichenen Zahlen (gesehen aus der Entfernung 1) die wahren Halbmesser des Halo, ausgedrückt in geographischen Meilen, deren 15 auf einen Grad des Erdaequators gerechnet werden. Dann hat man folgende Dimensionen der kreisförmigen Lichtströmung des Nucleus, wenn M deren Radius in Meilen bezeichnet.

Uhr	Min.				
5	36,5	M	$=$	308	Meilen
5	57,0		$=$	532	»
6	2,0		$=$	567	»
6	23,0		$=$	677	»
6	31,0		$=$	711	»
6	56,5		$=$	802	»
7	18,0		$=$	877	»

$$
\begin{array}{lll}
\text{Uhr} & \text{Min.} & \\
7 & 39,0 & M = 963 \text{ Meilen} \\
7 & 56,5 & = 1038 \quad \text{»} \\
8 & 10,0 & = 1124 \quad \text{»} \\
8 & 19,0 & = 1179 \quad \text{»}
\end{array}
$$

In 2 Uhr 42,5 Min. wuchs also die Ausströmung um 821 Meilen, oder fast um die Grösse des Erdhalbmessers, woraus sich die Geschwindigkeit in einer Minute $g = 5,06$ Meilen ergiebt; demnach, da 1 Meile = 3807,1 Toisen = 22842,5 par. Fuss ist, die Geschwindigkeit in einer Secunde $g' = 0,08433$ Meilen = 321 Toisen = 1926 par. Fuss.

Weiter darf vorläufig die Untersuchung nicht gehen, um sich nicht in Wagnisse zu verlieren, und den Beobachtungen grössere Genauigkeit beizumessen, als sie besitzen.

Um noch zu zeigen, welchen Einfluss die als wahrscheinliche Fehler angenommenen Grössen w im äussersten Falle möglicherweise ausüben können, wenn man sie auf die ungünstigste Weise wirkend annimmt, wähle ich als einfachstes Beispiel den 3. Octob.

$$
\begin{array}{lllll}
\text{Uhr} & \text{Min.} & & & \\
\text{Wir haben } t = 6 & 10 & r = 30,76'' & w = \pm 0,35'' & \rho = 19,27'' \\
t' = 7 & 56 & r' = 37,96 & w' = \pm 0,69 & \rho' = 23,78
\end{array}
$$

ρ und ρ' sind hier die aus der Entfernung 1 gesehenen Radien r und r', welche in der Entfernung $\triangle$ beobachtet wurden.

Setzt man für die unveränderten Zeiten t und t', wenn M M' etc. die Meilenwerthe bedeuten

$$
\begin{array}{lllll}
r_1 = r - w = 30,41'' & \rho_1 = (r - w) \triangle = 19,05'' & M_1 = 1911 \\
r_2 = r + w = 31,11 & \rho_2 = (r + w) \triangle = 19,49 & M_2 = 1955 \\
r'_1 = r' - w' = 37,27 & \rho'_1 = (r' - w') \triangle' = 23,34 & M'_1 = 2341 \\
r'_2 = r' + w' = 38,65 & \rho'_2 = (r' + w') \triangle' = 24,20 & M'_2 = 2428
\end{array}
$$

Demnach sind also die wahren Dimensionen

$$
\begin{array}{llll}
& \text{im Mittel} & \text{im Minimum} & \text{im Maximum} \\
\text{für } t & M & M_1 & M_2 \\
\text{» } t' & M' & M'_1 & M'_2
\end{array}
$$

Und die 3 Werthe der Geschwindigkeiten in einer Secunde, ausgedrückt in Toisen, nämlich die mittlere, und die beiden möglichen Extreme, d. h. g, g' für das Maximum, g'' für das Minimum, wenn die verflossenen Zeiten in Minuten gerechnet werden:

$$
g = \frac{M' - M}{60 \, (t' - t)} = 271 \text{ Toisen im Mittel}
$$

$$
g' = \frac{M'_2 - M_1}{60 \, (t' - t)} = 309 \text{ Toisen im Maximum}
$$

$$
g'' = \frac{M'_1 - M_2}{60 \, (t' - t)} = 232 \text{ Toisen im Minimum}
$$

Also $g = 271$ Toisen ± 40 Toisen als mögliche Gränzen, die nur in dem einen Fall erreicht werden, wenn w und w' gerade im entgegengesetzten Sinne wirken. Theoretisch betrachtet, ist natürlich der wahrscheinliche Fehler kleiner; wie gross er aber in Wirklichkeit zu schätzen sei, wage ich nicht weiter zu untersuchen. Ich werde die Rechnung nicht für jeden Tag wiederholen, da die Combinationen sich zu weitläufig gestalten, und es auch zweckmässig erscheint, erst andere Beobachtungen abzuwarten, ehe ich den meinigen mehr abzugewinnen suche, als es zulässig sein möchte.

Auf ähnliche Weise werde ich nun jeden einzelnen Beobachtungstag untersuchen, die frühere Bezeichnung der Sectoren beibehalten, und die Geschwindigkeiten, gültig für eine

Secunde, und ausgedrückt in Toisen, g nennen. Ueberdies soll der Mittelwerth jedes Halo, ausgedrückt in Meilen, wie er jeder Beobachtungsreihe eines Abends im Mittel zukommt, μ genannt werden, M, M' etc. sind, wie früher, die Meilenwerthe zu den Zeiten t t' etc.

Es wird sich alsdann zeigen, ob man die auf die Entfernung 1 reducirten Werthe ρ durch eine gerade Linie, oder durch eine Curve darstellen müsse, um der muthmaasslichen Gränze der Sicherheit der Messungen annähernd Genüge zu leisten. Alle diese Rechnungen werde ich nur leichthin ausführen (deren grössere Genauigkeit überdies noch von genauern Bahnelementen abhängt) und mir vorbehalten, in späterer Zeit, falls es noch von Interesse sein sollte, wieder darauf zurückzukommen *).

October 2.

Der Halbmesser des Halo ward nach beiläufiger Beobachtung gefunden, und zählt nicht mit den Uebrigen.

6 Uhr 5 Min. $r = 24{,}54''$ $\rho = 15{,}46''$ $M = 1600$ geogr. Meilen. Für den Kern ergab sich der Durchmesser nach einer Schätzung $= 4{,}9''$ also $r = 2{,}45$ $\rho = 2{,}00$ $M = 200$ geogr. Meilen.

October 3.

Die Beobachtungen sind beispielsweise zum Theil schon besprochen; das Endresultat ist:

Halo a.

6 U. 10 Min. $r = 30{,}76$ $\rho = 19{,}27$ $M = 1933$ Meil. Um 7 U. 3 Min. $\mu = 2170$ Meil.; g in 1 $= 271$ Toisen.
7 » 56 » $= 37{,}86$ $= 23{,}78$ $= 2385$ »

Halo b.

6 U. 10 Min. $r = 5{,}95''$ $\rho = 3{,}75''$ $M = 376$ Meil. Um 7 U. 0 Min. $\mu = 556$ Meil.; g in 1 $= 228$ Toisen.
7 » 50 » $= 11{,}71$ $= 7{,}33$ $= 736$ »

October 4.

Auch diese Beobachtungen sind theilweise schon berechnet. Es hatte sich gezeigt, dass man nicht nöthig habe, in der Construction von der geraden Linie abzugehen. Die Andeutung ist wohl vorhanden, dass bei dem Beginnen der kleinen Halo die Geschwindigkeiten anfangs grösser waren. Der leichtern Uebersicht wegen werde ich von hier an die gemessenen Werthe r nicht mehr vorführen, sondern nur die aus der Entfernung 1 gesehenen $= \rho$; diese, jenachdem sie durch eine gerade Linie oder durch eine Curve dargestellt werden, erhalten die Zeichen ρ' und ρ''. Die jedesmal dem ρ entsprechenden Meilen-Werthe sind M; die auf ρ' und ρ'' bezüglichen aber M' und M''. Auch die Bezeichnung der Geschwindigkeit g in einer Secunde wird g' und g'' sein, jenachdem sie aus den Werthen ρ' und ρ'', demzufolge also auch aus den mittleren Meilenwerthen μ' und μ'' abgeleitet wurde. T sei immer das Mittel der Beobachtungszeiten.

Halo d.

Dieser ward im Beispiele schon berechnet; die dortigen Bezeichnungen:
$$t \quad \rho \quad c' \; f' \quad (c' - \rho) \quad (f' - \rho)$$ würden also entsprechen den Werthen
$$t \quad \rho \quad \rho' \; \rho'' \, (\rho' - \rho) \quad (\rho'' - \rho) \text{ in der jetzigen Zusammenstellung}$$

---

*) Vergl. Meinen Bericht über diesen Gegenstand in Astron. Nachr. No. 1222.

Uhr Min.

t = 5 36,5	ρ = 3,25"	ρ' = 4,00"	M' = 358 Meil.
= 5 57,0	= 5,30	= 5,35	= 532
= 6 2,0	= 5,66	= 5,70	= 567
= 6 23,0	= 6,43	= 6,45	= 677
= 6 31,0	= 7,10	= 6,95	= 711
= 6 36,5	= 7,36	= 7,30	= 802
= 7 18,0	= 8,34	= 8,40	= 877
= 7 38,0	= 9,63	= 9,70	= 963
= 7 56,5	= 10,00	= 10,40	= 1038
= 8 10,0	= 11,10	= 11,00	= 1124
= 8 19,0	= 11,91	= 11,50	= 1179

T = 6 Uhr 59,0 Min. μ' = 803 Meil.
ρ' = 321 Toisen.
Aus der geraden Linie berechnet.

Uhr Min. — Halo e.

t = 5 59,0	ρ = 19,44"	ρ' = 20,92"	M' = 2089 Meil.
= 6 19,0	= 21,64	= 21,47	= 2154
= 6 59,0	= 22,39	= 22,55	= 2283
= 7 20,0	= 22,88	= 23,07	= 2315
= 7 41,0	= 23,58	= 23,75	= 2383

cleus war die Geschwindigkeit also kleiner.

T = 6 Uhr 51,4 Min. μ' = 2243 Meil.
ρ' = 175 Toisen.
Auch hier genügte es, bei der geraden Linie stehen zu bleiben. In grösserer Entfernung vom Nu-

October 5.

Für beide Lichtsectoren e und f genügt es, die Werthe ρ durch eine gerade Linie darzustellen, weil die Abweichungen beiderseitig die vermuthlichen Fehlergränzen nicht überschreiten. Die Rechnungen über die übrigbleibenden Fehler werde ich nicht wiederholen, da sie alle zu nahe denselben Ergebnissen führen würden. Ich fahre also damit fort, aus den durch die Construction ausgeglichenen Werthen ρ' die Meilengrösse M' beiläufig zu berechnen, und ebenso die Geschwindigkeiten ρ' nur durch Verbindung der äussersten Beobachtungen annähernd zu ermitteln, da es meine Absicht ist, über die ersten Näherungen nicht hinauszugehen.

Halo e.

Uhr Min.

t = 5 36,5	ρ = 6,61"	ρ' = 6,61"	M' = 693 Meil.
= 5 44,0	7,14	7,14	716
= 5 50,5	7,51	7,48	751
= 5 58,5	7,84	7,92	794
= 6 12,5	8,54	8,75	878
= 6 26,0	9,08	9,50	953
= 6 46,0	10,30	10,70	1073
= 7 11,0	12,36	12,30	1224
= 7 14,0	12,43	12,40	1244
= 7 21,0	12,43	12,77	1281

T = 6 Uhr 26,0 Min. μ' = 958 Meil.
ρ' = 375 Toisen.

Uhr Min. — Halo f.

t = 6 4,0	ρ = 23,23"	ρ' = 13,70"	M' = 2378 Meil.
= 6 15,0	= 24,29	= 24,25	= 2433
= 6 48,0	= 25,94	= 25,50	= 2558
= 7 14,0	= 26,67	= 26,50	= 2659

T = 6 Uhr 35,2 Min. μ' = 2507 Meil.
ρ' = 261 Toisen.
Auch hier zeigt sich in dem grössern Halo eine geringere Geschwindigkeit.

October 6.

Die Messungen des Halo g lassen sich in Rücksicht auf den kurzen Zeitraum, und die geringere Sicherheit der Beobachtung unbedenklich durch eine gerade Linie darstellen.

Uhr Min.			Halo g.
$t = 7\ 14.5$	$\rho = 14.42''$	$\rho' = 14.95''$	$M' = 1500$ Meil.
$= 7\ 17.6$	$= 14.20$	$= 15.10$	$= 1515$
$= 7\ 20.5$	14.62	15.17	1522
$= 7\ 24.2$	$= 14.98$	$= 15.40$	1545
$= 7\ 27.8$	$= 16.19$	$= 15.57$	$= 1562$
$= 7\ 31.7$	16.29	$= 15.75$	$= 1585$
$= 7\ 39.7$	$= 16.19$	$= 16.05$	$= 1610$
$= 7\ 42.5$	$= 16.12$	$= 16.12$	$= 1617$
$= 7\ 43.7$	$= 16.93$	$= 16.26$	$= 1631$
$= 7\ 45.0$	$= 16.35$	$= 16.30$	$= 1635$
$= 7\ 53.2$	$= 16.36$	$= 16.60$	$= 1665$
$= 7\ 56.0$	$= 16.76$	$= 16.72$	$= 1677$
$= 7\ 57.0$	16.55	$= 16.80$	1685
$= 7\ 59.0$	$= 16.55$	$= 16.90$	$= 1696$
$= 7\ 67.5$	$= 16.92$	$= 17.30$	$= 1736$

$T = 7$ Uhr 39,8 Min. $\mu' = 1612$ Meil.
$g' = 282$ Toisen.
Den Scheitelradius der Coma kann man zu 3000 Meilen, den Halbmesser des Kerns zu 287 Meilen annehmen.

October 7.

Halo h.

Uhr Min.			
$t = 5\ 44.0$	$\rho = 14.57''$	$\rho' = 15.70''$	$M' = 1575$ Meil.
$= 5\ 53.7$	$= 16.20$	$= 16.20$	$= 1625$
$= 5\ 55.0$	16.20	$= 16.25$	$= 1630$
$= 5\ 57.2$	$= 16.41$	$= 16.35$	1640
$= 6\ 15.0$	$= 17.88$	$= 17.15$	$= 1721$
$= 6\ 16.6$	$= 17.24$	$= 17.25$	$= 1731$
$= 6\ 22.5$	$= 17.88$	$= 17.50$	$= 1756$
$= 6\ 28.7$	$= 17.81$	$= 17.81$	$= 1787$
$= 6\ 34.0$	$= 17.84$	$= 18.07$	$= 1813$
$= 6\ 57.5$	$= 19.65$	$= 19.18$	$= 1924$
$= 6\ 59.5$	$= 19.88$	$= 19.30$	$= 1936$
$= 7\ 16.5$	$= 19.73$	$= 20.10$	$= 2016$
$= 7\ 18.0$	$= 20.03$	$= 20.18$	$= 2025$
$= 7\ 19.6$	19.60	$= 20.25$	2032
$= 7\ 23.5$	$= 20.48$	20.41	$= 2048$
$= 7\ 44.7$	$= 20.49$	21.50	$= 2157$
$7\ 45.8$	$= 21.60$	$= 21.55$	$= 2162$
$= 7\ 46.6$	$= 21.07$	21.60	$= 2167$
$= 7\ 51.0$	$= 21.27$	21.77	$= 2184$
$= 7\ 55.5$	$= 22.04$	$= 22.00$	$= 2207$

$T = 6$ Uhr 56,7 Min. $\mu' = 1924$ Meil.
$g' = 303$ Toisen.
Die erste Beobachtung habe ich ausgeschlossen; wird sie mitgenommen, so würde sein: $\mu' = 1900$ Meil.
$g' = 306$ Tois.

Alle Beobachtungen fügen sich sehr schön der geraden Linie, und die erste braucht nur um eine Secunde geändert zu werden, was bei dieser leichter als bei den Uebrigen gestattet ist.

Uhr Min.   Halo i.

$t = 6$ 14,0 $\varphi = 29,62''$ $\varphi' = 29,85''$ $M' = 2995$ Meil. $T = 6$ Uhr 31,8 Min. $\mu' = 3046$ Meil.

$= 6$ 18,3 $= 30,07$ $= 29,97$ $= 3007$ $\varphi' = 181$ Toisen.

$= 7$ 3,2 $= 31,42$ $= 31,25$ $= 3135$

Uhr Min.   Nucleus des Cometen.

$t = 7$ 1,0 $\varphi = 2,62''$ $M' = 263$ Meil.   Vielleicht war die Vergrösserung

$= 7$ 65,5   3,28 $= 329$ des Kerns reell, und bezeichnete

den Anfang der Bildung einer neuen Ausströmung.

October 8.

Uhr Min.   Halo k.

$t = 5$ 56,2 $\varphi = 17,82''$ $\varphi' = 18,45''$ $M' = 1851$ Meil. $T = 6$ Uhr 33,8 Min. $\mu' = 2072$ Meil.

$= 6$ 6,5 $= 18,95$ $= 19,05$ $= 1911$ $\varphi' = 374$ Toisen.

$= 6$ 10,2 $= 19,58$ $= 19,30$ $= 1936$ Die Beobachtungen lassen sich

$= 6$ 11,3 $= 19,70$ $= 19,83$ $= 1939$ sehr gut durch eine gerade Linie

$= 6$ 17,0 $= 19,34$ $= 19,66$ $= 1972$ darstellen. Für Halo l erhielt ich

$= 6$ 18,1 $= 19,74$ $= 19,70$ $= 1976$ um 6 Uhr 9 Min. nur eine Be-

$= 6$ 32,7 $= 20,94$ $= 20,55$ $= 2062$ stimmung: $\varphi = 28,93''$ $M = 2900$

$= 6$ 43,3 $= 22,06$ $= 21,25$ $= 2132$ Meil.; für den Kern eine 6 Uhr

$= 6$ 45,3 $= 21,33$ $= 21,33$ $= 2140$ 21 Min. $\varphi = 2,63''$ $M = 264$ Meil.

$= 6$ 57,0 $= 21,65$ $= 22,02$ $= 2209$

$= 6$ 58,1 $= 21,83$ $= 22,05$ $= 2212$

$= 7$ 0,8 $= 22,46$ $= 22,27$ $= 2234$

$= 7$ 24,0 $= 23,35$ $= 23,60$ $= 2368$

October 9.

Uhr Min.   Halo m.

$t = 6$ 44,7 $\varphi = 23,39''$ $\varphi' = 23,40''$ $M' = 2348$ Meil. $T = 7$ Uhr 4,6 Min. $\mu = 2433$ Meil.

$= 6$ 46,1 $= 23,71$ $= 23,45$ $= 2353$ $\varphi' = 274$ Toisen.

$= 6$ 49,5 $= 23,55$ $= 23,85$ $= 2373$ Die Angaben fügen sich sehr gut

$= 7$ 9,5 $= 24,50$ $= 24,40$ $= 2448$ der geraden Linie.

$= 7$ 12,8 $= 24,45$ $= 24,57$ $= 2465$

$= 7$ 17,6 $= 24,34$ $= 24,80$ $= 2488$

$= 7$ 32,4 $= 25,70$ $= 25,45$ $= 2553$

Uhr Min.   Halo n.

$t = 6$ 52,3 $\varphi = 5,59''$ $\varphi' = 4,85''$ $M' = 487$ Meil. $T = 7$ Uhr 19,2 Min. $\mu' = 862$ Meil.

$= 7$ 11,4 $= 7,02$ $= 7,55$ $= 757$ $\varphi' = 876$ Toisen.

$= 7$ 14,3 $= 7,97$ $= 7,95$ $= 798$ Auch diese Beobachtungen sind

$= 7$ 18,7 $= 8,93$ $= 8,50$ $= 853$ durch die gerade Linie darstell-

$= 7$ 31,1 $= 10,54$ $= 10,25$ $= 1028$ bar; ohne ihnen Zwang anzuthun,

$= 7$ 33,1 $= 10,44$ $= 10,45$ $= 1049$ kann man die Linie so legen,

$= 7$ 34,0 $= 10,44$ $= 10,60$ $= 1063$ dass wird:

$t = 6$ Uhr 52,3 Min. $\varphi' = 5,40''$ $M' = 542$ Meil. $\varphi' = 768$ Toisen.

$= 7$ 34,0 $= 10,44$ $= 1047$ $\mu' = 795$ Meilen.

6*

Ich werde diesen letzten Werth annehmen, weil er etwas besser den Beobachtungen entspricht, deren erste wegen der Kleinheit der zu messenden Grösse einigen Verdacht erwecken kann. Man vergleiche hierfür übrigens die Endbemerkung zu October 9 bei der Mittheilung der Messungen.

October 10.

Halo o.

$t = 7$ Uhr 41,0 Min. $\varrho = 14,44''$ $M' = 1448$ Meil. (Vergl. die Bem. zu Octob. 10.)

October 11.

Die Beobachtungen lassen sich zwanglos der geraden Linie anpassen; bei dem grössern (äussern) Halo q sind nur 3 Messungen vorhanden, und diese gestatten, wie auch im ähnlichen Falle Octob. 7 immer einige Willkür; ich wählte immer diejenige Construction, welche für g die noch zulässig kleinsten Werthe ergab. Für beide Sectoren finde ich die folgenden Ergebnisse.

Uhr Min.			Halo p.			
$t = 6$ 52,7	$\varrho = 13,73''$	$\varrho' = 14,00''$	$M' = 1404$ Meil.		$T = 7$ Uhr 7,9 Min. $\mu' = 1573$ Meil.	
$= 6$ 53,5	$= 13,57$	$= 14,17$	1421		$g' = 772$ Toisen.	
$= 6$ 56,0	$14,13$	$= 14,15$	1450			
$= 6$ 57,0	$14,09$	$14,55$	$= 1460$			
6 58,3	$14,93$	$= 14,75$	1480			
6 59,1	$15,10$	$= 15,08$	1513			
$= 7$ 11,1	$= 16,07$	$16,27$	1632			
$= 7$ 12,9	$= 16,35$	$= 16,50$	1655			
$= 7$ 15,6	$16,70$	$= 16,72$	1677			
$= 7$ 23,5	$= 17,87$	$17,65$	1771			
$= 7$ 28,2	$= 18,25$	$18,50$	1836			

Uhr Min.			Halo q.			
$t = 6$ 51,7	$\varrho = 24,04''$	$\varrho' = 25,05''$	$M' = 2633$ Meil.		$T = 6$ Uhr 40,3 Min. $\mu' = 2726$ Meil.	
$= 6$ 55,0	$= 26,77$	$= 26,57$	$= 2696$		$g' = 863$ Toisen.	
$= 7$ 14,2	$= 29,32$	$= 29,00$	2949		In der Anmerkung zu Octob. 11	

habe ich gesagt, dass von q nur Spuren kenntlich waren. Da q nur 3 mal gemessen ward, so ist Grund genug, das Resultat auszuschliessen.

October 14.

Uhr Min.			Halo r.			
$t = 5$ 58,5	$\varrho = 17,84''$	$\varrho' = 18,50''$	$M' = 1866$ Meil.		$T = 6$ Uhr 28,5 Min. $\mu' = 2142$ Meil.	
$= 6$ 1,1	$18,92$	$18,95$	$= 1891$		$g' = 564$ Toisen.	
6 3,3	$18,50$	$19,00$	1906		Alle Angaben schliessen sich der	
6 4,1	$= 19,26$	$19,07$	1913		geraden Linie gut an.	
6 5,9	$= 19,62$	$19,27$	1933			
$= 6$ 8,8	$= 19,75$	$19,60$	$= 1966$			
6 10,4	$= 20,18$	$19,70$	1976			
$= 6$ 13,9	$20,09$	$19,95$	2001			

Uhr Min.

$t = 6\ 17,8$ $\rho = 19,96''$ $\rho' = 20,35''$ $M' = 2042$
$= 6\ 19,0$ $= 20,57$ $= 20,47$ $= 2054$
$= 6\ 24,7$ $= 21,16$ $= 20,96$ $= 2102$
$= 6\ 45,0$ $= 22,76$ $= 22,82$ $= 2289$
$= 6\ 46,2$ $= 23,00$ $= 22,92$ $= 2299$
$= 6\ 47,5$ $= 23,24$ $= 23,03$ $= 2310$
$= 6\ 49,3$ $= 23,92$ $= 23,25$ $= 2332$
$= 6\ 57,5$ $= 24,20$ $= 23,95$ $= 2403$
$= 6\ 58,4$ $= 23,33$ $= 24,10$ $= 2418$

October 15.

Uhr Min.   Halo s.

$t = 5\ 49,4$ $\rho = 19,78''$ $\rho' = 21,25''$ $\rho'' = 20,33''$ $M' = 2132$ Meil.
$= 5\ 50,8$ $= 20,33$ $= 21,40$ $= 20,09$ $= 2147$
$= 5\ 52,4$ $= 21,93$ $= 21,50$ $= 20,92$ $= 2157$
$= 5\ 53,8$ $= 21,33$ $= 21,55$ $= 21,15$ $= 2162$
$= 5\ 55,3$ $= 21,61$ $= 21,70$ $= 21,55$ $= 2177$
$= 5\ 56,8$ $= 22,39$ $= 21,75$ $= 21,75$ $= 2182$
$= 5\ 58,3$ $= 22,04$ $= 21,50$ $= 22,00$ $= 2197$
$= 5\ 59,9$ $= 21,61$ $= 22,02$ $= 22,15$ $= 2200$
$= 6\ 1,4$ $= 23,17$ $= 22,15$ $= 22,35$ $= 2225$
$= 6\ 8,3$ $= 23,80$ $= 22,65$ $= 23,20$ $= 2272$
$= 6\ 9,4$ $= 23,00$ $= 22,70$ $= 23,30$ $= 2277$
$= 6\ 11,4$ $= 23,04$ $= 22,80$ $= 23,45$ $= 2297$
$= 6\ 12,5$ $= 23,57$ $= 23,00$ $= 23,55$ $= 2308$
$= 6\ 14,0$ $= 23,38$ $= 23,10$ $= 23,05$ $= 2318$
$= 6\ 15,4$ $= 23,97$ $= 23,17$ $= 23,72$ $= 2325$
$= 6\ 30,8$ $= 24,36$ $= 24,40$ $= 24,30$ $= 2448$
$= 6\ 32,5$ $= 24,24$ $= 24,56$ $= 24,30$ $= 2463$
$= 6\ 33,2$ $= 24,24$ $= 24,60$ $= 24,30$ $= 2468$

$T = 6$ U. 11,5 Min. $\mu' = 2300$ Meil. $g' = 491$ Toisen. Ausnahmsweise habe ich hier die Werthe ρ durch eine krumme Linie dargestellt, deren Angaben ρ'' sind. ρ' entspricht der geraden Linie, welche diesmal weniger gut sich den Beobachtungen anschliesst. Aber diese selbst sind bereits unter so schwierigen Umständen angestellt, dass es vergebliche Mühe wäre, hier in aller Strenge verfahren zu wollen; aus ρ'' würden sich für g'' Werthe bis zum Betrag von 600 Toisen ableiten lassen.

October 16.

Uhr Min.   Halo t.

$t = 5\ 46,3$ $\rho = 20,76''$ $\rho' = 22,27''$ $M' = 2234$ Meil.
$5\ 48,0$ $= 21,79$ $= 22,35$ $= 2242$
$= 5\ 51,1$ $= 22,36$ $= 22,48$ $= 2255$
$= 5\ 52,3$ $= 22,72$ $= 22,53$ $= 2260$
$= 5\ 55,8$ $= 22,72$ $= 22,70$ $= 2277$
$= 5\ 57,1$ $= 23,22$ $= 22,75$ $= 2282$
$= 5\ 58,6$ $= 23,15$ $= 22,80$ $= 2288$
$= 6\ 0,5$ $= 22,03$ $= 22,95$ $= 2302$
$= 6\ 3,4$ $= 23,75$ $= 23,07$ $= 2314$
$= 6\ 14,1$ $= 23,93$ $= 23,65$ $= 2373$
$= 6\ 15,7$ $= 23,93$ $= 23,72$ $= 2380$

$T = 6$ Uhr 10,6 Min. $\mu' = 2361$ Meil. $g' = 331$ Toisen. An diesem Tage schliesst sich eine Curve besser den Beobachtungen an, als die gerade Linie; aber die für Octob. 15 vorliegenden Gründe finden auch hier statt, weshalb ich es bei der geraden Linie bewenden lasse. Für den Kern (Radius) ergab sich: $\rho = 2,39''$ $M' = 239$ Meilen.

46

Uhr Min.

$t = 6$ 29,0 $\rho = 24,68''$ $\rho' = 24,45''$ $M' = 2453$
= 6 30,8 = 24,28 = 24,50 = 2458
= 6 32,8 = 24,45 = 24,62 = 2470
= 6 35,0 = 24,69 = 24,80 = 2488

October 17.

Uhr Min.   Halo u.

$t = 5$ 50,5 $\rho = 10,46''$ $\rho' = 10,30''$ $M' = 1033$ Meil. $T = 5$ Uhr 58,9 Min. $\mu' = 1121$ Meil.
= 5 52,8 = 10,74 = 10,70 = 1073 $\rho' = 660$ Toisen.
= 5 59,8 = 11,00 = 11,00 = 1103   Den Scheitelradius der Coma kann
= 6 4,8 = 11,55 = 11,70 = 1174   man auf 2820 Meilen setzen; $\rho = 28,12''$,
= 6 7,4 = 12,09 = 12,05 = 1209   mit sehr grosser Unsicherheit.

October 18.

Uhr Min.   Halo e.

$t = 5$ 49,6 $\rho = 12,69$ $M' = 1272$ Meil. $T = 5$ Uhr 55,6 Min. $\mu' = 1275$ Meil.
= 5 57,7 = 12,95   = 1299
= 5 59,5 = 12,51   = 1254

Ueberblickt man diese Resultate, so wird man sich überzeugen, dass, obgleich ich zwischen dem 2. und 18. October mehr als 1700 Messungen über die Sectoren der Ausströmung angestellt habe, die Beobachtungen dennoch unzulänglich erscheinen, und bestimmte Aufschlüsse über gesetzmässige Verhältnisse der Geschwindigkeiten nicht zu geben vermögen. Man wird dies zuerst aus dem Folgenden ersehen, wo ich die Geschwindigkeiten ρ' nach der mittlern Grösse des Halo zusammenstelle. μ' sei der jedesmalige mittlere Radius, und ρ', wie auch früher, der berechnete mittlere Näherungswerth der Geschwindigkeit; p das ungefähre Gewicht der Bestimmung.

Octob. 3 Halo b $\mu' =$ 556 Meilen $\rho' =$ 228 Toisen $p =$ 4
» 9 » n » = 795 » » = 768 » » = 4
» 4 » d » = 803 » » = 321 » » = 5
» 5 » c » = 958 » » = 375 » » = 5
» 17 » u » = 1121 » » = 660 » » = 1
» 11 » p » = 1573 » » = 772 » » = 2
» 6 » g » = 1612 » » = 282 » » = 3
» 7 » h » = 1924 » » = 303 » » = 3
» 8 » k » = 2072 » » = 374 » » = 3
» 14 » r » = 2142 » » = 594 » » = 2
» 3 » a » = 2159 » » = 271 » » = 4
» 4 » c » = 2243 » » = 175 » » = 5
» 15 » s » = 2300 » » = 491 » » = 2
» 16 » t » = 2361 » » = 331 » » = 1
» 9 » m » = 2433 » » = 274 » » = 3
» 5 » f » = 2507 » » = 261 » » = 4
» 11 » q » = 2726 » » = 863 » » = 0,5
» 7 » i » = 3046 » » = 181 » » = 1

Es ist also in diesen Werthen von μ' und g' kein Zusammenhang ersichtlich; allein auf diese Weise dürften wir ihn auch bei viel bessern Materialien schwerlich entdecken. Betrachten wir zunächst die Abende Oct. 3. 4. 5. 9, an denen gleichzeitig 2 Lichthüllen von verschiedener Grösse beobachtet wurden, und nennen wir die Geschwindigkeit im kleinern Halo g', im grössern dagegen g'', so ergiebt sich

Octob. 3. Halo $b = 556$ Meilen; $g' = 228$ Toisen g''
  » $a = 2159$ » $g'' = 271$ » $\dfrac{g''}{g'} = 1,19$

Octob. 4. Halo $d = 803$ » $g' = 321$ » g''
  » $c = 2243$ » $g'' = 175$ » $\dfrac{g''}{g'} = 0,54$

Octob. 5. Halo $e = 958$ » $g' = 375$ » g''
  » $f = 2507$ » $g'' = 261$ » $\dfrac{g''}{g'} = 0,70$

Octob. 7. Halo $h = 1924$ » $g' = 303$ » g''
  » $i = 3046$ » $g'' = 181$ » $\dfrac{g''}{g'} = 0,60$

Octob. 9. Halo $n = 795$ » $g' = 768$ » g''
  » $m = 2433$ » $g'' = 274$ » $\dfrac{g''}{g'} = 0,35$

Mit Ausnahme der ersten Beobachtung geben die 4 andern $\dfrac{g''}{g'}$ etwa $= 0,55$, d. h. im äusseren grössern Halo war die Geschwindigkeit um die Hälfte geringer als im innern kleinen Halo, dem Nucleus näher. Wenn aber October 3, und, freilich viel weniger sicher, October 11 diesem widersprechen, indem hier $\dfrac{g''}{g'} = 1,19$ ist, so sehen wir so viel, dass wir es mit einem complicirten Probleme zu thun haben, welches durch meine Messungen nicht aufgehellt werden kann. Hier sind verschiedene Möglichkeiten in Erwägung zu ziehen. Ohne Zweifel ist wohl die Sonne die Erregerin der dem Nucleus innewohnenden Eigenschaft, Lichtmaterie auszuströmen. Mag nun die Zunahme der Wärme oder eine andere Kraft die Ursache sein, immer werden wir, geleitet durch die Beobachtung selbst, annehmen dürfen, dass diese Energie des Nucleus im Perihele, und vielleicht etwas später, ein Maximum erreiche. Da aber alles darauf hindeutet, dass die Sonne zugleich repulsiv gegen den Cometen wirkt, also die ihr entgegengeströmte Lichtmaterie zurückzudrängen trachtet, so wird nahe um die Zeit des Perihels oder gleich hernach ein Maximum des gegenseitigen Widerstandes zwischen der Repulsivkraft und der Energie des Nucleus, Materie auszuströmen stattfinden. Von der Wechselwirkung beider Kräfte kann alsdann die Geschwindigkeit der Materie im Halo, selbst seine Gestalt abhängen, und es liegt vielleicht nicht fern zu glauben, dass selbst die Intensität und scharfe Begränzung des Halo nicht ausschliesslich durch die Erleuchtung, sondern durch die temporär grössere Zusammendrängung seiner Theile bedingt werde. So lange die ausströmende Kraft des Nucleus grösser als die Repulsivkraft der Sonne ist, können sehr beträchtliche Geschwindigkeiten der Materie stattfinden, und vielleicht kann sich die Figur der Kugelschaale, deren Projection wir als den Halo beobachten, nur unter gewissen Verhältnissen des Widerstandes der Sonne als solcher gestalten. War z. B. 10 Tage vor dem Perihele die Geschwindigkeit 1000 Toisen, so ist es denkbar, dass sie sich bis auf 300 Toisen verminderte, weil bis zum Perihele die Repulsivkraft der Sonne mehr und mehr zunahm, und Ueberhand gewann über die Zunahme der Energie des lichtausströmenden Nucleus. Nach dem Perihele würde das Gegentheil erfolgen, und hierfür enthalten meine Beobachtungen wohl eine leise Andeutung. Ueberdies darf man dabei immer die Ansicht festhalten, dass nahe am Kerne die ausgeströmten Lichttheile ein Maximum der Geschwindigkeit haben; man darf nach der ausgesprochenen Ansicht es auch nicht für undenkbar halten, dass durch die gleichzeitige Anwesenheit von 2 oder 3 Lichthüllen eine die Geschwindigkeit in der andern modificiren (stören) könne, wodurch umgekehrte Zahlwerthe, wie $\frac{g}{g'} = 1,19$, erklärbar würden. Jedenfalls sind die Vorgänge im Nucleus und seiner Umgebung während des Perihels von sehr grossartiger Natur, und Geschwindigkeiten, die weit die unserer Orkane übertreffen, müssen wie die gefundenen, wenn sie 300 bis 500 Toisen, also 1800 bis 3000 par. Fuss in der Secunde erreichen, mit der Geschwindigkeit der Geschützkugeln im Anfange ihrer Bahn verglichen werden. Der scheinbar so ruhige Entwickelungsgang des Halo, wie er uns in der Entfernung vieler Millionen Meilen vorkommt, gleicht viel eher einer colossalen Staub-Explosion, welche in wenigen Stunden Räume von 2000 bis 3000 Meilen im Halbmesser erfüllt.

Da sich aus der Zusammenstellung der Werthe g nichts Bestimmtes ermitteln lässt, so will ich mich darauf beschränken, unter Berücksichtigung der Gewichtszahlen ein Mittel zu nehmen, und dies stellt sich auf 371 Toisen oder circa 2200 par. Fuss in der Secunde.

Den wenigen Messungen über den Nucleus selbst darf man keinen sonderlichen Werth beilegen. Grössere Instrumente werden ihn kleiner ergeben, und ihm nicht, wie meine Beobachtungen, einen grössern Durchmesser als den unsers Mondes zuschreiben. Es sind die folgenden:

Halbmesser des Nucleus: Octob. 2 — 300 Meilen.

» 6 = 287 »

» 7 = 263 »

» 8 = 254 »

» 15 = 239 »

Für die Coma ergiebt sich wieder eine Abnahme bei der Annäherung des Cometen zur Sonne, eine schon früher bekannte Erscheinung, auf welche ich selbst bei Gelegenheit verschiedener anderer Cometen aufmerksam gemacht habe. Diesmal zeigten sich folgende Variationen:

Scheitelradius der Coma: Sept. 10 = 5400 Meilen.

» 12 4700 »

» 14 4770 »

» 15 3670 »

Octob. 6 = 3000 »

» 16 = 2800 »

Dabei ist es von Belang zu bemerken, dass kein Lichtsaum, also kein Sector des Halo (wenigstens nach meinen Beobachtungen), in grösserer Entfernung als 2700 Meilen vom Nucleus in deutlich erkennbarer Begränzung gesehen werden konnte. Zwar habe ich unter i und g solche Messungen noch mit aufgeführt, allein mit der Bemerkung, dass sich nur Spuren zeigten, und die Erscheinung mit dem Lichte der Coma zusammenfloss.

Ueber die merkwürdigen Lichtunterschiede im Halo selbst, über die dunkeln und hellen Flecke, wage ich keine Vermuthung: ich überlasse sie denen, welche so glücklich waren, mit grossen Fernröhren den Cometen beobachten zu können. Ebenso lasse ich die wichtige Frage nach der Periodicität der Ausströmungen vor der Hand unerörtert, da ich noch fremde Beobachtungen abzuwarten gedenke. Jeder sieht aus den Messungen, aus dem Wachsthum der Radien, dass an jedem Abende ein neues Phänomen gesehen ward. Wenigstens scheint mir dies bis jetzt am wahrscheinlichsten, obgleich ich die Schwierigkeiten nicht verkenne, welche durch die kleinen Wolken sowohl, als durch die dunkeln Stellen im Halo entstehen, indem sich diese an verschiedenen Abenden zeigten. Allein da sich 3 mal der Halo unter meinen Augen bildete, so glaube ich, dass der Hergang periodisch war, und vermuthe, dass er mit den ebenfalls angedeuteten Schwingungen des Schweifes in Verbindung stehe. Die Entscheidung wird dann nicht schwer fallen, wenn amerikanische Beobachter sich in dieser Beziehung aufmerksam und anhaltend mit dem Cometen beschäftigt haben.

Versuche über die Polarisation des Cometenlichtes.

Schon bei frühern Gelegenheiten habe ich mich einige Male bemüht, durch Anwendung verschiedenartiger Hülfsmittel die Erscheinungen der Polarisation näher kennen zu lernen, namentlich an grösseren Cometen, ohne indessen damit zu Stande zu kommen. Es fehlt nicht an Polariscopen, welche der Optiker und der Mineralog gebraucht, aber es fehlt an zweckmässiger Verbindung solcher Instrumente mit grossen Refractoren, und an den allermeisten Sternwarten dürfte man sich vergebens darnach umsehen. Fast isolirt stehen die Beobachtungen Arago's da, welcher im Beisein von Alexander von Humboldt die Polarisation des Halley'schen Cometen einige Male untersuchte; eben so vereinzelt seine derartigen Beobachtungen über die Polarisation verschiedener Oberflächentheile des Mondes, über die Protuberanzen während der totalen Sonnenfinsterniss; endlich die Angaben Anderer über die Polarisation des Zodiakallichts. So sehr ich nun das Verdienst dieser wichtigen Beobachtungen anerkenne, so sehr halte ich es auch für nöthig, dass man das Detail der Beobachtungen, und erst dann seine Meinung über das Gesehene mittheile; dass man sich nicht damit begnüge, ein- oder zweimal solchen Versuch anzustellen, sondern ihn bei der Erscheinung eines Cometen unter vielfach veränderten Umständen, und so oft als möglich, wiederhole. Einen derartigen Versuch habe ich an Donati's Cometen durchgeführt, und ich werde ihn in erforderlicher Ausführlichkeit bekannt machen; nicht etwa, weil ich ihm einen besondern Werth beilege (seine Mängel werden Kenner leicht bemerken), sondern um ein Beispiel zu geben, wie meiner Meinung nach derartige Untersuchungen, durch diese oder andere Methoden, consequent anzustellen seien. Arbeiten über die Erscheinungen der Polarisation haben nie in der Richtung meiner Studien gelegen; aber wenn ich deren Wichtigkeit für gewisse Fälle erkenne, finde ich Veranlassung genug, mich damit zu beschäftigen, weniger in der Absicht, sogleich nützliche Resultate zu erlangen, als vielmehr, um dabei zu lernen, und Andere, denen solche Studien bisher gänzlich fern lagen, dazu anzuregen.

Mir stand diesmal kein Apparat zu Gebote, der sich in schicklicher und bequemer Weise mit dem Refractor hätte verbinden lassen; auch besass ich kein Instrument, um die Erscheinungen der chromatischen Polarisation zu prüfen. Einige Male durch den Turmalin, durch den Herapatit, oder durch das Nicol'sche Prisma den Cometen anzusehen, war freilich einfach genug, aber damit schien mir wenig gewonnen, wenn man bedenkt, wie vieles von dem Einfallswinkel der Strahlen, vom Zustande der Atmosphäre, und sehr wahrscheinlich von den verschiedenen Entwicklungsgraden des Cometen selbst abhängt. Ich wählte für meine Versuche die durch Haidinger für Krystallbeobachtungen mit so vielem Erfolge in Vorschlag gebrachte dichroscopische Loupe, die für sehr kurze Brennweiten, aber gar nicht für das Fernrohr eingerichtet ist. Ihre beiden Kalkspath-Krystalle geben zwei nahe bei einander liegende Bilder, die bei entsprechender Drehung der Loupe über die Anwesenheit der polarisirten Strahlen entscheiden. Solcher Loupen wählte ich 4 bei Lenoir in Wien aus, und setzte sie mit dem Plössl'schen Refractor in Verbindung. Wenn ich (wie immer bei diesen Versuchen) die schwächste Vergrösserung benutzte, musste der Okularsatz mehr als 2 Zoll hineingeschoben werden, um in der, vor das Okular gehaltenen dichroscopischen Loupe ein schönes deutliches Doppelbild des Cometen zu erhalten. Von diesem sah ich alsdann ausser dem Nucleus noch etwa ½ Grad vom Schweife im nämlichen Gesichtsfelde. Durch den Stundenschlüssel konnte die Lage der Bilder immer regulirt werden, sodass sie sowohl in der Mitte des gewöhnlichen Gesichtsfeldes am Fernrohre, als auch durch geringe Verschiebung der Loupe vor dem Okulare in der Mitte des Doppelfeldes der Loupe verblieben. Die Drehung der Loupe vor dem Okulare zeigte dann sehr deutlich die wechselnde Intensität der Bilder, und somit das Vorhandensein der polarisirten Strahlen; sie zeigte, ohne indess ein Maass anzugeben, dass der Comet zum Theil erborgtes Licht uns zusende. Durch diese Vorrichtung war es zugleich möglich, in ähnlicher Weise andere Objecte am Himmel zu prüfen, und ich wählte dazu Mars, Venus und Arcturus, einige Male auch den Mond. In jeder beliebigen Lage der 4 Loupen vor dem Okulare war stets das eine Bild des Cometen etwas weniger vollkommen, etwas mit kurzen Strahlen versehen, als wenn es nicht genau im Focus stände. Auf die Sonne angewandt, fand ich sie auch nicht achromatisch, denn ich sah die Flecken mit Farbenrändern versehen, die ihre Lage bei stattfindender Drehung veränderten.

Sowohl während der Beobachtungen, als auch nach dem Schlusse derselben, sah ich mich genöthigt, bei Herrn Professor J. Grailich in Wien, der mit diesen und andern optischen Untersuchungen im hohen Grade vertraut ist, mich nach verschiedenen Einzelheiten näher zu erkundigen. Prof. Grailich hatte die Gefälligkeit, mich sowohl über die Wahl der Normalebene in diesen Beobachtungen zu belehren, als auch den Unterschied der Intensität beider Bilder in der Loupe 1 und 4 zu bestimmen, welche keineswegs in jeder Lage genau dieselbe war, wo sie übereinstimmen sollte. Er fand das Verhältniss nahe wie 20 zu 18, und da alle 4 Loupen, wie es scheint, an diesem Mangel litten, so enthalten auch meine Beobachtungen diesen constanten Fehler, der also theilweise, vielleicht zum grössten Theile, durch diese Eigenschaft der Loupen erklärt wird. In der Auseinandersetzung der Methode der Beobachtungen ist zweierlei zu unterscheiden:

1. Die Wahl der Normalebene, von welcher ausgegangen wird.
2. Die Art der Drehung der Loupen vor dem Okulare des Fernrohres.

1. Am Anfange der Beobachtungen wählte ich den Horizont, gegen welchen ich die Drehung der Loupen von 90° zu 90° zählte, nämlich so, dass zuerst die beiden Bilder A und B senkrecht übereinander im Felde, also auch senkrecht zum Horizonte standen; demnach war die zweite Stellung horizontal, also mit dem Horizonte parallel, u. s. f. Diese Lage, in welcher der Horizont als Hauptebene angenommen wird, nenne ich Lage L. Auf den Rath Grailich's erweiterte ich sodann die Beobachtungsreihe dahin, dass ich noch die jedesmalige Ebene: Sonne, Comet, Erde wählte, deren Lage durch die Richtung des Cometenschweifes immer beiläufig gefunden werden konnte. In dieser Lage, welche ich durch II bezeichne, standen also in jedem ersten Versuche die Bilder A und B senkrecht zur bezeichneten Ebene, und nach der Drehung um 90° lagen sie zu ihr parallel. Stand also der Schweif senkrecht gegen den Horizont, so waren für die Versuche in den Lagen 1 und II die correspondirenden Drehungen der Loupen, gezählt vom Anfange jeder Beobachtung, um 90° verschieden.

2. In beiden Lagen I und II stellte ich jedesmal das hellste Bild nach unten, und nannte es A; das schwächere obere Bild aber B. Die Drehung der Loupen erfolgte immer nach rechts herum, und nach 90° Drehung stand nun A rechts,

und B links. Abermals 90° in derselben Richtung gedreht, brachte A nach oben, und B nach unten; endlich die 3. Drehung brachte A nach links, B nach rechts und die 4. war wieder mit der ersten identisch. Das Schema der Beobachtungen ist also das folgende:

<table>
<tr><td colspan="2">Lage I.</td><td colspan="2">Lage II.</td></tr>
<tr><td colspan="2">Loupe 1.</td><td colspan="2">Loupe 1.</td></tr>
<tr><td>a . . .</td><td>A unten, B oben</td><td>a . . .</td><td>A unten, B oben</td></tr>
<tr><td>b . . .</td><td>A rechts, B links</td><td>b . . .</td><td>A rechts, B links</td></tr>
<tr><td>c . . .</td><td>A oben, B unten</td><td>c . . .</td><td>A oben, B unten</td></tr>
<tr><td>d . . .</td><td>A links, B rechts</td><td>d . . .</td><td>A links, B rechts</td></tr>
</table>

Ich habe schon bemerkt, dass in der Stellung a in jeder ersten Beobachtung das hellste Bild das untere war. Um die Unterschiede der Intensitäten zu schätzen, wählte ich die Methode, nach welcher wir bei veränderlichen Sternen die Helligkeitsunterschiede durch Lichtstufen ausdrücken, wobei der mit solchen Beobachtungen vertraute Astronom ebenso sicher geübt ist, als der Physiker, der mehr in die Lage kommt, die Helligkeitsunterschiede von Flächen in Zahlen auszudrücken. Ich werde hier die von Argelander längst erklärte Methode der Stufenschätzungen nicht weiter erörtern, sondern nur bemerken, dass sie sich in den meisten Fällen auf das wenig vergrösserte Doppelbild des Cometen leicht genug anwenden liess, und sogleich ein Beispiel geben, an welchem man den Hergang der Versuche deutlich sehen kann. $+$ bedeutet heller, $-$ aber schwächer, ausserdem zeigt $+$ eine Zunahme, $-$ eine Abnahme an. $A + 3{,}5\ B$ heisst also: das Cometenbild A ward $3\frac{1}{2}$ Stufen heller als B geschätzt.

Beispiel. October 2.

Lage I. (Anfangsebene: der Horizont).

<table>
<tr><td>7 Uhr 7 Min.</td><td>Loupe 1.</td><td>Loupe 2.</td><td>Loupe 3.</td><td>Loupe 4.</td><td></td></tr>
<tr><td>a . . .</td><td>$A + 3{,}0\ B$</td><td>$A + 4{,}0\ B$</td><td>$A + 3{,}5\ B$</td><td>$A + 3{,}0\ B$</td><td rowspan="4">erster Versuch</td></tr>
<tr><td>b . . .</td><td>$A - 0{,}5\ B$</td><td>$A - 1{,}0\ B$</td><td>$A - 1{,}0\ B$</td><td>$A - 0{,}5\ B$</td></tr>
<tr><td>c . . .</td><td>$A + 3{,}0\ B$</td><td>$A + 3{,}5\ B$</td><td>$A + 3{,}0\ B$</td><td>$A + 2{,}0\ B$</td></tr>
<tr><td>d . . .</td><td>$A - 0{,}5\ B$</td><td>$A - 1{,}0\ B$</td><td>$A - 0{,}5\ B$</td><td>$A - 1{,}5\ B$</td></tr>
<tr><td>a . . .</td><td>$A + 4{,}0\ B$</td><td>$A + 3{,}5\ B$</td><td>$A + 3{,}0\ B$</td><td>$A + 3{,}0\ B$</td><td rowspan="4">zweiter Versuch</td></tr>
<tr><td>b . . .</td><td>$A - 0{,}5\ B$</td><td>$A - 1{,}0\ B$</td><td>$A - 1{,}0\ B$</td><td>$A - 1{,}0\ B$</td></tr>
<tr><td>c . . .</td><td>$A + 4{,}0\ B$</td><td>$A + 3{,}0\ B$</td><td>$A + 3{,}0\ B$</td><td>$A + 2{,}0\ B$</td></tr>
<tr><td>d . . .</td><td>$A - 0{,}5\ B$</td><td>$A - 1{,}0\ B$</td><td>$A - 0{,}5\ B$</td><td>$A - 1{,}5\ B$</td></tr>
</table>

Auf diese Weise sind an jedem Abende mit jeder Loupe 2 Beobachtungsreihen ausgeführt, also jedesmal 8 Schätzungen an einer Loupe, bei zweimaliger Drehung durch 360°, zusammen also 32 Schätzungen, und da für die Lage II ebenso verfahren ward, an jedem Abend 64 Schätzungen. Die einer Drehung von 90° entsprechende Variation der Intensität findet man durch $b - a$ $c - b$ $d - c$ und $a - d$, und zwar mit Rücksicht auf das angenommene Zeichen für Ab- und Zunahme, in diesem Beispiele, wie folgt:

7*

Variationen des Lichts nach je 90° Drehung.

	Loupe 1	Loupe 2	Loupe 3	Loupe 4
$b - a =$	— 3,50	— 5,00	— 4,50	— 3,50
$c - b =$	+ 3,50	+ 4,50	+ 4,00	+ 2,50
$d - c =$	— 3,50	— 4,50	— 3,50	— 3,50
$a - d =$	+ 3,50	+ 5,00	+ 4,00	+ 3,50
$b - a =$	— 4,50	— 4,50	— 4,00	— 4,00
$c - b =$	+ 4,50	+ 4,00	+ 4,00	+ 3,00
$d - c =$	— 4,50	— 4,00	— 3,50	— 3,50
$a - d =$	+ 4,50	+ 4,50	+ 3,50	+ 4,00

Für Loupe 1 z. B. will $b - a = - 3,50$ also sagen, dass die Drehung der Loupe 1 um 90° nach rechts das Bild um $3\frac{1}{2}$ Stufen abnehmen liess; dass es aber bei den folgenden 90° Drehung, als nun A oben stand, wieder um $3\frac{1}{2}$ Stufen zunahm.

Nimmt man Mittelwerthe aus den Ergebnissen der 4 Loupen, so hat man

Lage I.

$a \ldots A + 3,38 B \ldots 8$ Beob.	Drehung $b - a = - 4,19$
$b \ldots A - 0,81 B \ldots 8$ »	» $c - b = + 3,75$
$c \ldots A + 2,91 B \ldots 8$ »	» $d - c = - 3,81$
$d \ldots A - 0,87 B \ldots 8$ »	» $a - d = + 4,25$

Lage II.

$a \ldots A + 2,69 B \ldots 8$ Beob.	Drehung $b - a = - 4,50$
$b \ldots A - 1,81 B \ldots 8$ »	» $c - b = + 4,68$
$c \ldots A + 2,87 B \ldots 8$ »	» $d - c = - 4,93$
$d \ldots A - 2,06 B \ldots 8$ »	» $a - d = + 4,75$

Nach dieser Auseinandersetzung glaube ich, wird die Mittheilung der folgenden Beobachtungen hinlänglich verstanden werden. Ich gebe für jeden Abend Mittelzahlen der 4 Loupen für beide Lagen I und II und behalte die oben angewandten Zeichen bei. Nur die Ansicht, dass man so schwierigen Dingen gegenüber alles Detail vorlegen, nicht aber blos seine Meinung bekannt geben soll, veranlasst mich zu einer so umständlichen Darlegung, keineswegs aber eine vorzeitige Ueberschätzung dieser Beobachtungsreihen, wie man schliesslich aus meinem eigenen Urtheile darüber ersehen wird.

Sept. 22. Ich beschränkte mich heute auf eine flüchtige Anwendung des Turmalins und Herapatits.

Sept. 23. Der erste Versuch mit den dichroscopischen Loupen, und mit der Verschiebung der Okulare, um deutliche Bilder zu erzielen. Auf den Cometen angewandt, zeigte sich der Wechsel der Intensität während der Drehung in sehr auffallender Weise. Bei den tiefstehenden Planeten Mars und Venus, die im Felde zu stark glänzten, und Strahlen um sich hatten, liess sich die Aenderung der Helligkeiten weniger deutlich erkennen. Arcturus hatte bei jeder Lage der Loupe dieselbe Helligkeit.

Sept. 24. Wiederholung dieser Versuche.

Sept. 29. Jenachdem man durch das eine oder das andere Ende der Loupe hineinsieht, und demgemäss auch die Okularröhre des Fernrohrs verschiebt, erblickt man das Doppelbild des Cometen einmal sehr klein und nahe aneinander gerückt, im andern Falle aber grösser, heller, und in grösserer gegenseitiger Distanz. Diese letztere wählte ich für die ganze Beobachtungsreihe als die zweckmässigste.

Lage I.

7 Uhr. Loupe 1.	2.	3.	4.	Mittel	
a .... A $+$ 3,0 B	A $+$ 2,0 B	A $+$ 2,5 B	A $+$ 3,0 B	a ... A $+$ 2,62 B ... 8 Beob.
b ... 0,0	— 1,5	— 1,0	— 2,0	b ... — 1,19 ... 8 "
c ... $+$ 2,5	$+$ 2,5	$+$ 1,5	$+$ 2,0	c ... $+$ 2,12 ... 8 "
d ... — 0,5	— 1,0	— 1,0	— 1,0	d ... — 1,00 ... 8 "
a ... $+$ 3,0	$+$ 2,5	$+$ 2,5	$+$ 2,5	b — a ... — 3,81
b ... — 0,5	— 1,5	— 1,0	— 2,0	c — b ... $+$ 3,31
c ... $+$ 2,5	$+$ 2,0	$+$ 2,0	$+$ 2,0	d — c ... — 3,12
d ... — 0,5	— 1,5	— 1,5	— 1,0	a — d ... $+$ 3,62

September 30.

Die Einstellung auf Mars und Venus ergab das neuliche Resultat. Den Cometen beobachtete ich zunächst in noch heller Dämmerung, um zu sehen, ob, wie ich erwartete, sich grössere Stufenunterschiede darstellen würden, ähnlich wie bei Sternen von grossen Helligkeitsunterschieden, in der Dämmerung oder im hellen Mondlichte gesehen. Die Voraussetzung fand sich bestätigt.

Lage I.

6 Uhr 15 Min. Loupe 4.						Mittel.
a...A $+$ 5,0 B	A $+$ 4,0 B	A $+$ 5,0 B	A $+$ 5,0 B	A $+$ 5,0 B	A $+$ 5,0 B	A $+$ 4,83 B...6 Beob.
b... $+$ 2,0(?)	0,0	0,0	$+$ 0,5	0,0	0,0	$+$ 0,42, 6 "
c... $+$ 5,0	$+$ 3,0	$+$ 4,0	$+$ 4,0	$+$ 4,0	$+$ 4,5	$+$ 4,08 6 "
d... — 1,0	— 1,0	— 0,5	0,0	— 1,0	0,0	— 0,58 6 "

$$b — a \; = — 4,41$$
$$c — b \; + 3,66$$
$$d — c \; = — 4,66$$
$$a — d \; = + 5,41$$

Die folgenden Stufen wurden bei völligem Nachtdunkel beobachtet.

6 Uhr 53 Min. Loupe 2.				Mittel.		
a...A $+$ 3,5 B	A $+$ 3,0 B	A $+$ 3,5 B	A $+$ 3,0 B	A $+$ 3,25 B... 4 Beob.	b — a ... — 3,87
b... — 0,5	— 0,5	— 1,0	— 0,5	— 0,62 4 "	c — b $+$ 3,37
c... $+$ 3,0	$+$ 2,0	$+$ 3,0	$+$ 3,0	$+$ 2,75 4 "	d — c — 2,50
d... 0,0	$+$ 1,0	0,0	0,0	$+$ 0,25 4 "	a — d $+$ 3,00

6 Uhr 58 Min. Loupe 3.				Mittel.		
a...A $+$ 3,0 B	A $+$ 3,0 B	A $+$ 3,0 B	A $+$ 3,0 B	A $+$ 3,00 B ... 4 Beob.	b — a = — 3,50
b... — 0,5	— 0,5	— 0,5	— 0,5	— 0,50 4 "	c — b = $+$ 2,75
c... $+$ 2,0	$+$ 2,0	$+$ 2,0	$+$ 3,0	$+$ 2,25 4 "	d — c — 1,75
d... 0,0	— 1,0	— 0,5	— 0,5	— 0,50 4 "	a — d $+$ 3,50

7 Uhr 5 Min. Loupe 1.   Mittel.

a...	$A + 3{,}0\,B$	$A + 3{,}0\,B$	$A + 4{,}0\,B$	$A + 4{,}0\,B$	$A + 3{,}50\,B$ ... 4 Beob.	$b - a = -3{,}75$
b...	0,0	− 0,5	0,0	− 0,5	− 0,25 4 .	$c - b = +3{,}25$
c...	+ 3,0	+ 3,0	+ 3,0	+ 3,0	+ 3,00 4 .	$d - c = -2{,}88$
d...	+ 0,5	− 0,5	+ 0,5	0,0	+ 0,12 4 .	$a - d = +3{,}38$

Vereinigt man blos die Nachtbeobachtungen zu Mittelwerthen, so hat man für Sept. 30:

$$a \ldots A + 3{,}25\,B \qquad b - a = -3{,}71$$
$$b \ldots - 0{,}46 \qquad c - b = +3{,}13$$
$$c \ldots + 2{,}67 \qquad d - c = -2{,}71$$
$$d \ldots - 0{,}04 \qquad a - d = +3{,}29$$

October 2.

An diesem Abende ward auf Professor Grailich's Vorschlag auch in der Lage II beobachtet, und die andere I hinzugefügt. Später ward stets diese Anordnung beibehalten.

Lage II.

	Loupe 1. 6 Uhr 31 Min.	Loupe 2. 6 Uhr 34 Min.	Loupe 3. 6 Uhr 37 Min.	Loupe 4. 6 Uhr 41 Min.	Mittel.
a ...	A 0,0 B	$A + 1{,}0\,B$	$A + 3{,}0\,B$	$A + 2{,}0\,B$	$A + 2{,}69\,B$ ... 8 Beob.
b ...	+ 3,0	− 3,0	− 2,0	− 2,5	− 1,81 ... 8 .
c ...	− 1,5	+ 3,0	+ 3,5	+ 2,5	+ 2,87 ... 8 .
d ...	+ 3,0	− 1,5	− 2,0	− 2,5	− 2,06 ... 8 .
a ...	− 0,5	+ 3,5	+ 3,0	+ 2,5	$b - a = -4{,}50$
b ...	+ 3,5	− 1,5	− 3,0	− 2,0	$c - b = +4{,}68$
c ...	− 1,5	+ 2,0	+ 3,0	+ 2,5	$d - c = -4{,}93$
d ...	+ 3,5	− 2,0	− 3,0	− 2,5	$a - d = +4{,}75$

Ich ward mehrfach durch Dunstwolken gestört, und habe mich bei Loupe 1 wahrscheinlich geirrt. Die Mittelzahlen sind nach einer wahrscheinlichen Annahme über jenen Irrthum berechnet. Hierauf ward die Luft wieder klar, und ich beobachtete in der ersten Lage.

Lage I.

	Loupe 1. 7 Uhr 7 Min.	Loupe 2. 7 Uhr 8 Min.	Loupe 3. 7 Uhr 9 Min.	Loupe 4. 7 Uhr 11 Min.	Mittel.
a ...	$A + 3{,}0\,B$	$A + 4{,}0\,B$	$A + 3{,}5\,B$	$A + 3{,}0\,B$	$A + 3{,}38\,B$ ... 8 Beob.
b ...	− 0,5	− 1,0	− 1,0	− 0,5	− 0,81 ... 8 .
c ...	+ 3,0	+ 3,5	+ 3,0	+ 2,0	+ 2,94 ... 8 .
d ...	− 0,5	− 1,0	− 0,5	− 1,5	− 0,87 ... 8 .
a ...	+ 4,0	+ 3,5	+ 3,0	+ 3,0	$b - a = -4{,}19$
b ...	− 0,5	− 1,0	− 1,0	− 1,0	$c - b = +3{,}75$
c ...	+ 4,0	+ 3,0	+ 3,0	+ 2,0	$d - c = -3{,}81$
d ...	− 0,5	− 1,0	− 0,5	− 1,5	$a - d = +4{,}25$

Sodann rückte ich den Nucleus aus dem Felde, und liess dies blos von den hellsten Theilen des Schweifes ausfüllen. Jetzt hielt es sehr schwer, bei der Drehung Unterschiede der Intensität zu bemerken, und noch mehr, die höchst unbedeutenden Differenzen anzugeben. Ich versuchte es dennoch, und erhielt die folgenden mangelhaften Resultate (wahrscheinlich bei der Lage I), mit den Loupen 3 und 4.

		Loupe 3.	Loupe 4.	Mittel.
a	. . .	$A + 0{,}50\ B$	$A\quad 0{,}00\ B$	$A + 0{,}50\ B$
b	. . .	$0{,}00$	$+ 1{,}00$	$+ 0{,}25$
c	. . .	$+ 1{,}00$	$- 0{,}50$	$+ 0{,}12$
d	. . .	$- 1{,}00$	$+ 0{,}50$	$- 0{,}12$
a	. . .	$+ 0{,}50$	$+ 1{,}00$	$b - a = - 0{,}25$
b	. . .	$0{,}00$	$0{,}00$	$c - b = - 0{,}13$
c	. . .	$0{,}00$	$0{,}00$	$d - c = - 0{,}24$
d	. . .	$0{,}00$	$0{,}00$	$a - d = + 0{,}62$

October 3.

Lage I.

		Loupe 1. 6 Uhr 49 Min.	Loupe 4. 6 Uhr 51 Min.	Loupe 3. 6 Uhr 57 Min.	Loupe 2. 7 Uhr 10 Min.	Mittel.	
a	. . .	$A + 3{,}5\ B$	$A + 4{,}0\ B$	$A + 4{,}0\ B$	$A + 4{,}0\ B$	$A + 3{,}81\ B$	. . . 8 Beob.
b	. . .	$0{,}0$	$- 1{,}0$	$0{,}0$	$- 0{,}5$	$- 0{,}56$	. . . 8 »
c	. . .	$+ 3{,}5$	$+ 3{,}5$	$+ 3{,}5$	$+ 3{,}0$	$+ 3{,}31$	. . . 8 »
d	. . .	$- 0{,}5$	$0{,}0$	$- 0{,}5$	$- 0{,}5$	$- 0{,}44$	. . . 8 »
a	. . .	$+ 3{,}5$	$+ 3{,}0$	$+ 4{,}0$	$+ 4{,}0$	$b - a = - 4{,}37$	
b	. . .	$- 1{,}0$	$- 1{,}0$	$- 0{,}5$	$- 0{,}5$	$c - b = + 3{,}87$	
c	. . .	$+ 3{,}0$	$+ 3{,}0$	$+ 3{,}0$	$+ 4{,}0$	$d - c = - 3{,}75$	
d	. . .	$0{,}0$	$- 0{,}5$	$- 1{,}0$	$- 0{,}5$	$a - d = + 4{,}25$	

Lage II.

		Loupe 1. 7 Uhr 12 Min.	Loupe 2. 7 Uhr 15 Min.	Loupe 4. 7 Uhr 20 Min.	Loupe 3. 7 Uhr 22 Min.	Mittel.	
a	. . .	$A + 1{,}5\ B$	$A + 0{,}5\ B$	$A + 1{,}0\ B$	$A + 0{,}5\ B$	$A + 1{,}31\ B$	. . . 8 Beob.
b	. . .	$- 2{,}5$	$- 1{,}5$	$- 1{,}5$	$- 2{,}0$	$- 1{,}96$	. . . 8 »
c	. . .	$+ 1{,}0$	$+ 0{,}5$	$+ 2{,}0$	$+ 1{,}5$	$+ 1{,}56$	. . . 8 »
d	. . .	$- 2{,}0$	$- 1{,}0$	$- 2{,}5$	$- 2{,}0$	$- 1{,}85$	. . . 8 »
a	. . .	$+ 0{,}5$	$+ 2{,}0$	$+ 2{,}5$	$+ 2{,}0$	$b - a = - 3{,}27$	
b	. . .	$- 2{,}5$	$- 1{,}5$	$- 2{,}5$	$- 1{,}5$	$c - b = + 3{,}52$	
c	. . .	$+ 1{,}0$	$+ 2{,}0$	$+ 2{,}5$	$+ 2{,}0$	$d - c = - 3{,}41$	
d	. . .	$- 2{,}0$	$- 1{,}5$	$- 2{,}0$	$- 2{,}0$	$a - d = + 3{,}16$	

Heute erkannte ich, dass der Schweif für sich allein beobachtet, in demselben Sinne, wenn auch sehr schwache Aenderungen zeigte.

October 4.

Die Originalaufzeichnungen sind nicht mehr vorhanden, weshalb ich nur die Mittelzahlen geben kann.

Lage I.			Lage II.	

Mittelwerthe. **Mittelwerthe.**

6 Uhr 9 Min.	7 Uhr 20 Min.	6 Uhr 14 Min.	7 Uhr 25 Min.
$A + 3{,}75\,B$ .. ᴎ Beob.	$A + 3{,}50\,B$ .. ᴎ Beob.	$A + 3{,}44\,B$ .. ᴎ Beob.	$A + 0{,}19\,B$ .. ᴎ Beob.
— 1,69 .. ᴎ »	— 1,00 .. ᴎ »	— 2,31	— 1,88
+ 3,50 .. ᴎ »	+ 2,62 .. ᴎ »	+ 3,44	+ 1,94
— 1,81 .. ᴎ »	— 0,31 .. ᴎ »	— 2,44	— 1,81
$b - a =$ — 5,44	— 4,50	$b - a =$ — 5,75	— 2,07
$c - b =$ + 5,19	+ 3,62	$c - b =$ + 5,75	+ 3,92
$d - c =$ — 5,31	— 2,93	$d - c =$ — 5,88	— 3,75
$a - d =$ + 5,56	+ 3,81	$a - d =$ + 5,88	+ 2,00

Diese Doppelbeobachtungen sind durch eine Stunde von einander getrennt, und geben den Einfluss zu erkennen, der abhängt von der Aenderung des Polarisationswinkels, und von der tiefen Lage des Cometen in den Dünsten am Horizonte. Die Beobachtungen um 6 Uhr 9 Min. und 6 Uhr 14 Min. stehen auch noch unter dem Einflusse der starken Dämmerung.

October 5.

Lage I.

6 Uhr 34 Min.

	Loupe 1.	Loupe 2.	Loupe 3.	Loupe 4.	Mittel.
a ...	$A + 3{,}5\,B$	$A + 3{,}5\,B$	$A + 4{,}0\,B$	$A + 4{,}0\,B$	$A + 3{,}75\,B$ ... 8 Beob.
b ...	0,0	— 0,5	— 0,5	— 0,5	— 0,42 ... ᴎ »
c ...	+ 3,0	+ 3,0	+ 3,5	+ 3,0	+ 3,06 ... 8 »
d ...	0,0	0,0	0,0 (?)	— 0,5	— 0,06 ... 8 »
a ...	+ 3,5	+ 3,5	+ 4,0	+ 4,0	$b - a =$ — 4,17
b ...	0,0	— 0,5	— 0,5	— 1,0	$c - b =$ + 3,48
c ...	+ 3,0	+ 3,0	+ 3,0	+ 3,0	$d - c =$ — 3,12
d ...	+ 0,5	0,0	+ 0,5	— 1,0	$a - d =$ + 3,81

6 Uhr 39 Min.

Lage II.

	Loupe 1.	Loupe 2.	Loupe 3.	Loupe 4.	Mittel.
a ...	A 0,0 B	$A - 0{,}5\,B$	A 0,0 B	A 0,0 B	$A - 0{,}06\,B$ ... ᴎ Beob.
b ...	+ 2,5	+ 1,0	+ 1,0	+ 2,0	+ 1,81 ... ᴎ »
c ...	+ 0,5	— 2,0	0,0	+ 0,5	— 0,06 ... ᴎ »
d ...	+ 3,5	+ 2,0	+ 2,0	— 2,0	+ 2,42 ... ᴎ »

a ...	0,0	0,0	0,0	0,0	b — a	+ 1,87
b ...	+ 2,0	+ 2,0	+ 2,0	+ 2,0	c — b	— 1,87
c ...	+ 1,0	— 1,0	0,0	+ 0,5	d — c	+ 2,48
d ...	+ 3,0	+ 2,5	+ 2,0	+ 2,5	a — d	— 2,48

Arcturus war mit dem Cometen zugleich im Doppelbilde sichtbar, und behielt in jeder Lage der Loupen dasselbe Licht, während der Comet sich so beträchtlich änderte. Ich war an diesem Abende sehr in Anspruch genommen, und hege gegen diese Beobachtungen einigen Verdacht.

October 6.

Die Versuche konnten erst spät bei schon tiefem Stande des Cometen ausgeführt werden, und ich beschränkte mich auf die gewöhnliche erste Beobachtungsreihe.

Lage I.

8 Uhr 2 Min.

	Loupe 1.	Loupe 2.	Loupe 3.	Loupe 4.	Mittel.	
a ...	A + 4,0 B	A + 3,5 B	A + 4,0 B	A + 3,5 B	A + 3,69 B	8 Beob.
b ...	— 0,5	— 1,0	— 0,5	0,0	— 0,75	... 8 "
c ...	+ 3,5	+ 3,0	+ 3,0	+ 3,5	+ 3,00	... 8 "
d ...	0,0	— 0,5	— 0,5	0,0	— 0,31	... 8 "
a ...	+ 4,0	+ 3,0	+ 3,5	+ 4,0	b — a	— 4,44
b ...	— 0,5	— 1,5	— 1,0	— 1,0	c — b	+ 3,75
c ...	+ 3,0	+ 2,0	+ 3,0	+ 3,0	d — c	— 3,31
d ...	0,0	0,0	— 1,0	— 0,5	a — d	+ 4,00

October 7.

Der untere Theil des Cometenschweifes lag gegen den Horizont nahe senkrecht. Den Unterschied der Bilder des allein eingestellten Schweifes zu bemerken, hielt sehr schwer; ein heller Stern, vermuthlich ζ Bootis, der hinter dem Nebel des Schweifes stand, zeigte bei der Drehung der Dichroscope nicht die geringste Aenderung.

Lage I.

6 Uhr 40 Min.

	Loupe 1.	Loupe 2.	Loupe 3.	Loupe 4.	Mittel.	
a ...	A + 3,5 B	A + 4,0 B	A + 4,0 B	A + 4,5 B	A + 4,05 B	8 Beob.
b ...	— 0,5	— 1,0	0,0	— 0,5	— 0,50	... 8 "
c ...	+ 3,5	+ 3,5	+ 3,5	+ 4,0	+ 3,50	... 8 "
d ...	+ 0,5	+ 0,5	0,0	— 0,5	0,00	... 8 "
a ...	+ 4,0	+ 4,0	+ 4,5	+ 4,0	b — a	— 4,55
b ...	— 1,0	— 0,5	0,0	— 0,5	c — b	+ 4,00
c ...	+ 3,0	+ 3,5	+ 3,5	+ 3,5	d — c	— 3,50
d ...	0,0	— 0,5	0,0	0,0	a — d	+ 4,05

Lage II.

6 Uhr 44 Min.

	Loupe 1.	Loupe 2.	Loupe 3.	Loupe 4.	Mittel.	
a ...	A 0,0 B	A — 1,0 B	A — 0,5 B	A — 0,5 B	A — 0,62 B	... 8 Beob.
b ...	+ 3,0	+ 3,0	+ 2,5	+ 3,0	+ 2,50	... 8 »
c ...	+ 0,5	0,0	0,0	— 1,0	— 0,41	... 8 »
d ...	+ 3,0	+ 2,0	+ 2,0	+ 2,5	+ 2,31	... 8 »
a ...	— 0,5	— 1,0	— 1,0	— 0,5	$b - a = $ + 3,12	
b ...	+ 2,0	+ 2,5	+ 1,5	+ 2,5	$c - b = $ — 2,91	
c ...	+ 0,5	— 0,5	0,0	— 1,0	$d - c = $ + 2,72	
d ...	+ 2,5	+ 2,0	+ 2,5	+ 2,0	$a - d = $ — 2,93	

October 8.

Lage I.

6 Uhr 25 Min.

	Loupe 1.	Loupe 2.	Loupe 3.	Loupe 4.	Mittel.	
a ...	A + 4,0 B	A + 3,5 B	A + 4,0 B	A + 4,0 B	A + 3,85 B	... 8 Beob.
b ...	0,0	0,0	0,0	— 1,0	— 0,15	... 8 »
c ...	+ 4,0	+ 3,5	+ 3,5	+ 3,5	+ 3,50	... 8 »
d ...	+ 1,0	+ 0,5	+ 0,5	— 0,5	+ 0,08	... 8 »
a ...	+ 4,0	+ 3,5	+ 4,0	+ 4,0	$b - a = $ — 4,00	
b ...	0,0	0,0	0,0	— 1,0	$c - b = $ + 3,65	
c ...	+ 3,5	+ 3,5	+ 3,0	+ 3,5	$d - c = $ — 3,44	
d ...	+ 0,5	— 0,5	— 1,0	0,0	$a - d = $ + 3,79	

Lage II.

6 Uhr 28 Min.

	Loupe 1.	Loupe 2.	Loupe 3.	Loupe 4.	Mittel.	
a ...	A — 0,5 B	A — 1,0 B	A — 0,5 B	A — 1,0 B	A — 0,62 B	... 8 Beob.
b ...	+ 3,0	+ 2,5	+ 3,5	+ 2,5	+ 2,85	... 8 »
c ...	0,0	— 0,5	0,0	— 0,5	— 0,25	... 8 »
d ...	+ 3,0	+ 2,5	+ 3,5	+ 3,5	+ 3,12	... 8 »
a ...	0,0	— 0,5	— 0,5	— 1,0	$b - a = $ + 3,47	
b ...	+ 3,0	+ 2,5	+ 3,0	+ 3,0	$c - b = $ — 3,10	
c ...	0,0	— 0,5	0,0	— 0,5	$d - c = $ + 3,37	
d ...	+ 3,5	+ 2,5	+ 3,0	+ 3,5	$a - d = $ — 3,74	

October 9.

Der Comet stand schon etwas tief, und mit dem Kopfe oft hinter leichten Nebeln; in diesem Falle war es sehr schwer, Lichtunterschiede zu schätzen, ebenso schwer, als wenn der Schweif allein beobachtet würde.

Lage I.

7 Uhr 22 Min.

	Loupe 1.	Loupe 2.	Loupe 3.	Loupe 4.	Mittel.	
$a \ldots$	$A + 4{,}0\ B$	$A + 3{,}0\ B$	$A + 3{,}0\ B$	$A + 3{,}0\ B$	$A + 3{,}12\ B$	$\ldots$ 8 Beob.
$b \ldots$	$- 0{,}5$	$0{,}0$	$0{,}0$	$0{,}0$	$- 0{,}19$	$\ldots$ 8 »
$c \ldots$	$+ 3{,}5$	$+ 3{,}0$	$+ 2{,}5$	$+ 2{,}5$	$+ 2{,}90$	$\ldots$ 8 »
$d \ldots$	$+ 1{,}0$	$0{,}0$	$0{,}0$	$0{,}0$	$+ 0{,}12$	$\ldots$ 8 »
$a \ldots$	$+ 4{,}0$	$+ 2{,}5$	$+ 2{,}5$	$+ 3{,}0$	$b - a = - 3{,}31$	
$b \ldots$	$0{,}0$	$- 0{,}5$	$- 0{,}5$	$0{,}0$	$c - b = + 2{,}69$	
$c \ldots$	$+ 2{,}5$	$+ 2{,}0$	$+ 2{,}0$	$+ 2{,}0$	$d - c = - 2{,}38$	
$d \ldots$	$0{,}0$	$- 0{,}5$	$0{,}0$	$+ 0{,}5$	$a - d = + 3{,}00$	

Lage II.

7 Uhr 27 Min.

	Loupe 1.	Loupe 2.	Loupe 3.	Loupe 4.	Mittel.	
$a \ldots$	$A - 0{,}5\ B$	$A - 0{,}5\ B$	$A\quad 0{,}0\ B$	$A - 1{,}0\ B$	$A - 0{,}56\ B$	$\ldots$ 8 Beob.
$b \ldots$	$+ 2{,}5$	$+ 2{,}0$	$+ 3{,}0$	$+ 2{,}5$	$+ 2{,}56$	$\ldots$ 8 »
$c \ldots$	$+ 0{,}5$	$0{,}0$	$0{,}0$	$+ 0{,}5$	$+ 0{,}25$	$\ldots$ 8 »
$d \ldots$	$+ 2{,}0$	$+ 2{,}0$	$+ 2{,}5$	$+ 2{,}5$	$+ 2{,}44$	$\ldots$ 8 »
$a \ldots$	$0{,}0$	$- 1{,}0$	$- 0{,}5$	$- 1{,}0$	$b - a = + 3{,}12$	
$b \ldots$	$+ 2{,}0$	$+ 2{,}5$	$+ 3{,}0$	$+ 3{,}0$	$c - b = - 2{,}31$	
$c \ldots$	$+ 0{,}5$	$0{,}0$	$+ 1{,}0$	$- 0{,}5$	$d - c = + 2{,}19$	
$d \ldots$	$+ 3{,}0$	$+ 2{,}0$	$+ 3{,}0$	$+ 2{,}5$	$a - d = - 3{,}00$	

October 11.

Der Nucleus des Cometen stand wieder zu tief am Horizonte, und war theilweise durch Nebel getrübt. Die Beobachtungszeiten finde ich nicht notirt, ersehe aber so viel, dass sie erst nach 7 Uhr 14 Min. anfingen, und gewiss gegen 7 Uhr 20 Min. beendet wurden.

Lage I.

7 Uhr 15 Min.

	Loupe 1.	Loupe 2.	Loupe 3.	Loupe 4.	Mittel.	
$a \ldots$	$A + 3{,}0\ B$	$A + 2{,}5\ B$	$A + 3{,}5\ B$	$A + 4{,}0\ B$	$A + 3{,}06\ B$	$\ldots$ 8 Beob.
$b \ldots$	$0{,}0$	$0{,}0$	$0{,}0$	$+ 0{,}5$	$+ 0{,}12$	$\ldots$ 8 »
$c \ldots$	$+ 3{,}0$	$+ 3{,}0$	$+ 3{,}0$	$+ 3{,}0$	$+ 2{,}81$	$\ldots$ 8 »
$d \ldots$	$+ 1{,}0$	$+ 0{,}5$	$+ 1{,}5$	$+ 0{,}5$	$+ 0{,}50$	$\ldots$ 8 »
$a \ldots$	$+ 3{,}0$	$+ 2{,}0$	$+ 3{,}0$	$+ 3{,}5$	$b - a = - 2{,}94$	
$b \ldots$	$0{,}0$	$0{,}0$	$+ 0{,}5$	$0{,}0$	$c - b = + 2{,}69$	
$c \ldots$	$+ 2{,}5$	$+ 3{,}0$	$+ 2{,}5$	$+ 2{,}5$	$d - c = - 2{,}31$	
$d \ldots$	$+ 0{,}5$	$- 0{,}5$	$+ 0{,}5$	$0{,}0$	$a - d = + 2{,}56$	

8*

Lage II.

7 Uhr 20 Min.

	Loupe 1.	Loupe 2.	Loupe 3.	Loupe 4.	Mittel.
a ...	A 0,0 B	A — 0,5 B	A 0,0 B	A 0,0 B	A — 0,31 B ... × Beob.
b ...	+ 3,5	+ 3,0	+ 3,5	+ 3,0	+ 3,06 ... × »
c ...	+ 0,5	0,0	+ 0,5	0,0	+ 0,12 ... × »
d ...	+ 3,0	+ 3,0	+ 3,0	+ 2,0	+ 2,56 ... × »
a ...	0,0	— 1,0	0,0	— 1,0	$b - a = + 3,37$
b ...	+ 4,0	+ 2,0	+ 3,0	+ 2,5	$c - b = - 2,94$
c ...	0,0	— 0,5	0,0	+ 0,5	$d - c = + 2,44$
d ...	+ 2,5	+ 2,0	+ 2,5	+ 2,5	$a - d = - 2,87$

October 14.

Von jetzt an werden die Beobachtungen sehr schwierig: tiefer Stand des Cometen und der Mondschein lassen die Lichtunterschiede nur mit grosser Mühe erkennen.

Lage II.

6 Uhr 37 Min.

	Loupe 1.	Loupe 2.	Loupe 3.	Loupe 4.	Mittel.
a ...	A 0,0 B	A — 0,5 B	A 0,0 B	A — 0,5 B	A — 0,47 B ... × Beob.
b ...	+ 3,0	+ 2,0	+ 3,5	+ 2,5	+ 3,00 ... × »
c ...	0,0	0,0	0,0	0,0	+ 0,12 ... × »
d ...	+ 3,5	+ 2,7	+ 4,0	+ 3,5	+ 3,15 ... × »
a ...	— 0,5	— 1,0	— 0,5	0,0	$b - a = + 3,47$
b ...	+ 3,5	+ 2,5	+ 4,0	+ 3,0	$c - b = - 2,88$
c ...	+ 0,5	0,0	+ 0,5	0,0	$d - c = + 3,03$
d ...	+ 3,5	+ 2,0	+ 3,0	+ 3,0	$a - d = - 3,62$

Lage I.

6 Uhr 40 Min.

	Loupe 1.	Loupe 2.	Loupe 3.	Loupe 4.	Mittel.
a ...	A + 2,5 B	A + 3,0 B	A + 2,5 B	A + 3,0 B	A + 2,75 B ... × Beob.
b ...	+ 1,0	0,0	+ 0,5	0,0	+ 0,25 ... × »
c ...	+ 2,0	+ 2,5	+ 2,0	+ 2,0	+ 1,94 ... × »
d ...	0,0	0,0	+ 0,5	+ 0,5	+ 0,19 ... × »
a ...	+ 2,5	+ 3,0	+ 3,0	+ 2,5	$b - a = - 2,50$
b ...	0,0	0,0	+ 0,5	0,0	$c - b = + 1,69$
c ...	+ 1,5	+ 2,0	+ 1,5	+ 2,0	$d - c = - 1,75$
d ...	0,0	0,0	0,0	+ 0,5	$a - d = + 2,56$

October 15.

Lage I.

6 Uhr 21 Min.

	Loupe 1.	Loupe 2.	Loupe 3.	Loupe 4.	Mittel.	
a ...	A + 3,0 B	A + 3,0 B	A + 2,0 B	A + 2,0 B	A + 2,31 B	... 8 Beob.
b ...	+ 0,5	+ 1,0	+ 1,0	+ 0,5	+ 0,75	... 8 »
c ...	+ 0,5	+ 1,0	+ 1,0	+ 1,0	+ 1,00	... 8 »
d ...	0,0	+ 0,5	0,0	− 0,5	+ 0,12	... 8 »
a ...	+ 2,5	+ 2,0	+ 2,0	+ 2,0	$b − a =$ − 1,56	
b ...	+ 0,5	+ 1,0	+ 1,0	+ 0,5	$c − b =$ + 1,75	
c ...	+ 0,5	+ 2,0	+ 1,0	+ 1,0	$d − c =$ − 0,88	
d ...	+ 1,5	0,0	+ 0,5	0,0	$a − d =$ + 2,19	

Lage II.

6 Uhr 26 Min.

	Loupe 1.	Loupe 2.	Loupe 3.	Loupe 4.	Mittel.	
a ...	A − 0,5 B	A − 1,0 B	A 0,0 B	A − 0,5 B	A − 0,31 B	... 8 Beob.
b ...	+ 3,5	+ 1,5	+ 2,0	+ 2,5	+ 2,25	... 8 »
c ...	0,0	0,0	0,0	− 0,5	− 0,19	... 8 »
d ...	+ 2,0	+ 2,0	+ 2,5	+ 2,5	+ 2,50	... 8 »
a ...	0,0	0,0	− 0,5	0,0	$b − a =$ + 2,56	
b ...	+ 2,5	+ 1,5	+ 2,5	+ 2,0	$c − b =$ − 2,44	
c ...	− 0,5	0,0	0,0	− 0,5	$d − c =$ + 2,69	
d ...	+ 3,0	+ 2,5	+ 3,0	+ 2,5	$a − d =$ − 2,81	

Der Thaufall störte ebenso wie der Mond, und wahrscheinlich sind diese Beobachtungen gleich den folgenden ganz unbrauchbar.

October 16.

Lage I.

6 Uhr 8 Min.

	Loupe 1.	Loupe 2.	Loupe 3.	Loupe 4.	Mittel.	
a ...	A + 2,0 B	A + 1,0 B	A + 1,0 B	A + 1,0 B	A + 1,25 B	... 8 Beob.
b ...	+ 3,5	+ 3,5	+ 3,5	+ 4,0	+ 3,69	... 8 »
c ...	+ 0,5	+ 0,5	+ 0,5	+ 1,0	+ 0,75	... 8 »
d ...	+ 2,5	+ 2,0	+ 3,0	+ 2,5	+ 2,50	... 8 »
a ...	+ 1,5	+ 1,5	+ 1,0	+ 1,0	$b − a =$ + 2,44	
b ...	+ 4,0	+ 3,0	+ 4,0	+ 4,0	$c − b =$ − 2,94	
c ...	+ 1,5	+ 0,5	+ 1,0	+ 0,5	$d − c =$ + 1,75	
d ...	+ 2,5	+ 2,5	+ 2,5	+ 2,5	$a − d =$ − 1,25	

Lage II.

6 Uhr 10 Min.

	Loupe 1.	Loupe 2.	Loupe 3.	Loupe 4.	Mittel.
a ...	A + 0,5 B	A — 0,5 B	A 0,0 B	A — 0,5 B	A — 0,12 B ... 8 Beob.
b ...	+ 3,5	+ 2,0	+ 3,0	+ 2,5	+ 2,69 ... 8 »
c ...	+ 1,0	— 1,0	— 1,0	0,0	— 0,31 ... 8 »
d ...	+ 3,5	+ 3,0	+ 4,0	+ 3,5	+ 3,56 ... 8 »
a ...	0,0	— 0,5	0,0	0,0	$b — a$ = + 2,81
b ...	+ 3,5	+ 2,0	+ 2,5	+ 2,5	$c — b$ = — 3,00
c ...	— 0,5	— 0,5	0,0	— 0,5	$d — c$ = + 3,87
d ...	+ 4,0	+ 3,0	+ 3,5	+ 3,5	$a — d$ = — 3,68

October 17.

An diesem Abende, als der Comet bei hellem Mondschein und dazu starkem Thaufalle nur einige Grade hoch stand, versuchte ich die Beobachtungen zum letzten Male, die mir bereits ganz illusorisch zu sein scheinen.

Lage I.

6 Uhr 10 Min.

	Loupe 1.	Loupe 2.	Loupe 3.	Loupe 4.	Mittel.
a ...	A + 1,0 B	A + 1,0 B	A + 0,5 B	A + 0,5 B	A + 0,37 B ... 8 Beob.
b ...	0,0	+ 0,5	+ 0,5	0,0	+ 0,62 ... 8 »
c ...	— 1,5	+ 0,5	+ 0,5	0,0	— 0,12 ... 8 »
d ...	— 3,0	+ 0,5	0,0	0,0	— 0,19 ... 8 »
a ...	— 1,0	+ 1,5	+ 0,5	0,0	$b — a$ = + 0,25
b ...	+ 3,0	0,0	+ 0,5	+ 0,5	$c — b$ = — 0,74
c ...	0,0	+ 0,5	— 0,5	— 0,5	$d — c$ = — 0,07
d ...	+ 0,5	+ 0,5	0,0	0,0	$a — d$ = + 0,56

Lage II.

6 Uhr 16 Min.

	Loupe 1.	Loupe 2.	Loupe 3.	Loupe 4.	Mittel.
a ...	A 0,0 B	A + 0,5 B	A 0,0 B	A — 1,0 B	A — 0,19 B ... 8 Beob.
b ...	— 0,5	— 3,0	— 3,0	0,0	— 1,81 ... 8 »
c ...	0,0	0,0	+ 0,5	+ 0,5	+ 0,06 ... 8 »
d ...	+ 3,0	— 2,0	— 0,5	+ 3,5	+ 0,25 ... 8 »
a ...	0,0	0,0	— 0,5	— 0,5	$b — a$ = — 1,62
b ...	— 0,5	— 3,0	— 3,5	— 1,0	$c — b$ = + 1,87
c ...	0,0	+ 0,5	0,0	— 1,0	$d — c$ = + 0,19
d ...	— 2,0	— 2,0	0,0	+ 2,0	$a — d$ = — 0,44

Zusammenstellung der Resultate.

Wenn wir jetzt die Mittelwerthe jeder Beobachtung übersichtlich zusammenstellen, so erkennt man den Gang der Zahlen, und bemerkt, wie sie endlich unsicher werden. Die Bezeichnungen bleiben die frühern.

	Lage I.				Drehungen um 90°			
	a	b	c	d	(b−a)	(c−b)	(d−c)	(a−d)
Sept.29.	A + 2,62 B	A − 1,19 B	A + 2,12 B	A − 1,60 B	− 3,83	+ 3,31	− 3,12	+ 3,62
(*) 30.	+ 4,83	+ 0,42	+ 4,08	− 0,58	− 4,41	+ 3,66	− 4,66	+ 5,41(*)
30.	+ 3,25	− 0,46	+ 2,67	− 0,04	− 3,71	+ 3,13	− 2,71	+ 3,29
Oct. 2.	+ 3,38	− 0,81	+ 2,94	− 0,87	− 4,19	+ 3,75	− 3,81	+ 4,25
3.	+ 3,81	− 0,56	+ 3,31	− 0,44	− 4,37	+ 3,87	− 3,75	+ 4,25
(*) 4.	+ 3,75	− 1,69	+ 3,50	− 1,81	− 5,44	+ 5,19	− 5,31	+ 5,56(*)
4.	+ 3,50	− 1,00	+ 2,62	− 0,31	− 4,50	+ 3,62	− 2,93	+ 3,81
5.	+ 3,75	− 0,42	+ 3,06	− 0,06	− 4,17	+ 3,48	− 3,12	+ 3,81
6.	+ 3,69	− 0,75	+ 3,00	− 0,31	− 4,44	+ 3,75	− 3,31	+ 4,00
7.	+ 4,05	− 0,50	+ 3,50	0,00	− 4,55	+ 4,00	− 3,50	+ 4,05
8.	+ 3,80	− 0,15	+ 3,50	+ 0,06	− 4,00	+ 3,65	− 3,44	+ 3,79
9.	+ 3,12	− 0,19	+ 2,50	+ 0,12	− 3,31	+ 2,69	− 2,38	+ 3,00
11.	+ 3,06	+ 0,12	+ 2,81	+ 0,50	− 2,94	+ 2,69	− 2,31	+ 2,56
14.	+ 2,75	+ 0,25	+ 1,94	+ 0,19	− 2,50	+ 1,69	− 1,75	+ 2,56
15.	+ 2,31	+ 0,75	+ 1,00	+ 0,12	− 1,56	+ 1,75	− 0,88	+ 2,19
16.	+ 1,25	+ 3,69	+ 0,75	+ 2,50	+ 2,44	− 2,94	+ 1,75	− 1,25
17.	+ 0,37	+ 0,62	− 0,12	− 0,19	+ 0,25	− 0,74	− 0,07	+ 0,56

Wenn man sich erinnert, dass eine Lichtstufe eine geringe Grösse ist, innerhalb welcher zwei geübte Beobachter schon wegen Ungleichheit des Auges keineswegs oft übereinstimmen, dass 0,5 oder eine halbe Stufe schon nahe die Gränze des Unterscheidbaren bezeichnet, so wird man die kleinen Unterschiede der Beobachtungen richtig zu würdigen wissen, und dabei immer in Betracht ziehen, dass eine Gleichheit der Intensität bei den erforderlichen Lagen nur dann zu erwarten ist (innerhalb der Gränzen der unvermeidlichen Fehler der Beobachtung), wenn beide Krystalle der Loupe genau dieselben Eigenschaften besitzen. Die mit (*) bezeichneten Angaben stehen unter dem Einflusse der hellen Dämmerung, und sind schon aus diesem Grunde allein von der Vergleichung mit den übrigen auszuschliessen. Werden diese Mittelwerthe beiläufig durch Curven ausgeglichen, die nach möglichster Regelmässigkeit trachten, so hat man mit Uebergehung der (*), und mit Weglassung der 2. Decimalen, die folgenden Zahlen:

Ausgleichung der in der Lage I erhaltenen Mittelwerthe durch die Curve C.

	a	b	c	d	b−a	c−b	(d−c)	(a−d)
Sept. 29. =	+ 2,9	− 0,4	+ 2,3	− 0,5	− 3,7	+ 3,3	− 3,1	+ 4,1
30. =	+ 3,2	− 0,6	+ 2,7	− 0,6	− 3,9	+ 3,5	− 3,3	+ 4,3
Oct. 1. =	+ 3,4	− 0,8	+ 2,9	− 0,7	− 4,2	+ 3,7	− 3,4	+ 4,4
2. =	+ 3,5	− 1,0	+ 3,0	− 0,8	− 4,4	+ 3,9	− 3,6	+ 4,5
3. =	+ 3,6	− 1,1	+ 3,1	− 0,8	− 4,5	+ 4,0	− 3,7	+ 4,6

	a	b	c	d	b—a	c—b	(d—c)	(a—d)
Oct. 4. —	+ 3,7	— 1,1	+ 3,2	— 0,7	— 4,6	+ 4,1	— 3,7	+ 4,5
" 5.	+ 3,7	— 1,1	+ 3,3	— 0,6	— 4,5	+ 4,0	— 3,6	+ 4,5
" 6.	+ 3,7	— 1,0	+ 3,3	— 0,6	— 4,4	+ 3,8	— 3,5	+ 4,3
" 7. —	+ 3,7	— 0,9	+ 3,2	· 0,5	— 4,2	+ 3,7	— 3,4	+ 4,2
8. =	+ 3,6	— 0,8	+ 3,1	— 0,4	— 4,0	+ 3,5	· 3,2	+ 3,9
" 9. =	+ 3,5	— 0,7	+ 3,0	— 0,3	— 3,7	+ 3,4	— 3,0	+ 3,7
" 10. =	+ 3,4	— 0,5	+ 2,9	— 0,2	— 3,4	+ 3,1	— 2,7	+ 3,5
" 11.	+ 3,3	— 0,3	+ 2,7	— 0,1	— 3,2	+ 2,8	— 2,5	+ 3,3
12. =	+ 3,1	— 0,1	+ 2,5	0,0	— 2,7	+ 2,4	— 2,1	+ 3,0
13.	+ 2,9	+ 0,2	+ 2,3	+ 0,2	— 2,4	+ 2,0	— 1,8	+ 2,6
" 14.	+ 2,6	+ 0,5	+ 1,8	+ 0,4	— 2,0	+ 1,6	— 1,4	+ 2,2
15.	+ 2,0	+ 0,7	+ 1,4	+ 0,7	— 1,5	+ 1,1	— 1,0	+ 1,7
16. —	+ 1,4	+ 1,2	+ 0,8	+ 0,9	— 0,9	+ 0,5	— 0,5	+ 1,3
17.	+ 0,5	+ 1,6	— 0,1	+ 1,1	— 0,3	— 0,2	0,0	+ 0,7

Die Uebereinstimmung der Curvenwerthe C mit dem Mittel der jedesmaligen Beobachtung ist die folgende, wobei ich mich jedoch der Kürze wegen darauf beschränke, nur für die Reihen a und b, sowie für $(b—a)$ und $(c—b)$ herzusetzen. B bedeutet die Angabe der Beobachtung.

	$(C—B)$		$(C—B)$	
	a	b	(b—a)	(c—b)
Sept. 29.	+ 0,3	+ 0,8	+ 0,1	0,0
" 30.	— 0,1	— 0,1	— 0,2	+ 0,4
Oct. 2.	+ 0,1	— 0,2	— 0,2	+ 0,2
3.	— 0,2	— 0,4	— 0,1	+ 0,1
4.	+ 0,2	— 0,1	0,1	+ 0,4
5.	0,0	— 0,7	— 0,3	+ 0,5
6.	0,0	— 0,3	0,0	+ 0,1
7.	— 0,3	— 0,4	+ 0,3	— 0,3
8.	— 0,2	— 0,7	0,0	— 0,1
9.	+ 0,4	— 0,5	— 0,4	+ 0,7
11.	+ 0,6	— 0,4	— 0,3	— 0,1
14.	— 0,1	+ 0,2	+ 0,5	— 0,1
15.	— 0,3	0,0	+ 0,2	— 0,6
16.	+ 0,2	— 2,4	— 3,3	+ 3,4
17.	+ 0,1	+ 1,0	— 0,5	+ 0,5

Die übrigbleibenden Fehler sind also von solcher Kleinheit, dass sie ganz innerhalb der unvermeidlichen Unsicherheit der Beobachtungen liegen. Von den Resultaten seit Oct. 15, die ich früher schon selbst als ganz zweifelhaft bezeichnet habe, kann man gänzlich absehen. Die Werthe c geben deutlich die grössten Aenderungen des Lichts, also die grösste Lebhaftigkeit in den Anzeigen der Polarisation, in der ersten Octoberwoche, somit um die Zeit des grössten Glanzes des Cometen zu erkennen, den die früher mitgetheilten Beobachtungen nicht wie die Rechnungen auf den 11., sondern in die Zeit zwischen dem 3. und 7. October setzen.

Lage II.

Die Mittelwerthe jedes Abends in der vorigen Art zusammengestellt, geben die folgende Uebersicht.

	a	b	c	d	Drehung um je 90°			
					$(b-a)$	$(c-b)$	$(d-c)$	$(a-d)$
Oct. 2. =	$A + 2{,}69B$	$A - 1{,}81B$	$A + 2{,}87B$	$A - 2{,}06B$	$- 4{,}50$	$+ 4{,}68$	$- 4{,}93$	$+ 4{,}75$
» 3.	$+ 1{,}31$	$- 1{,}96$	$+ 1{,}56$	$- 1{,}85$	$- 3{,}25$	$+ 3{,}50$	$- 3{,}41$	$+ 3{,}16$
(*) » 4.	$+ 3{,}44$	$- 2{,}31$	$+ 3{,}44$	$- 2{,}44$	$- 5{,}75$	$+ 5{,}75$	$- 5{,}88$	$+ 5{,}88$(*)
» 4. –	$+ 0{,}19$	$- 1{,}88$	$+ 1{,}94$	$- 1{,}81$	$- 2{,}07$	$+ 3{,}82$	$- 3{,}75$	$+ 2{,}00$
» 5. –	$- 0{,}06$	$+ 1{,}81$	$- 0{,}06$	$+ 2{,}41$	$+ 1{,}87$	$- 1{,}87$	$+ 2{,}48$	$- 2{,}48$
» 7.	$- 0{,}62$	$+ 2{,}50$	$- 0{,}41$	$+ 2{,}31$	$+ 3{,}12$	$- 2{,}91$	$+ 2{,}72$	$- 2{,}93$
» 8. –	$- 0{,}62$	$+ 2{,}85$	$- 0{,}25$	$+ 3{,}12$	$+ 3{,}47$	$- 3{,}10$	$+ 3{,}37$	$- 3{,}74$
» 9. –	$- 0{,}56$	$+ 2{,}56$	$+ 0{,}25$	$+ 2{,}44$	$+ 3{,}12$	$- 2{,}31$	$+ 2{,}19$	$- 3{,}00$
» 11. =	$- 0{,}31$	$+ 3{,}06$	$+ 0{,}12$	$+ 2{,}56$	$+ 3{,}37$	$- 2{,}94$	$+ 2{,}44$	$- 2{,}87$
» 14. =	$- 0{,}47$	$+ 3{,}00$	$+ 0{,}12$	$+ 3{,}15$	$+ 3{,}47$	$- 2{,}88$	$+ 3{,}03$	$- 3{,}62$
» 15. =	$- 0{,}31$	$+ 2{,}25$	$- 0{,}19$	$+ 2{,}50$	$+ 2{,}56$	$- 2{,}44$	$+ 2{,}69$	$- 2{,}81$
» 16. =	$- 0{,}12$	$+ 2{,}69$	$- 0{,}31$	$+ 3{,}56$	$+ 2{,}81$	$- 3{,}00$	$+ 3{,}87$	$- 3{,}68$
» 17. =	$- 0{,}19$	$- 1{,}81$	$+ 0{,}06$	$+ 0{,}25$	$- 1{,}62$	$+ 1{,}87$	$+ 0{,}19$	$- 0{,}44$

Ausgleichung der in der Lage II erhaltenen Mittelwerthe durch die Curve C".

	a	b	c	d	$(b-a)$	$(c-b)$	$(d-c)$	$(a-d)$
Oct. 2. =	$A + 3{,}3B$	$A - 2{,}5B$	$A + 3{,}4B$	$A - 2{,}6B$	$- 6{,}0$	$+ 6{,}0$	$- 6{,}0$	$+ 6{,}0$
» 3. =	$+ 1{,}7$	$- 2{,}3$	$+ 2{,}0$	$- 2{,}5$	$- 3{,}1$	$+ 3{,}0$	$- 3{,}5$	$+ 3{,}0$
» 4. =	$+ 0{,}6$	$- 1{,}7$	$+ 0{,}9$	$- 2{,}1$	$- 0{,}6$	$+ 0{,}5$	$- 1{,}0$	$+ 0{,}7$
» 5. =	$0{,}0$	$+ 1{,}4$	$+ 0{,}3$	$- 0{,}6$	$+ 1{,}0$	$- 1{,}1$	$+ 0{,}7$	$- 1{,}0$
» 6. =	$- 0{,}4$	$+ 2{,}0$	$0{,}0$	$+ 1{,}6$	$+ 2{,}0$	$- 2{,}0$	$+ 1{,}8$	$- 2{,}2$
» 7. =	$- 0{,}5$	$+ 2{,}5$	$- 0{,}2$	$+ 2{,}7$	$+ 2{,}8$	$- 2{,}7$	$+ 2{,}6$	$- 3{,}0$
» 8. =	$- 0{,}6$	$+ 2{,}8$	$- 0{,}2$	$+ 2{,}8$	$+ 3{,}3$	$- 3{,}0$	$+ 3{,}1$	$- 3{,}4$
» 9. =	$- 0{,}6$	$+ 3{,}1$	$- 0{,}2$	$+ 2{,}7$	$+ 3{,}4$	$- 3{,}3$	$+ 3{,}3$	$- 3{,}7$
» 10. =	$- 0{,}6$	$+ 3{,}2$	$- 0{,}2$	$+ 2{,}5$	$+ 3{,}6$	$- 3{,}4$	$+ 3{,}5$	$- 3{,}8$
» 11. =	$- 0{,}6$	$+ 3{,}3$	$- 0{,}2$	$+ 2{,}5$	$+ 3{,}7$	$- 3{,}5$	$+ 3{,}5$	$- 3{,}8$
» 12. =	$- 0{,}5$	$+ 3{,}3$	$- 0{,}2$	$+ 2{,}6$	$+ 3{,}7$	$- 3{,}5$	$+ 3{,}4$	$- 3{,}8$
» 13. =	$- 0{,}5$	$+ 3{,}1$	$- 0{,}1$	$+ 2{,}6$	$+ 3{,}6$	$- 3{,}4$	$+ 3{,}2$	$- 3{,}7$
» 14. =	$- 0{,}4$	$+ 2{,}9$	$0{,}0$	$+ 2{,}7$	$+ 3{,}3$	$- 3{,}2$	$+ 3{,}0$	$- 3{,}6$
» 15. =	$- 0{,}3$	$+ 2{,}5$	$+ 0{,}1$	$+ 2{,}8$	$+ 2{,}9$	$- 2{,}9$	$+ 2{,}7$	$- 3{,}2$
» 16. =	$- 0{,}2$	$+ 2{,}0$	$+ 0{,}4$	$+ 2{,}8$	$+ 2{,}4$	$- 2{,}4$	$+ 2{,}3$	$- 2{,}7$
» 17. =	$- 0{,}1$	$+ 1{,}6$	$+ 0{,}5$	$+ 3{,}0$	$+ 1{,}6$	$- 1{,}7$	$+ 1{,}7$	$- 2{,}2$

Die Vergleichung der Werthe C" mit den Beobachtungen führt nahezu auf ähnliche übrigbleibende Fehler, wie im vorigen Beispiele für die Lage I.

Schlussfolgerungen und Bemerkungen über die Mängel dieser Beobachtungen.

In Uebereinstimmung mit der Ansicht des Herrn Prof. Grailich erkläre ich diese Beobachtungen nicht als hinreichend, um ein bestimmtes Urtheil über besondere Verhältnisse der Polarisation des Cometen zu begründen. Was sich ergiebt, ist folgendes:

1. Der Comet zeigte im merklichen Grade polarisirtes Licht.
2. Die grösste Lebhaftigkeit im Wechsel der Intensitäten zeigte sich um die Zeit des grössten Glanzes, also in der ersten Octoberwoche.
3. Gegen das Ende der Erscheinung wurden die Beobachtungen mehr und mehr unsicher, hauptsächlich bedingt durch die dichtere Luft am Horizonte und durch das Mondlicht.
4. Da das elektrische Licht als ein primäres nicht polarisirt erscheinen würde, so ist es minder wahrscheinlich, dass die Lichtentwicklung des Cometen auf elektrischen Hergängen beruhe.
5. Der Schweif allein, im Dichroscope betrachtet, zeigte die Anwesenheit des polarisirten Lichtes nur unsicher und in sehr geringem Grade.

Wie ich schon erwähnt habe, zeigten sich nach Prof. Graßlich's Untersuchung die beiden Bilder der Loupe 4 in der Lage, wo sie gleich sein sollten, im Verhältniss von 18 zu 20 beiläufig an Intensität verschieden. Wollte man aus den Cometenbeobachtungen selbst das mittlere Verhältniss dieser Art für alle 4 Loupen ergründen (deren 3 erstere zu untersuchen nicht Zeit und Gelegenheit war), so würde man aus Lage I beispielsweise finden:

$$
\begin{aligned}
\text{Sept. 29.} \quad c : a &= 1 : 1,13 \\
\text{30.} \quad &= 1 : 1,18 \\
\text{30.} \quad &= 1 : 1,21 \\
\text{Oct. 2.} \quad &= 1 : 1,15 \\
\text{3.} \quad &= 1 : 1,15 \\
\text{4.} \quad &= 1 : 1,07 \\
\text{4.} \quad &= 1 : 1,33 \\
\text{5.} \quad &= 1 : 1,22 \\
\text{6.} \quad &= 1 : 1,23 \\
\text{7.} \quad &= 1 : 1,16 \\
\text{8.} \quad &= 1 : 1,10 \\
\text{9.} \quad &= 1 : 1,25 \\
\text{11.} \quad &= 1 : 1,08
\end{aligned}
$$

Mittel $= 1 : 1,\overline{174}$

und es würde sich daraus das mittlere Verhältniss von 11 : 13 ergeben. Indessen müssten diese Beobachtungen bei demselben Höhenwinkel des Cometen angestellt sein, woran viel fehlt, und dieser Umstand, die Nichtberücksichtigung der verschiedenartigen Winkel, unter denen das Licht des Cometen durch die Kalkspathe zog, macht specielle Schlussfolgerungen ohnehin unthunlich. Dazu kommt noch die Unmöglichkeit, ohne besondere Untersuchungen darüber angestellt zu haben, den Einfluss des polarisirten Theils vom Lichte der noch vorhandenen Dämmerung, oder des Mondes, annäherungsweise zu schätzen und zu ermitteln, welchen Einfluss selbst auf diese Beobachtungen, bei abnehmender Höhe des Cometen, die Absorption des Lichtes in der Atmosphäre auszuüben vermöge. Es sind also ausser den etwaigen Mängeln des Instrumentes selbst, noch viele andere Fehlerquellen vorhanden, und da diese sich jetzt nicht mehr eliminiren lassen, so finde ich Grund genug, jede weitere Speculation zu vermeiden, und mich damit zu begnügen, nach einer und derselben Methode eine consequente Beobachtungsreihe ausgeführt und mit allem erforderlichen Detail dargelegt zu haben.[*]

Wien im November 1858.

[*] Vergl. Prof. Bond's Aufsatz in Astr. Nachr. No. 1420 als Entgegnung auf meinen Bericht in Astr. Nachr. No. 1322.

Comet III 1860.

Nach den Angaben der Astronomischen Nachrichten scheint es, dass dieser ansehnliche Comet vor dem 18. Juni nicht bemerkt wurde *), und ich finde zufolge der Aussagen, die ich darüber sammelte, dass ihn im Oriente Niemand vor dem 20. Juni erblickte. Selbst dies Datum ist für Athen und Smyrna keineswegs sicher, so dass ich glaube, die früheste Sichtbarkeit auf Juni 22 setzen zu dürfen. Der Comet erschien ebenso plötzlich am Horizonte der europäischen Länder wie die von 1843, 1845, 1854 und der grosse von 1861. Die Lage der scheinbaren Bahn erklärte jedesmal vollkommen ein so unerwartetes Hervortreten, namentlich auch der Comet von 1860, für welchen Löwy in Wien die Oerter rückwärts bis Juni 10 berechnete. (A. N. No. 1265). Dieser fand:

		Uhr	Min.	Sec.		
1860 Juni 10.	0ʰ Greenw. Z.	$\alpha = 5$	24	20	$\delta = + 10°$ 33,7	
» 14.	»	$= 5$	41	0	$= + 35$ 35,1	
» 18.	»	$= 6$	3	3	$= + 39$ 47,5	
» 22.	»	$= 6$	32	29	$= + 42$ 4,6	
» 24.	»	$= 6$	50	25	$= + 42$ 18,6	

Die grosse Bewegung des Cometen in Declination, und die Lage dieses Bahnstückes gegen den Horizont giebt, wenn man diese Werthe constructiv darstellt, sogleich die Erklärung für die plötzliche Sichtbarkeit des neuen Gestirnes.

Eine definitive Bahnbestimmung ist zur Zeit noch nicht bekannt. Man weiss nur, dass die Umlaufzeit sehr gross ist, bei einer Neigung von 79°, und der Periheldistanz $= 0,292$ oder 6 Millionen geogr. Meilen. Am 16. Juni war der Comet in der Sonnennähe.

In Attika ward der Comet wahrscheinlich zuerst am 22. oder 23. Juni gesehen; doch bemerkte ich ihn nicht eher denn Juni 24, als ich Abends von Eleusis nach Athen zurückfuhr. Die gewöhnliche grosse Klarheit des Himmels gestattete sodann, mit nur geringen Unterbrechungen den Cometen am Refractor der Athener Sternwarte bis Juli 26 zu beobachten, als er sich am südwestlichen Horizonte den Blicken entzog.

Da meine hiesigen Beobachtungen auszüglich bereits in den Astr. Nachr. No. 1268, 1269, 1270, 1271 gedruckt sind, so habe ich jetzt nur das Detail der physikalischen Wahrnehmungen mitzutheilen, werde aber, was in No. 1271 nicht geschehen ist, die Lage des Cometen gegen die benutzten Vergleichsterne hersetzen, um das Auffinden etwaiger Fehler in meinen Beobachtungen zu erleichtern. Diese Beobachtungen erhielt ich am Kreismicrometer des Refractors; die Radien wurden angenommen: $r = 646,2''$, $r' = 582,1''$, und diese Werthe dienen dazu, beiläufig die Sicherheit der Declinationsunterschiede zu beurtheilen.

		Uhr	Min.	Sec.		Sec.		
1860 Juni 26 m. Ath. Z.	δ	39	20	$\alpha' = \alpha = -125,505$ C.	$= \delta \alpha -$	11' 4,04''...4 Beob.		
» 27	»	8 19	55	$= \beta - 39,718$	$= \beta +$	2 4,57 ...4 »		

---

*) Secchi in Astr. Nachr. No. 1260.

9*

		Uhr Min. Sec.			Sec.			
1860 Juni 27 m. Ath. Z.	»	31 32 xC.	=	αγ +	31,1308C.	= δγ — 15′	49,51″	...4 Beob.
» 28	»	57 56	=	δ —	114,463	δ + 15	40,89	...4 »
» 29	»	22 5	=	ε +	96,484	ε — 8	23,71	...4 »
» 29	»	41 53	=	ζ —	29,187	φ + 16	24,74	...5 »
» 30	»	19 57	=	η +	84,675	η + 3	16,16	...4 »
» 30	»	31 29	=	θ +	26,313	θ + 2	5,42	...4 »
Juli 1	»	27 15	=	ι +	66,718	ι + 7	33,60	...4 »
» 1	»	42 26	=	κ +	25,771	κ + 17	50,64	...5 »
» 2	»	35 8	=	λ —	77,446	λ — 0	8,43	...6 »
» 3	»	51 42	=	μ —	64,765	μ + 1	2,19	...6 »
» 3	»	13 24	=	ν —	225,126	ν + 12	28,76	...2 »
» 5	»	19 36	=	ξ —	65,240	ξ + 10	13,97	...6 »
» 5	»	32 35	=	ο +	19,452	ο + 15	13,47	...4 »
» 6	»	11 52	=	π +	105,402	π — 13	17,06	...4 »
» 6	»	45 50	=	ρ —	173,674	ρ + 13	29,65	...4 »
» 6	»	8 44	=	σ +	38,705	σ — 0	36,47	...4 »
» 7	»	28 6	=	τ +	91,228	τ + 11	47,80	...4 »
» 7	»	40 29	=	υ —	24,994	υ — 13	1,16	...4 »
» 7	»	3 4	=	φ —	151,284	φ + 12	50,86	...4 »
» 8	»	24 43	=	χ +	10,387	χ + 17	13,79	...7 »
» 8	»	47 50	=	χ +	22,587	χ + 14	0,83	...4 »
» 8	»	8 43	=	ψ —	30,138	ψ + 17	41,35	...4 »
» 10	»	56 14	=	ω —	2,463	ω + 11	10,04	...4 »
» 10	»	20 3	=	A +	43,613	A — 10	38,21	...4 »
» 11	»	1 34	=	B —	150,098	B — 6	52,23	...1 »
» 11	»	49 11	=	B —	126,511	B — 14	2,27	...6 »
» 12	»	21 47	=	C +	191,415	C — 1	4,90	...4 »
» 13	»	40 2	=	D +	17,246	D + 11	2,28	...4 »
» 13	»	39 56	=	D —	23,504	D — 2	30,71	...2 »
» 14	»	36 43	=	E +	18,154	E — 12	17,22	...8 »
» 14	»	26 33	=	F +	6,754	F — 1	1,90	...2 »
» 14	»	46 39	=	H —	71,134	H — 1	39,86	...4 »
» 14	»	59 48	=	G —	35,432	G + 15	50,90	...4 »
» 16	»	40 8	=	I —	35,070	I + 4	32,92	...6 »
» 17	»	26 22	=	K —	258,037	K — 3	33,13	...5 »
» 18	»	39 32	=	L —	232,352	L — 8	25,59	...5 »
» 19	»	30 54	=	M —	86,951	M — 10	43,63	...8 »
» 20	»	29 4	=	N +	85,528	N — 2	3,42	...10 »
» 21	»	27 40	=	O +	3,403	O + 5,4′		...5 »
» 21	»	35 23	=	P +	9,107	P + 16	48,30	...3 »
» 22	»	23 48	=	Q +	78,086	Q — 16	17,48	...4 »
» 22	»	32 54	=	R —	78,997	R — 0,5′		...4 »
» 22	»	37 34	=	R +	78,046	R — 6	53,89	...3 »
» 23	»	20 15	=	S —	156,274	S — 4	45,94	...4 »
» 24	»	18 54	=	T +	136,420	T + 14	13,57	...4 »

Seit Juli 14 war die Höhe des Cometen während der Beobachtungen stets geringer als 9°.

Allgemeine Erscheinung des Cometen.

Auffällig zwar durch seine Grösse, darf dieser Comet doch nur zu denen zweiten Ranges gezählt werden, denn nach Glanz und Länge des Schweifes war er nur mit den Cometen von 1807, 1845, 1853, 1854 zu vergleichen. Er würde bei günstigerer Lage 5 Tage früher, und in Abwesenheit des Mondes einen bedeutenden Anblick dargeboten haben. Wenn er sonach unter dem reinen Attischen Himmel nur in mittlerer Grösse und Helligkeit sich darstellte, so darf man schliessen, dass er im mittleren und nördlichen Europa keine allgemeine Aufmerksamkeit zu erregen vermochte.

Was die Länge des Schweifes und das Gesammtlicht des Nucleus (für das freie Auge) anlangt, so habe ich darüber in A. N. No. 1271 eine Uebersicht gegeben, welche ich hier wiederholen will. S bedeutet die Länge des Schweifes, P einen Punkt am Himmel, den die verlängerte Schweifaxe treffen würde.

Helligkeit des Nucleus

	Uhr	S		P			
Juni 24.	9	$= 20°$	$\alpha = 112°$	$\delta = + 60°$	3	
25.	9	$= 15$	$= 117$	$= + 59$	3	
27.	9	$= -$	$-$	$+ -$	1,2	
28.	9	$= 15$	$-$	$+ -$	2,3 Mondschein hinderlich.
29.	9	$= 6$	$= 162,5$	$= + 61,5$	3	
30.	9	$= 11$	$= 163$	$= + 57$	4	
Juli 1.	9	$-$	$= 177$	$= + 55$	4,5	
2.	9	$-$	$= 175$	$= + 52,5$	4	
3.	9	$-$	$= 165$	$= + 45$	5	
5.	9	$= 9$	$= 161$	$+ 35$	3,4 Mondschein nicht mehr hinderlich.
6.	9,2	$= 8,5$	$= 167,5$	$= + 32,2$	2,3	
7.	9	$= 7,5$	$= 152$	$= + 24$	3	
8.	9	$= 6$	$= 166$	$+ 21,5$	3,4	
9.	9	$= 6$	$= 166$	$= + 18$	3,4	
11.	9	$= 1$	$= 174,5$	$= + 9$	3	
12.	9	$= 0,5$	$= 188,5$	$= - 1$	3,4	

Nach diesem Tage ward der Comet unbedeutend und erschien, sehr nahe dem Horizonte, für das unbewaffnete Auge zuletzt am 18. Juli.

Der Nucleus, am Refractor beobachtet.

Juni 25. Um 8 Uhr 6 Min. ward der Kern in heller Dämmerung am schwachen Okulare sichtbar; um 8 Uhr 13 Min. erschien er auch dem freien Auge. Der Kern, sternartig, scharf und sehr glänzend, ähnlich wie bei Donati's Cometen, und denen von Juni 1845, Aug. 1853, April 1854, sandte links und rechts sehr helle parabolisch geformte Lichtbogen aus, welche, sich zurückkrümmend, den Schweif bildeten. Es fehlte jede Spur des Sectors, der Lichtströmung gegen die Sonne, wie Donati's Comet in so ausgezeichneter Weise lange Zeit sehen liess. Im Ganzen glich dieser Juni-Comet von 1860 sehr dem Donati-Cometen, sofern man die Vergleichung auf den Zeitraum von 1858 Sept. 5 bis Sept. 15 beschränkt.

Der linke Lichtbogen (gesehen im umkehrenden Okulare) erschien etwas anomal, heller und breiter als der rechte. Feinere Wahrnehmungen wurden durch Mondschein wie auch durch die tiefe Lage des Cometen verhindert.

Juni 26 war der Himmel durch grosse Gewitter verfinstert.

Juni 27. Am Refractor sah ich den Nucleus um 7 Uhr 56 Min., d. i. 33 Min. nach Sonnenuntergang; 6 Min. später erkannte ich ihn noch mit freiem Auge. Beide Lichtbogen, links und rechts vom Kerne, waren unerwartet glänzend und von dichtem Lichte und bildeten, bei etwa 7' Länge beiderseitig, eine genaue Hufeisenform, welche den übrigen Theil der Coma und den Anfang des Schweifes so sehr überstrahlte, dass wenig davon kenntlich blieb. Die ganze Figur war etwas verschoben, namentlich auch der gegen die Sonne gerichtete Theil der Coma, welcher für sich einen kreisförmigen Umriss hatte, und der parabolischen Figur des Cometenkopfes sich etwas fremdartig anschloss. Der Parameter des hellen Theiles der Figur, als vom linken bis zum rechten Lichtbogen gemessen, betrug 9 sec. 15 cos. δ = 1' 40". Der linke Lichtbogen a war der hellere, und vielleicht nicht von gleichförmigem Lichte. Der Comet hatte heute offenbar seine grösste Helligkeit.

Juni 28. Um 8 Uhr 14 Min., etwa 51 Min. nach Sonnenuntergang ward der Comet dem freien Auge sichtbar. Die Veränderung seit gestern war sehr auffallend, denn der Kern, sehr glänzend, schien fast isolirt in der bleichen parabolischen Nebelmasse, in welcher die Lichtarme kaum deutlich hervortreten. Den Parameter dieser maass ich zu 19 sec. 15 cos. δ = 3' 37".

Juni 29.

	Uhr	Min.		
Um 7		56,33	nach Sonnenuntergang, ward der Kern am Refractor sichtbar
» 8		3,40	»	» Comet am kleinen Sucher kenntlich
» 8		11,48	»	» Comet dem freien Auge sichtbar.

Der Kern erschien sehr hell und glänzend, klein und nur von dichtem Nebel umgeben; die gekrümmten Lichtarme waren fast verschwunden, so dass der Comet einen sehr einförmigen Anblick gewährte. An der linken Seite war die Lichtmasse etwas breiter. Den ganzen Parameter maass ich = 28 sec. 15 cos. δ = 5' 29".

Juni 30. Um 8 Uhr 13 Min., 50 Min. nach Sonnenuntergang, erschien der Comet dem freien Auge. Später, soweit das helle Mondlicht es zuliess, sah ich den gleichförmigen Nebel, welcher den glänzenden sternartigen Kern umgab, ohne alle Lichtausströmung, d. h. ohne Andeutung von Lichtbogen oder Strahlen. An starken Okularen konnte auch der kleine Kern selbst ganz in Nebel aufgelöst werden.

Juli 1. Ich sah den Cometen mit freiem Auge zuerst 50 Min. nach dem Untergange der Sonne. Der Kern erschien noch sehr glänzend und scharf, die Coma höchst matt und formlos.

Juli 2. Ungeachtet des Vollmondes und des starken Scirocco-Nebels war der Comet heute heller als gestern, und erschien, selbst geschweift, auch dem unbewaffneten Auge. Der sehr helle Kern war von dichterem und hellerem Lichte umgeben.

Juli 3. Der Comet schien noch mehr an Licht gewonnen zu haben, der Kern grösser, und von dichterer Lichtmaterie umgeben. Der Mond liess aber keine brauchbare Beobachtung zu.

Juli 4 ganz trübe wegen grosser Gewitter.

Juli 5. Etwa 53 Min. nach Sonnenuntergang fand ich den Cometen ohne Fernrohr. Der Mond war noch nicht aufgegangen. Der Kern mit dem dichten Lichte, das ihn einhüllte, erschien wie an den Tagen vorher. Um 9,5 Uhr maass ich den Parameter der Figur: 18 sec. 15 cos. δ = 3' 57".

Juli 6. Sehr heiterer Himmel. 47 Min. nach Sonnenuntergang erschien der Comet dem freien Auge; er hatte seit gestern auffallende Veränderungen erlitten. Alles Licht schien in der grossen kugelförmigen Lichthülle absorbirt zu sein, welche den sternartigen sehr hellen Kern umgab. Von diesem strahlten links und rechts zwei helle Lichtbüschel, die etwa (am Kerne) einen Winkel von 160° bis 170° bildeten. Von der runden Nebelhülle verlief sehr bleich die matte Spur des Schweifes, fast verschwindend vor dem Glanze des Nucleus. Sehr bemerkenswerth war der schon im hellsten Dämmerungslichte kenntliche Umstand, dass die geradlinigte Ausströmung nach rechts nicht mit dem Kerne zusammenhing, sondern deutlich von ihm durch einen dunklen Zwischenraum getrennt erschien; diese Lücke war 7" bis 10" breit. Die Ausströmungen waren ganz gerade, und wie von grosser Gewalt ausgetrieben. Den Scheitelradius der Coma maass ich 15,5 sec. 15 cos. $\delta = 3' 29''$, also die ganze Nebelhülle $= 6' 58''$.

Juli 7. Höchst klare Luft. Gegen 53 Min. nach dem Untergange der Sonne sah ich den Cometen mit freiem Auge. Er hatte seit gestern etwas an Licht abgenommen, und die geraden Lichtarme, links und rechts vom Kerne ganz verloren. Die Figur der Coma war nicht mehr kreisförmig wie gestern, sondern kam der Parabel von Ansehen nahe. Den Scheitelradius der Coma fand ich $= 11$ sec. 15 cos. $\delta = 2' 32''$.

Juli 8. Dem freien Auge erschien der Comet 56 Min. nach Sonnenuntergang; die Klarheit der Luft war vollkommen. Der helle Kern stand in einer gleichförmigen Nebelmasse, deren Scheitelradius ich $= 11$ sec. 15 cos. $\delta = 2' 35''$ bestimmte.

Juli 9 beobachtete ich nicht auf der Sternwarte.

Juli 10. Dunstige Luft, die nur einen Schluss auf die Grösse und den vermehrten Glanz der Coma gestattete.

Juli 11. Ueberaus heiterer Himmel; eine Stunde nach Sonnenuntergang erschien der Comet dem freien Auge. Die Nebelhülle fand ich wieder kreisförmig, an Licht vermehrt, und es schien, als ob alle Thätigkeit des Cometen sich auf die Formirung der Coma beschränkt habe. Diese Lichtmasse war weiss und glänzend, und der Kern schimmerte hindurch wie durch dünnes Horn. Rechts vom Kerne, und von ihm getrennt, lag in der Coma ein hellerer Lichtknoten. Seine Lage suchte ich vermittelst Passagen am Kreismikrometer zu bestimmen, und fand:

Uhr	Min.	Sec.				Sec.		
8	36	53	Lichtknoten $=$ Kern $+$ 0,625 in α; $=$ Kern $-$ 11,3" in Decl.
8	41	44	»	$=$ »	$+$ 0,875	»	$=$ »	$-$ 15,4 »
8	52	1	»	$=$ »	$+$ 0,875	»	$=$ »	$-$ 18,9 »
8	43	33	»	$=$ »	$+$ 0,792	»	$=$ »	$-$ 15,2 »

Es hatte den Anschein, als wolle der Comet sich theilen, ebenso wie Biela's Comet im Jahre 1846. Den Scheitelradius der Coma fand ich $= 17$ sec. 15 cos. $\delta = 4' 11''$. Die ganze Coma hatte nach einer Schätzung am Ringmikrometer 9' Durchmesser, und war kreisförmig.

Juli 12. Die etwas dunstige Luft gestattete nur die hinlänglich sichere Messung des Scheitelradius der Coma; diesen fand ich $= 13$ sec. 15 cos. $\delta = 3' 14''$. Etwa 70 Min. nach Sonnenuntergang war der Comet dem freien Auge sichtbar geworden.

Juli 13. Wolkige Luft; doch sah ich den Cometen, als er schon tief stand, in heitern Lücken. Die Gestalt des Cometen war zwiebelförmig; die Coma sehr compact und hell, und ihr Scheitelradius $= 8,5$ sec. 15 cos. $\delta = 2' 7''$.

Juli 14. Als es heiter ward, stand der Comet schon sehr tief am Horizonte, so dass sich die Vermuthung, als bestehe der Kern aus getrennten Theilen, nicht näher prüfen liess.

Juli 15. Ein für solche Beobachtungen ganz unbrauchbarer Abend.

Juli 16. Ebenfalls ungünstig; nur der Ort des Cometen konnte bestimmt werden.

Juli 17. Der Comet stand schon zu tief, und der rechts vom Kerne vermuthete Lichtknoten blieb ungeprüft. Durchmesser der Coma ungefähr = 5'.

Juli 18. Sehr heiter. Rechts vom Kerne lag ein heller Lichtknoten in der noch 5' breiten Coma, doch hinderte der sehr tiefe Stand des Cometen leider die genaue Untersuchung. Dennoch versuchte ich eine Messung, und fand:

Uhr Min. Sec.				Sec.		
8	27	34 Lichtknoten	Kern	+ 1.000 = Kern	—	18,6"
	39	39	"	+ 1,895	—	1,7
	45	23	"	+ 1,625 = "	—	7,0
	51	27	"	+ 1,750 . . "		0,0
8	40	58	"	+ 1,550 = "	—	6,8

Juli 19. Die zu tiefe Lage des Cometen gestattete nicht, die scheinbare Trennung des Kernes genau zu erkennen, dasselbe galt für Juli 20. 21. 22.

Juli 23. Ungeachtet der ganz tiefen Lage des Cometen am Horizonte bemerkte ich die ungewöhnliche Zunahme des Glanzes, und das helle sternartige Hervortreten des Kerns aus der Nebelhülle.

Juli 24. Tiefer Stand des Cometen, helles Mondlicht; dennoch erkannte ich, dass der Comet ferner an Glanz und Grösse zugenommen habe.

Juli 25 und 26 war jede specielle Beobachtung über die Beschaffenheit des Cometen unmöglich.

Schweif des Cometen.

Juni 24. Das Mondlicht beeinträchtigte sehr die Sichtbarkeit des Schweifes. Um 9 Uhr reichte dieser bis in die Gegend von o Ursae maj., er war bleich und schmal, gegen das Ende an Breite zunehmend. Seine Länge betrug wenigstens 20°.

Juni 25. Im Mondschein sah ich den Schweif 12° bis 15° lang. Im Abstande = 20' vom Kerne war die Breite des Schweifes = 6,5'.

Juni 27. Im Verhältniss zu dem glänzenden Nucleus erschien der Schweif sehr unbedeutend und matt.

Juni 28. Der helle Mond war sehr störend; vor 9 Uhr erschien der Schweif 7° bis 8° lang. Um 9¾ Uhr, als der Nucleus längst untergegangen war, zeigte sich noch die etwas gekrümmte Spur des Schweifes, woher zu schliessen, dass er wenigstens noch 15° Länge gehabt haben müsse.

Juni 29. In 20' Abstand vom Nucleus erschien die Breite des Schweifes am Refractor = 14'. Um 8 Uhr 21 Min. sah man die Schweiflänge wegen des starken Mondlichtes kaum 5° oder 6°. Seine Verlängerung aufwärts gerichtet traf zwischen α und β Ursae den Punkt α = 162,5° δ = + 61,5°. Um 14½ Uhr zur Zeit der untern Culmination des Cometen unter dem Horizonte gab ich auf die etwaige Sichtbarkeit des Schweifes Acht, fand davon aber bis in die Gegend α = 150° δ + 55° keine Spur.

Juni 30. In 20' Abstand vom Kerne betrug die Breite des Schweifes 20'.

Juli 1. Bei Vollmond erschien der etliche Grade lange Schweif auf γ Ursae gerichtet, oder genauer auf einen Punkt, der im Azimuthe 1° mehr links (westlicher) gelegen war.

Juli 2. Um 9 Uhr war der Schweif auf einen Punkt zwischen χ und γ Ursae gerichtet, dessen α = 170° δ = 52,5°.

Juli 3. Gegen 9 Uhr war der Schweif ungefähr auf ψ Ursae gerichtet.

Juli 5. Das Mondlicht ward erst wirksam, als der Comet sich schon seinem Untergange zuneigte. Vorher erschien der fächerförmige Schweif 9° lang, und er war um 8 Uhr 50 Min. mit seiner Axe gegen einen Stern in α = 161° δ = +35° gerichtet.

Juli 6. 9 Uhr 15 Min. Länge des Schweifes = 8,5° Richtung auf ξ Ursae. (α = 167,5° δ = +32,2°.)

Juli 7. Gegen 9 Uhr ging die Schweifaxe genau auf ξ Leonis, und es reichte das Ende kaum merklich über diesen Stern hinaus. Länge = 7,5°. Breite des Schweifes = 10' im Abstande 26' vom Kerne.

Juli 8. Wie gestern sehr heitrer Himmel. Um 9 Uhr war der Schweif auf δ Leonis gerichtet, und hatte 6° Länge.

Juli 9. Ueberaus heitrer Himmel. Ich beobachtete den Cometen in 100 Toisen Seehöhe auf der Insel Aegina, und fand den Schweif um 9,2 Uhr gegen 6° lang, und dabei genau auf die Mitte zwischen γ und β Leonis gerichtet.

Juli 10. war die Luft zu dunstig, um mehr als den Ort des Cometen beobachten zu können.

Juli 11. Höchst klarer Himmel. Der Schweif war fast verschwunden, und kaum 1° lang, ungefähr auf Virginis ξ gerichtet.

Juli 12. Der Schweif, schwierig zu erkennen, war in seiner Verlängerung auf γ Virginis gerichtet.

Juli 14. Am Fernrohre erschien der Schweif noch ½° lang.

Juli 17. war die Spur des Schweifes noch merklich, aber bei so tiefer Lage des Cometen in den Dünsten des Horizontes verlieren Beobachtungen dieser Art allen Werth.

Periodische Aenderungen der Helligkeit.

Diese Erscheinung, seither fast unbekannt, ist, wie ich glaube, eine charakteristische Eigenschaft der meisten Cometen. Sie bewirkt erhebliche Abweichungen von den Phasen der Lichtstärke, so weit diese nach den Quadraten der Distanzen berechnet werden. Donati's Comet, und der grosse von 1861, dann die Cometen von 1845 und 1854 gaben dafür lehrreiche Beispiele. Der Comet von 1860 zeigte diese Variationen des Glanzes, und die damit zusammenhängenden Aenderungen der Form und der Grösse in auffälliger Weise. Ich habe darüber bereits in den Astr. Nachr. Nr. 1271 gesprochen, und daselbst p. 366 angegeben:

Erstes Maximum des Lichtes = Juni 27		
Zweites » » = Juli 6		
Drittes » » = Juli 12		
Viertes » » = Juli 23		

Das zwischen Juli 12 und 23 fallende Maximum bleibt wegen der ungünstigen Witterung unbestimmt. Das erste kann frühestens Juni 26 gewesen sein, das zweite frühestens am 4. Juli, beidemale an Abenden, als Wolken die Beobachtung verhinderten. Das letzte fiel bestimmt auf Juli 23 und 24. Im Mittel waren es 6 bis 7 Tage, innerhalb welcher sowohl die Maxima des Lichtes, als auch der sichtbaren Ausströmungen des Kernes aufeinander folgten.

Grössenverhältnisse.

Von Juni 27 bis Juli 6, als sich zuletzt die parabolische Gestalt der Coma zur Kreisform umwandelte, maass ich den Durchmesser der ganzen Figur, anfänglich also den Parameter, dann den Kreisdurchmesser, und fand:

Uhr; Durchmesser in Entf. $= 1$; in Erdhalbmessern; in geograph. Meilen.

Juni 27.	9	$1' 40''$	$1' 9''$	$8,06$	6930
» 28.	»	$= 3\ 37$	$= 2\ 23$	$= 16,72$	$= 14370$
» 29.	»	$= 5\ 20$	$= 3\ 22$	$= 23,57$	$= 20290$
Juli 5.	»	$= 3\ 57$	$= 1\ 58$	$= 13,81$	$= 11860$
» 6.	»	$= 6\ 56$	$= 2\ 23$	$= 23,70$	$= 20370$

Werden die Messungen des Scheitelradius $= \rho$ in derselben Weise berechnet, so hat man:

Uhr ρ ρ in der Entf. $= 1 : \rho$ in Erdhalbmessern; ρ in geograph. Meilen

Juni 29.	9	$2' 40''$	$1' 28''$	$10,31$	8864
Juli 5.	»	$= 1\ 58$	$0\ 59$	$6,87$	5658
» 6.	»	$= 3\ 20$	$= 1\ 41$	$= 11,85$	$= 10180$
» 7.	»	$= 2\ 32$	$= 1\ 12$	$= 8,42$	$= 7238$
» 8.	»	$= 2\ 35$	$= 1\ 12$	$= 8,43$	$= 7248$
» 11.	»	$= 4\ 11$	$= 1\ 55$	$13,43$	$= 11540$
» 12.	»	$= 3\ 14$	$= 1\ 30$	$= 10,46$	$= 8987$
» 13.	»	$= 2\ 7$	$= 0\ 59$	$= 6,93$	$= 5957$

Die Beobachtungen umfassen eine zu kurze Zeit, um darüber zu entscheiden, ob bei zunehmender Entfernung des Cometen von der Sonne (dessen Perihel Juni 16 stattfand), die Coma sich vergrössert habe. Die Länge des Schweifes war Juni 24 wenigstens $= 0,36$ oder $7\frac{1}{2}$ Millionen geogr. Meilen. Die Entfernung des Cometen von der Erde betrug Juni 24 0 Uhr $= 0,81$, am 11. Juli $= 0,46$ (kleinste Distanz von der Erde), Juli 20 $= 0,56$.

Athen, Nov. 1863.

Comet II 1861.

Am Sonntage den 30. Juni Abends gegen 8½ Uhr zeigte sich am nordwestlichen Horizonte Athens ein Comet von ungeheuren Dimensionen. Als die Dämmerung noch nicht hinter dem Parnes erloschen war, benachrichtigte man mich von der Erscheinung, und ich darf wohl behaupten, dass kaum eine andere Ueberraschung einen tiefern Eindruck zu bewirken im Stande gewesen sei. Noch die Nacht zuvor bei völliger und höchster Reinheit des Himmels hatte ich keine Spur des Cometen bemerkt; jetzt, da ich ausnahmsweise nicht Abends auf der Sternwarte, sondern in der Stadt war, zeigte sich plötzlich die grosse majestätische Gestalt am Himmel, vom Horizonte bis weit über den Polarstern, über Lyra hinaus den Schimmer des Schweifes verbreitend; es war, um mit dem Ausdruck vergangener Zeiten zu reden, ein Comet von wahrhaft furchtbarem Aussehen. Um 9 Uhr stand der mondgrosse Nucleus dem Rande des Parnes schon nahe; er erschien nebst dem sehr breiten untern Theile des Schweifes ähnlich einer bedeutenden fernen Feuersbrunst, deren vom Winde seitlich und aufwärts getriebene Rauchmassen gleichförmig vom Feuer erleuchtet wurden. Als der Kopf untergegangen, und die Dämmerung verschwunden war, liess sich leicht erkennen, dass das Ende des Schweifes mindestens bis zur Gegend der Milchstrasse im Adler reichte. Um 11 Uhr eilte ich auf die Sternwarte, um den Aufgang des Cometen in Nordosten zu erwarten; auf dem Wege durch die zu solcher Nachtstunde sonst ganz menschenleere Stadt bemerkte ich doch manche Personen, die neugierig sich nach freigelegenen Plätzen begaben, um den ausserordentlichen, glanzvoll im Norden senkrecht aufsteigenden Lichtstreifen näher zu betrachten. Am Theseustempel angekommen, fand ich eine Gruppe von Personen, deren Stellung und Bewegung auch ohne Hülfe astronomischer Messungen einen Schluss auf die enorme Länge des Schweifes gestattete. Denn während einige den Blick auf den nördlichen Horizont richteten, unter welchem der Kopf des Cometen stand, schauten andere, jenen den Rücken wendend, nach Süden, um dort, wenig über der Akropolis, das Ende des Schweifes zu ermitteln, über dessen Lage gestritten ward.

Um Mitternacht und etwas später stand der Schweif nahe senkrecht gegen den nördlichen Horizont; sein glänzendster Theil nebst dem Nucleus unsichtbar; der Schweif 30 Grad über das Zenith nach Süden ziehend. Um 14 Uhr 27 Min. kam der Comet wieder zum Vorschein, nachdem die hellsten Theile des untern breiten Schweifstückes schon sich erhoben hatten, und ungeachtet ihrer tiefen Lage nicht nur die hellsten Theile der Milchstrasse, und die glänzendste Phase des Zodiacallichtes weit übertrafen, sondern selbst einen wenn auch schwachen, doch deutlichen Schatten zu werfen vermochten. So hell war weder der grosse Comet im März 1843, noch Donati's Comet im October 1858. Aber davon

10*

haben die mittel- und nordeuropäischen Sternwarten diesmal der Dämmerung wegen nichts
sehen können, wie genugsam aus den geringen Angaben für die Längen- und Breitenaus-
dehnung des Schweifes hervorgeht. Den Aufgang des Nucleus über dem Parnes bei Tatoi
sah ich mit freiem Auge; ein ausserordentliches unvergessliches Phänomen; wie ein trübes
mit Rauchwirbeln aufsteigendes Feuer schwebte die grosse Lichtmasse über dem tiefdunklen
Rande des Gebirges. Gegen 14 Uhr 31 Min. hatte der Nucleus mit dem bald untergehenden
Arcturus nahe die gleiche Höhe; sie war sehr gering, und der Glanz des Cometenkopfes
war sehr bedeutend grösser als der des Arcturus, auf jeden Fall aber schwächer als das
Licht des Jupiter. Mit der Zunahme der Morgendämmerung schwand allmählich der Schweif,
dessen äusserste Theile selbst im Lichte der Mondsichel nicht schwierig zu erkennen waren.
Um 15 Uhr 35 Min. sah ich nur noch die vier ersten Grade des Schweifes, die nach unten
in parabolischer Krümmung sich mit dem sichelförmigen Nucleus verbanden. So erschien
er dem freien Auge. Als um 15 Uhr 53 Min. die Sterne vierter Grösse im Zenith verschwanden, blieb vom Lichte des Schweifes wenig kenntlich. Um 16 Uhr 8 Min., als ich
nordöstlich in der Morgenröthe allein noch Capella sehen konnte, leuchtete der Nucleus
noch deutlich, und erst um 16 Uhr 15 Min., d. i. 27 Min. vor dem ersten Sonnenstrahle
an den attischen Bergen, verlor ich ihn aus dem Gesichte. Mit dem Aufgange der Sonne,
namentlich, als sie selbst über dem Pentelikon hervortrat, ward es schwer, am grossen
Refractor den höchst kleinen Kern länger als 3 oder 5 Minuten im Auge zu behalten. Die
3 Tage vorher war es gewiss nicht schwierig, mit sehr starken Fernröhren den Cometen
am Tage zu sehen, wenn man davon gewusst hätte.

Indem ich die Einzelheiten meiner Athenischen Beobachtungen in besondern Capiteln
behandeln werde, mag für die allgemeine Erscheinung des Cometen Folgendes genügen.
Die nächsten Tage von Juli 1 bis Juli 7 gewährte der Comet an dem vollkommen heitern
mondlosen Himmel stets einen grossartigen Anblick, indem man ohne specielle Beobachtung
nicht sonderlich daran erinnert ward, dass die Helligkeit rasch abnahm, und dass seit
Juli 1 auch die Länge des Schweifes sich von 110° auf 70° vermindert hatte. In der
2. Juliwoche war der Comet für das Publikum schon kein Gegenstand der Aufmerksamkeit mehr, und die Meisten hielten dafür, dass er längst verschwunden sei.

Zu Ende Juli, als der Comet bei 44 und 47 Bootis stand, sah ich mit freiem Auge die
Schweiflänge noch 6°, das Licht des Kernes etwa vierter Grösse. Mit dem 6. August
ward der 4° oder 5° lange Schweif für das unbewaffnete Auge bereits ein schwieriger
Gegenstand. August 25 ward der Comet überhaupt für das freie Auge schwer sichtbar,
und erreichte etwa die sechste Grösse; der Schweif ward nur noch am Fernrohre gesehen.
Am 13. August, und wohl schon am 12., gewährte der Comet dem freien Auge genau
den Anblick des grossen Nebels in der Andromeda. August 29 sah ich den Cometen zuletzt und zwar sicher, noch ohne Fernrohr, am 31. August sicher nicht mehr; demnach
währte die Dauer der Sichtbarkeit für das unbewaffnete Auge zu Athen 62 Tage.

Der Schweif des Cometen.

Die Methode mit dem Visirstab, die ich in Wien anwandte, um 1858 die Richtung des
Schweifes am Donati-Cometen zu bestimmen, habe ich diesmal nicht versucht, sondern
mich darauf beschränkt, mit freiem Auge die Gränzlinien der beiden Seiten des Schweifes
in Argelander's Uranometrie zu verzeichnen. Demnach gelten alle darauf bezüglichen Zahlwerthe für das Gradnetz von 1840. Den Ort des Cometenkopfes = K gebe ich zwar

mehrfach beiläufig mit an, doch haben diejenigen, welche sich später mit Rechnungen über diesen Gegenstand beschäftigen, nicht nur die genauen Cometenörter für die betreffenden Zeiten aus den Ephemeriden zu entnehmen, sondern auch diese Oerter wegen der Praecession auf 1840 zu reduciren. Die Beobachtungen über die Lage des Schweifes, angestellt ohne Fernrohr, umfassen den Zeitraum von Juni 30 bis August 5. Ich unterscheide im Folgenden: Die linke (in *A. R.* folgende) verwaschene Seite von der rechten (in *A. R.* vorangehenden) schärfer begränzten Seite des Schweifes, und nenne jene *L*, diese *R*; die Richtung der Mittellinie des Schweifes, oder der optischen Axe dagegen nenne ich *A*; für meist beliebige Puncte des Gradnetzes in Argelander's Uranometrie setze ich die Lage des Schweifrandes an, also z. B. vom Kopfe beginnend:

Juni 30. Linke Seite = *L*. Kopf . . . (102° + 50°) (107° + 60°) (110° + 70°) etc.
rechte Seite = *R*. Kopf . . . (97,5 + 50) (91,5 + 60) (88 + 70) etc.

Um in der Charte die Figur des Schweifes zu construiren, wird also zuerst die Lage des Kopfes angegeben, dann z. B. für den linken Rand des Schweifes: α = 102° δ = + 50°, für die rechte Seite α = 97,5° δ = + 50° u. s. w. Jede in Parenthese eingeschlossene Doppelzahl bedeutet also die gerade Aufsteigung = α, und die Declination = δ eines Punctes vom Schweife, gültig für das Aequinox von 1840.

Juni 30.

Um 9 Uhr Abends schien der Schweif beiläufig 100° lang; seine viel grössere leicht zu erkennende Ausdehnung bemerkte ich erst später, als ich fand, dass er mindestens bis ξ Aquilae reichte, und also wenigstens 120° lang sein musste. Um 9 Uhr 15 Min. war die Krümmung des Schweifes gleich über dem Nucleus merklich nach links gerichtet, also in der scheinbaren Bahn vorangehend, die hohle Seite rechts nachfolgend, ähnlich wie bei Donati's Cometen. Bis zum Polarstern hinauf, also durch 45° etwa übertraf der Schweif alle Theile der Milchstrasse, und den hellsten Glanz des Zodiacallichtes, wie ich ihn je in Italien oder Griechenland gesehen habe. Um 11 Uhr war der nördlich über dem Horizonte aufragende untere Theil des Schweifes heller als die grossen Lichtwolken im Schützen, die südlich in grösserer Höhe standen, und vermochte einen deutlichen gutbegränzten Schatten zu werfen. Auf 25° bis 30° Erstreckung hin war der Schweif fächerförmig und faserig an den Rändern zertheilt, mit dem zartesten Lichte in den dunkeln Himmelsraum verlaufend, nur die Mittellinie zeigte beträchtliche Helligkeit. Von Polaris an ward er schwächer und schmäler bis 3°, während er unten wenigstens 9° Breite hatte; eine Breite, die Juni 29 und 24 unbedenklich auf 10° oder mehr gesetzt werden darf. Um 12 Uhr 16 Min. stand der Schweif wenigstens von den untern 40 Graden, senkrecht gegen den Horizont gerichtet, einem mächtigen Nordlichtstreifen vergleichbar. Die ganze Ausdehnung des Schweifes war aber viel zu gross, als dass ich ein sicheres Urtheil über eine etwaige Krümmung hätte gewinnen können. Um 11 Uhr 57 Min. stieg die Mondsichel empor, ohne den Glanz des Cometen zu beeinträchtigen. Um 13 Uhr 18 Min. ging die helle Mittellinie des Schweifes über den Polarstern. Für die Lage des Schweifes erhielt ich in dieser Nacht viele Angaben, doch muss ich die der Abendstunden auslassen, da sie der erforderlichen Genauigkeit entbehren.

11 Uhr 18 Min.

L	*R*
K	*K*
(102° + 50°)	(97,5° + 50°)
107 + 60	91,5 + 60

Um 13 Uhr 29 Min. Axe = *A* über τ Draconis, Polaris und den Stern (95° + 79,8°).

11 Uhr 18 Min.

L		R	
K		K	
110°	+ 70°	88°	+ 70°
112	+ 80	80	+ 80
170	+ 89,7	20	+ 86,5
284	+ 80	320	+ 82,5
283	+ 70	300	+ 77
280	+ 60	294	+ 70
277	+ 50	289	+ 60
278	+ 40	286	+ 50
278	+ 30	285	+ 40
280	+ 20	283,5	+ 30
282	+ 16	283	+ 20
		284	+ 14

Um 14 Uhr 10 Min. Lage der rechten Seite = R, Stern (95° + 79,8°) Polaris, τ Draconis.

Juli 1.

Der Comet ging heute für Athen nicht mehr unter; die Beobachtung ward, wie fast immer, durch die höchste Reinheit des Himmels begünstigt. Der Schweif, gegen 110° oder darüber lang, war nur in den ersten 40 Graden beträchtlich hell, doch nicht merklich gekrümmt, dabei weniger breit als gestern; er reichte mindestens bis (270° + 10°); die ganze linke Seite war verwaschen, und sehr zart verlaufend; die ganze rechte Seite höchst scharf begränzt, sodass des Contrastes wegen der benachbarte Himmelsraum rechts am Cometen ungewöhnlich dunkel zu sein schien; ganz ähnlich wie vormals an Donati's Cometen. Die Beobachtung gab mit Hülfe der Uranometria nova folgende Gränzen:

9 Uhr 18 Min.　　　　　　10 Uhr 43 Min.

L		R		A	
K		K		K	
(110°	+ 55°)	(110°	+ 57,5°)	(155°	+ 76°)
120	+ 59,5	120	+ 66	178	+ 78
130	+ 65	130	+ 70,5	225	+ 74
140	+ 70	150	+ 78	255	+ 55
150	+ 75	180	+ 79,5	265	+ 28
210	+ 75	230	+ 75	270	+ 10
230	+ 71	250	+ 65		
240	+ 66,5	260	+ 53		
250	+ 60	265,8	+ 40		
260	+ 46,5	268	+ 30		
265	+ 35	270	+ 20		
270	+ 10	270	+ 10		

Die fächerförmige Verbreitung des Lichtes an der linken Seite ging über ο Ursae hinaus, und halbwegs bis λ Ursae majoris. Dieser untere Theil begann eine selbstständige Figur zu bilden, einen breiten vom Nucleus auslaufenden Fächer, aus welchem gesondert und heller der mehr nach rechts stehende Hauptschweif aufstieg. Dies war an den folgenden Abenden besser ersichtlich.

Die fünfte Figur auf Taf. II giebt in genauer Weise die Vertheilung des Lichtes, und die Existenz zweier Nebelconoïde zu erkennen, deren inneres und helleres schief gegen das äussere gestellt war. Wenn man davon spricht, dass an der Stelle der dunklen Linie im Donati-Cometen bei dem jetzigen eine helle Linie erschienen sei, so ist das höchst irrig, und wird bleibend unserer Auffassung von dem Baue dieser Körper schaden. Die jetzige helle Mittellinie im Schweife war nur die eine helle Seite des innern Conoïds, während eine weniger helle, vergleichungsweise selbst dunkle Längszone hinter dem Kerne die Mittellinie des innern Conoïds bezeichnete, ähnlich, doch weniger schön und auffallend als am Donati-Cometen. Diesmal (1861) spielte der dunkle Raum hinter dem Kerne eine ganz untergeordnete Rolle.

Um 10 Uhr war die Breite des äussern Conoïdes am Sucher gesehen, und in 4,5° Abstand vom Kerne = 3,15°, oder = 3° 9'.

Juli 2.

Glanz und Breite des Schweifes waren seit gestern verringert: er erschien rechts schärfer begränzt, doch weniger vollkommen als gestern, weil die Fächerfigur des Lichtes über dem Nucleus sich jetzt auch etwas über die rechte Seite verbreitete. Nur die untern 10° waren glänzend, selbst noch schattenwerfend, heller als jedes Zodiacallicht, heller als die grossen Sternwolken der südlichen Milchstrasse. Am Fernrohr fehlte der helle mittlere Streifen, d. h. genau ausgedrückt: es liess sich das innere Conoïd von dem äussern nicht unterscheiden. Die Länge des Schweifes mochte 110° betragen; die Breite wechselnd von 4,2° bis 1,7°. Die Lage des Schweifes war diese: zunächst für die Axe:

8 Uhr 52 Min. $A \ldots K$ Dann: ♉ Draconis, π Herculis, γ Ophiuchi (etwas unsicher).

8 Uhr 59 Min.		11 Uhr 0 Min.	
L	R	L	R
K	K	K	K
(130° + 62,5°)	(130° + 66°)	(130° + 62,8°)	(130° + 65°)
140 + 65	140 + 70	140 + 63,7	140 + 68,5
150 + 69	170 + 73,5	150 + 65	150 + 70,7
180 + 72	210 + 71	160 + 68	180 + 74
210 + 69	230 + 66	170 + 71,2	210 + 71
230 + 63	240 + 60,5	200 + 70	220 + 68,2
240 + 57	250 + 52	220 + 66	230 + 65
250 + 45	260 + 36,5	230 + 62	240 + 58,5
260 + 28,5	267 + 20	240 + 56,5	250 + 50,5
265 + 15	268 + 10	250 + 46,5	260 + 35
265 + 5	265 + 5	260 + 27,5	267 + 3
		267 + 3	

Die Bestimmung um 11 Uhr ist die genauere.

Juli 3.

Der untere Theil des Schweifes ist an der linken Seite stark verwaschen, und im Meridiane von 180° noch gegen 6° breit; im Meridiane von 200° war er schon sehr schmal, und verlief mit einer Breite von 2,5° bis gegen α Ophiuchi, wo das Ende leicht von Jedermann erkannt wurde. Der Schweif hatte also noch gegen 90° Länge. Starkes Licht zeigten nur die untern 10 Grade. Es war (am Sucher) kein inneres Paraboloïd, keine helle oder dunkle Linie zu erkennen. Die Lage des Schweifes ergab sich wie folgt:

9 Uhr 38 Min.

L			R		
	K			K	
(150°	+	66,2°)	(150°	+	68,2°)
160	+	65,5	160	+	69,5
170	+	65	170	+	70,2
180	+	63,5	180	+	70,4
190	+	66	190	+	69,5
200	+	66,2	200	+	68
210	+	65	210	+	66,5
220	+	62,5	220	+	64
230	+	58,5	230	+	60,7
240	+	54	240	+	50
250	+	43,5	250	+	39,2
260	+	20,7	260	+	17
263,5	+	8	263,5	+	8

Juli 4.

Das Ende des Schweifes lag zwischen α und γ Ophiuchi; er war schmal, gerade und von einförmigem Lichte; am untern Ende glänzend, kaum schattenwerfend, breit, und in 2 Theile gespalten, sodass der untere fächerförmige Theil sich nach links beugte, und dort einen breiten kurzen sehr matten Nebenschweif bildete. Die Lage beobachtete ich folgendermaassen:

8 Uhr 42 Min. A . . . K. ι Draconis, τ σ η Herculis. Mitte zwischen δ Herculis und dessen Nachbarn, 2° Ost α Ophiuchi.

9 Uhr 42 Min. Ende des Schweifes wohl bei ρ Ophiuchi; rechts ist er etwas schärfer; bei α Draconis scheint die Spaltung zu beginnen.

11 Uhr 1 Min. R. ι Draconis, fast τ Herculis, Nachbar von δ Herculis, ρ Ophiuchi. L. (195° + 60°) ≃ Bootis, ι κ Bootis, (210° + 63°) wo der dunkle Zwischenraum die Theilung zwischen beiden Schweifarmen andeutet. Ferner links, α ι Draconis, τ Herculis, g Herculis, ι und δ Herculis, fast α Ophiuchi.

11 Uhr 5 Min. A . . . K. ι Draconis, η Herculis.

Die Verzeichnung in Argelander's Uranometrie ergab:

11 Uhr 10 Min.

L		R		Hierbei ist zu bemerken, dass die der linken Seite
(161° + 64,5°)		(161° + 66,5°)		entsprechende Curve eingebogen und zurückge-
170 + 66		170 + 68		krümmt ist, weil sie den linken matten Neben-
180 + 64		180 + 68,5		schweif mit umfasst, sodass bei (210° + 64°)
190 + 61,5		190 + 68,5		die Gabelung beginnt, und von da an die Zahlen
200 + 59		200 + 67		sich auf die linke Seite des langen Hauptschweifes
210 + 54		210 + 65,5		beziehen. Für das Ende finde ich im Originale
220 + 51		220 + 63		(208° + 4°); es muss aber in (262° + 4°) ver-
225 + 49		230 + 60,5		ändert werden, wie bereits geschehen ist.
225 + 54		240 + 54,5		

11 Uhr 10 Min.

L			R		
220	+	57	250	+	43
213	+	60	256	+	30
210	+	64	260	+	20,5
220	+	61,7	262	+	4
230	+	58,5			
240	+	52			
250	+	30			
255	+	30			
260	+	19			
262	+	4			

Juli 5.

Die allgemeine Abnahme sehr beträchtlich, doch gewährte der gegen 90° lange Comet noch einen imposanten Anblick.

9 Uhr 0 Min. *A . . . K.* τ Herculis, η Herculis, Mitte von δ Herculis und dessen Nachbarn.

12 Uhr 56 Min. *A . . . K.* (227° + 56°) τ σ η Herculis, δ Herculis und dessen Nachbar; von da an sehr schwach.

Die Figur des Schweifes war im Ganzen noch die gestrige; doch mit der Aenderung, dass die schärfere rechte Seite eine Einbucht in (192° + 67°) zeigte, wo gerade ein Stern 5ter Gr. diese Formation bezeichnete. An dieser Stelle machte der Rand des Schweifes rechts einen Winkel von etwa 170°, sodass 2 Schweife existiren, deren längerer, rechts gelegen, sich aus dem untern, nach links geneigten matten Fächer entwickelte. Die Länge mochte 85° betragen. Der Nebenschweif ragte über κ Bootis hinaus.

Juli 6.

Die untern 5 bis 6 Grade des Schweifes noch recht hell, der Schweif an der rechten Seite eingebogen und wegen des Nebellichts an der linken Seite als doppelt anzusehen; dieser linke Theil verlief sehr schwach gegen θ und κ Bootis. Die Einbiegung rechts lag in (208° + 64°). Die allgemeine Figur wird durch folgende Punkte darstellbar.

9 Uhr 0 Min. *A . . . K.* (241,5° + 47,5°) τ Herculis sehr nahe, (250,5° + 25°) (264° + 12°). Das Ende sehr schwer anzugeben, etwa 2° Ost von α Ophiuchi; Länge nahe 77°.

9 Uhr 18 Min. *L . . . K.* θ κ Bootis, φ η Herculis.

R . . . K. τ Herculis, σ Herculis, d und λ Herculis.

Juli 7.

Obgleich die Einbucht an der rechten kaum schärfern Seite nicht mehr erkannt wurde, schien doch die Gesammtrichtung des Schweifes eine Krümmung zu verrathen. Links war der Schweif auf eine viel weitere Erstreckung hin verwaschen als rechts, breit auslaufend, und gewiss bis κ Bootis reichend.

9 Uhr 4 Min. A ... $(210° + 62,5°)$ kleiner Stern links von ι Draconis, φ τ Herculis, ϵ Herculis, Nachbar von δ Herculis, von hier bis gegen α Ophiuchi.

11 Uhr 26 Min. A ... $(210° + 62,5°)$ $(220° + 61°)$ $(230° + 57°)$ $(240° + 47°)$ $(250° + 35,5°)$ $(260° + 22°)$ $(265° + 13°)$.

Juli 8.

Heute zeigte sich (am Sucher) sehr deutlich wieder die helle Mittellinie im untern Theile des Schweifes, d. h. es erschien wieder ein inneres helleres Paraboloïd von dem äussern getrennt; der dunkle Raum hinter dem Kerne war wenig auffallend. Am Refractor fand ich die Breite jener hellen Längszone, also die Breite der (im Fernrohre) rechten Seite des innern Paraboloïds $= 3,5'$, bei einem Abstande vom Kerne $= 20'$. Am kleinen Sucher sah man deutlich, dass jene helle Mittelzone, demnach diese Seite des innern Cometen-körpers, dem langen Hauptschweife angehöre. Ich hebe ausdrücklich hervor, dass jetzt wie Juli 1 diese Mittelzone gar nicht mit dem Kerne direct, sondern mit der Lichtströmung des Kerns zusammenhing, welche an der (im Fernrohre) rechten Seite den Anfang des innern Paraboloïds bildete. Die Intersection der linken Seite des innern Körpers, mit der linken Seite des äussern Körpers (im Fernrohre gesehen) bestimmte ich durch Einstellung und Ablesung; da ich aber Grund habe, einen Irrthum anzunehmen, so werde ich sie nicht mittheilen. Uebrigens war an dieser Stelle die Breite des innern Paraboloïds $= 15'$. Um 12 Uhr sah man deutlich mit dem Sucher die dunkle keilförmige Stelle, wo der linke matte Theil sich von dem rechten Hauptschweife absonderte (Tab. II, Fig. 6). Der Theil links war für das blosse Auge auf $\varkappa$ Bootis gerichtet, und reichte wohl bis μ Bootis. Nur sehr schwierig konnte das Ende des Hauptschweifes bis δ Herculis constatirt werden. Länge ungefähr 57°.

9 Uhr 20 Min. A ... K. $(225,5° + 56°)$ $(233° + 51°)$ ϵ Herculis.

12 Uhr 0 Min. A ... $(210° + 60°)$ $(220° + 57,5°)$ $(230° + 53°)$ $(240° + 46,5°)$ $(250° + 35,8°)$ $(257° + 26°)$.

Juli 9.

Die gestrigen Phänomene waren noch nahe dieselben. Die Theilung deutlich erkennbar, ebenso das hellere innere Paraboloïd, welches schief in der äussern ebenso geformten Hülle steckte. Der Punkt, wo für das freie Auge wie für den Sucher die beiden Schweife aus-einander gingen, lag um 9 Uhr 25 Min. in 13 Uhr 51,3 Min. $+$ 59° 54'. Die Lage des grossen Schweifes war fast identisch mit der gestrigen; er schien rechts geknickt, und zwar dort, wo das innere Paraboloïd das äussere durchbrach, ebenso wie früher. Gegen das Ende ward der Schweif breiter, sehr matt, bei ϵ Herculis den Blicken sich entziehend. Der linke Nebelschweif ist deutlicher geworden, und reicht bis μ Bootis.

Länge des grossen Schweifes etwa $= 50°$

     , , kleinen   , $= 28$

Die Gestalt der ganzen Figur ist durch folgende Angaben zu construiren:

11 Uhr 30 Min.

L	R	A
$(210° + 57,5°)$	$(230° + 61°)$	$(210° + 60°)$
$220 + 52,5$	$210 + 60$	$220 + 57,5$

11 Uhr 30 Min.

L		R		A	
230	+ 46	220	+ 58	230	+ 54
240	+ 45	230	+ 54	240	+ 46,5
250	+ 35,5	240	+ 48	250	+ 38,5
258	+ 28	250	+ 40,7	258	+ 28
		250	+ 30		

Juli 10.

Grösse und Glanz des Cometen zeigten sich sehr vermindert; der Schweif war nicht mehr doppelt, rechts noch eingebogen und wenig schärfer begränzt. Auch eine hellere Mittellinie im untern Theile des Schweifes noch kenntlich, ohne die Seitenwände der äussern Hülle (wie vormals) zu durchschneiden. Der Schweif verlief breit und fächerförmig in der Gegend von ι und ω Herculis. Länge gegen 48°; einigermaassen hell waren nur die untern 7 bis 8 Grade.

9 Uhr 0 Min.

L		R		A	
K		K		K	
(238°	+ 44°)	(229°	+ 52,7°)	(217°	+ 56°)
245	+ 38	234	+ 51,5	257,5	+ 33
249	+ 34	ν φ Herculis.			
ι Herculis		τ Herculis.			

Juli 11.

9 Uhr. Bis τ φ Herculis war der Schweif noch gut sichtbar, von da an aber schwer zu erkennen, und liess sich nur mit Mühe wenig über τ Herculis hinaus verfolgen. Die ganze Länge betrug noch 36°; der Schweif war fächerförmig, nicht mehr doppelt, und eine hellere Mittelzone kaum noch angedeutet.

9 Uhr 10 Min.   11 Uhr 30 Min.

A		L		R		A	
K		K		K		K	
(216,9°	+ 56,1°)	(230°	+ 52,5°)	(230°	+ 56°)	(230°	+ 55°)
212,8	+ 57,5	230	+ 47	230	+ 51,5	230	+ 50
τ φ Herculis		240	+ 42	240	+ 46	240	+ 44
		250	+ 36	250	+ 38	252	+ 37
		252	+ 37	252	+ 37		

Juli 12.

Ehe noch die Mondsichel unterging, liess sich der Schweif bis φ τ Herculis erkennen. Gegen 11 Uhr erschien der Schweif etwa 33° lang; er war fächerförmig, und am Ende bei τ Herculis sehr breit.

Um 9 Uhr 16 Min. wird die Mittellinie des untern hellen Schweifstückes durch 2 kleine Sterne von folgender Position bestimmt: 14 Uhr 17,5 Min. + 56° 32'; 14 Uhr 31,9 Min. + 55° 27' gültig für 1861; eingestellt am Refractor. Der letztere Stern wird genauer nach Argelander's Zone 5 Nr. 28 genommen.

11*

10 Uhr 54 Min. $L \ldots K.$ $(210° + 54°)$ $(220° + 51°)$ $(230° + 46°)$ $(240° + 41°)$ $(249° + 37°)$.
$R \ldots K.$ $(230° + 51°)$ $(240° + 46°)$ $(249° + 37°)$.

Juli 13.

Nach Untergang des Mondes war der Schweif gut sichtbar bis χ τ φ υ Herculis, breit und fächerförmig endend. Für die Lage der Mittellinie des untern Schweifstücks diente ein Stern 7ter Gr. — x, dessen Position die Einstellung am Refractor = 14 Uhr 38,9 Min. + 54° 18,6' ergab. Die Zeit war 8 Uhr 59 Min. Genauer findet man x nach Argelander's Zone 5 Nr. 33. Um 11 Uhr betrug die Länge des Schweifes 24°, die Breite am Ende 6°; nur die untern 5 bis 6 Grade waren augenfällig.

11 Uhr 0 Min. $L \ldots K.$ $(220° + 52,5°)$ $(230° + 45°)$ $(240° + 41°)$
$R \ldots K.$ $(220° + 55°)$ $(230° + 51,5°)$ $(240° + 46°)$

Juli 14.

Schweif sehr einförmig, breit und fächerförmig verlaufend, aber das Ende, selbst lange nach dem Untergange des Mondes so schwer zu fixiren, dass ich nur sagen kann, es lag in der Gegend von χ Herculis. Länge des Schweifes = 20°. Um 8 Uhr 48 Min. lag ein Stern 9,10 Min. in der Mittellinie des untern Schweifstücks, dessen Position ich durch Einstellung am Refractor zu 14 Uhr 42,8 Min. + 53° 25,8' bestimmte. Seine Verbindung mit dem Cometenorte zu dieser Zeit wird zur Kenntniss des Positionswinkels der mittlern Richtung des Schweifes führen.

11 Uhr 18 Min.

L	R	A
K	K	K
$(220° + 52°)$	$(220° + 54°)$	$(232° + 47°)$
$230 + 45$	$230 + 45,5$	$237 - 43$
$237 + 43$	$237 + 43$	

Juli 15.

11 Uhr; Schweif nach oben unbestimmt in Fächerform sich auflösend, wenigstens und gewiss bis $(235° + 46°)$ reichend, vielleicht 5° bis 7° weiter. Die Lage der Mittellinie des untern Schweifstückes wird um 10 Uhr 40,6 Min. durch den Stern Argelander's Zone 1 Nr. 38 bestimmt. Um 11½ Uhr bemerkte ich am Refractor, dass der Schweif noch gespalten, oder doch durch eine dunkle, 1—2 Bogenminuten breite Linie getheilt sei. Diese Linie, etwa der Mitte der Figur entsprechend, begann in 22' vom Nucleus. Länge des Schweifes etwa 14°.

11 Uhr 30 Min. $L \ldots K.$ $(220° + 52°)$ $(230° + 46°)$ $(235° + 46°)$
$R \ldots K.$ $(220° + 53°)$ $(230° + 49°)$

Juli 16.

Nach Untergang des Mondes hatte der Schweif noch die gestrige Form und war schwer bis $(231,5° + 48°)$ zu verfolgen. Für 9 Uhr 50 Min. dient ein Stern in 14 Uhr 33,6 Min.

+ 53° 35,2′ zur Ermittelung des Positionswinkels vom Schweife. Länge des Schweifes nach Mitternacht = 11°.

12 Uhr 54 Min. L ... K (220° + 52°) (225° + 48,5°) (230° + 48°) 231,5° + 48°)
                 R ... K (220° + 54°) (230° + 49,5°) (231,5° + 48°)

Juli 17.

Von hier an enden die Beobachtungen mit freiem Auge, weil das Mondlicht überhand nahm, und das Licht des Cometen zu sehr abgenommen hatte. Deshalb stellte ich von nun an die Sterne, die in der Axe des Schweifes lagen, oder seine Axe selbst in die Mitte des Feldes vom Refractor, las Stundenwinkel und Declination ab, und bestimmte die Local-correction des Instrumentes theils nach benachbarten Sternen, theils nach der Position des Cometen selbst, falls ich diese durch die vorgängige Beobachtung gefunden hatte. Im Folgenden erscheinen also telescopische Angaben für beliebige Punkte in der Axe des Schweifes, welche (gültig für 1861) und verbunden mit der Position des Nucleus, zur Kennt-niss des Positionswinkels der Mittellinie des Schweifes führen. Diese Werthe gebe ich zu-nächst, und lasse sonstige Angaben über den Schweif später folgen. Alle mit dem Athe-ner Refractor abgeleiteten Positionen solcher Punkte sind durchschnittlich mit Fehlern von wenigstens ± 1 Minute im Bogen behaftet, namentlich in A. R.; manche mögen genauer sein. Solange es irgend anging, habe ich solche Punkte in möglichst grossem Abstande vom Kerne des Cometen zur Beobachtung ausgewählt, mochten es nun Sterne sein, oder bloss Punkte der Schweifaxe, die sich durch diesen oder jenen Anhalt hinlänglich fixiren liessen. K ist immer die scheinbare Position des Nucleus.

	Uhr Min.			Uhr Min.					
Juli 17.	9	32	... K ...	14	36,4	+ 53°	10′		
» 23.	9	41	... K ...	Stern fünfter Gr. = Argelander's Zone. 2 Nr. 24.					
» 24.	8	31	... K ...	15	0.4	+ 49	15,7		
» 26.	8	28	... K ...	Stern 47 Bootis, besser aber 15 Uhr 0 Min. 30 Sec. + 48° 43,9′					
		Uhr Min. Sec.							
» 27.	8	25	... K ...	14	55	54 + 49°	9,3′		
» 28.	8	29	... K ...	15	7	35 + 47	44,8		
» 28.	8	31	... K ...	14	57	9 + 48	50,3	Diese Angabe vielleicht irrig.	
» 29.	8	39	... K ...	15	14	3 + 47	33,7		
» 30.	8	41	... K ...	15	10	8 + 47	36,7		
» 30.	8	46	... K ...	15	2	27 + 48	12,7		
» 31.	8	24	... K ...	15	6	20 + 47	34,0		
» 31.	8	26	... K ...	15	1	46 + 48	1,6	2 Beob.	
Aug. 2.	8	26	... K ...	15	3	57 + 47	27,6		
» 2.	8	28	... K ...	14	51	13 − 46	55,5	wohl irrig?	
» 2.	8	30	... K ...	14	52	21 + 47	43,0		
» 3.	8	50	... K ...	15	15	14 + 47	1,0		
» 3.	8	52	... K ...	15	10	13 + 47	9,8		
» 3.	8	54	... K ...	15	6	2 + 47	21,3		
» 3.	8	56	... K ...	15	3	59 + 47	26,8		
» 4.	8	24	... K ...	15	13	50 + 46	24,0		
» 4.	8	25	... K ...	15	9	20 + 46	53,7		

		Uhr	Min.			Uhr	Min.	Sec.			
Aug.	4.	⋇	31	...K...	15	15	34		+	46° 29,3′	
„	5.	⋇	40	...K...	15	9	34		+	46 51,0	
„	5.	⋇	41	...K...	15	12	55		+	46 40,7	
„	5.	⋇	43	...K...	15	6	40		+	47 2,7	
„	6.	⋇	18	...K...	15	6	51		+	46 54,8	
„	6.	⋇	20	...K...	15	⋇	32		+	46 46,8	
„	7.	⋇	34	...K...	15	8	54		+	46 36,4	
„	8.	⋇	40	...K...	15	11	56		+	46 26,0	
„	⋇.	⋇	38	...K...	15	10	1		+	46 28,1	Ort eines Sterns 9ter Gr.
„	9.	9	0	...K...	15	11	16		+	46 19,0	
„	10.	8	37	...K...	15	12	30		+	46 5,9	
„	11.	⋇	16	...K...	15	12	47		+	46 1,8	
„	12.	8	33	...K...	15	14	54		+	45 48,8	
„	13.	8	9	...K...	15	14	52		+	45 43,3	
„	13.	⋇	13	...K...	15	15	1		+	45 41,4	
„	13.	⋇	14,7	...K...	15	14	13,7		+	45 44,43	Stern 12ter Gr. Ort sehr genau
„	14.	⋇	33	...K...	15	15	45		+	45 34,0	bestimmt.
„	15.	⋇	19	...K...	15	16	51		+	45 25,7	
„	16.	8	7	...K...	15	17	46		+	45 13,7	sehr schwierig.
„	23.	7	51	...K...	15	25	44		+	44 22,6	
„	24.	⋇	8	...K...	15	27	42		+	44 17,7	2 Beob.
„	25.	⋇	3	...K...	15	28	22		+	44 11,4	2 Beob.
„	26.	8	17	...K...	15	29	53		+	44 4,0	2 Beob.
„	30.	⋇	5	...K...	15	33	40		+	43 41,4	2 Beob.
„	31.	7	57	...K...	15	35	13		+	43 32,0	2 Beob.
Sept.	1.	8	5	...K...	15	36	6		+	43 26,7	2 Beob. Min. der A. R. um + 1 unsicher.
„	2.	7	52	...K...	15	37	33		+	43 24,3	unsicher
„	4.	7	57	...K...	15	39	43		+	43 14,0	2 Beob.

Von dieser Zeit an liessen sich solche Beobachtungen nicht mehr ausführen, denn, obgleich sich der Schweif noch im October am Refractor erkennen liess, verloren die Einstellungen alle Sicherheit, wegen der unregelmässigen und veränderlichen Figur und wegen der Schwäche jenes schon seit Ende August sehr matten Nebels. Um aber die obigen Zahlwerthe näher zu prüfen, ist es erforderlich, auch die folgenden Bemerkungen über den Schweif des Cometen zu berücksichtigen.

Fernere Beobachtungen über den Schweif.

Juli 19. Bei hellem Mondschein war der Schweif für das freie Auge noch ½° lang; im Sucher 2°.

Juli 20. Der Vollmond liess für das blosse Auge kaum noch eine Spur des Schweifes erkennen.

Juli 22. Der Vollmond hinderte nicht, etwas vom Schweife zu sehen, der sich im Fernrohr mit ungleich hellen Aesten darstellte, wie diese beiderseitig von dem Kerne sich zurückkrümmten.

Juli 24. Nun der Mond nicht mehr störte, sah ich ohne Fernrohr den Schweif noch

4° bis 5° lang. Ebenso am folgenden Abende, da der sternartige Nucleus mit dem matten Lichte des Schweifes einen auffallenden Contrast bildete.

Juli 27. Etwa 6° bis 7° lang erschien der Schweif dem freien Auge; hell nur im ersten halben Grade. Aehnlich bis Aug. 1, bis wohin der Schweif sich kaum merklich veränderte; dann nahe dasselbe von Aug. 2 bis Aug. 6, als der Schweif bei 4½° Länge für das unbewaffnete Auge schwierig zu erkennen war.

Aug. 13. Bis zu diesem Tage hatte der Schweif stets abgenommen, und der Comet glich heute, ohne Fernrohr betrachtet, ganz dem Nebel der Andromeda, der zwar am Sucher eine über 3° lange Axe hat, dem freien Auge jedoch sich kaum grösser als ½° darstellt.

Aug. 17—20 war das Mondlicht so stark, dass selbst am Refractor der Schweif nicht immer sicher erkannt, viel weniger vermessen werden konnte.

Aug. 24, als der Comet (ohne Fernrohr gesehen) das Licht der Sterne 6ᵐ hatte, war der Schweif unsichtbar.

Aug. 25. Am Refractor zeigte sich der Schweif breit und fächerförmig, links heller, rechts unbestimmt und breit verlaufend; im Kleinen dasselbe wie Anfangs Juli. Die Einstellung für Findung des Positionswinkels bezieht sich auf den nördlichen hellen Arm des Schweifes; ebenso Aug. 26, als ich in 25′ Abstand vom Kerne die Breite des Fächers zu 20′ bestimmte.

Aug. 29. Die Fächerform ausgezeichnet, aber links nicht mehr heller, und das Ganze so matt, dass ich die Einstellung unterliess.

Aug. 30. Schweif wieder schmal und heller, demnach zur Einstellung geeignet; ähnlich Aug. 31, Sept. 1.

Sept. 2. Der breite fächerförmige Schweif ist doppelt, links heller und länger; eine Wiederholung der Phänomene im Anfange des Juli. Sept. 3—5 ähnlich; es scheinen die äussern Ränder des Schweifes nicht gerade Linien zu bilden, sondern sich nach auswärts zu krümmen.

Sept. 22. Schweif schwer wahrnehmbar, kaum 7′ lang (am Refr.). Sept. 24 bei ebenso heitrer Luft erschien der Schweif wieder fächerförmig und 30′ lang.

Oct. 1. Schweif am Refractor nicht mehr kenntlich; aber Oct. 2 bei ebenso klarer Luft erschien die freilich höchst matte Spur des Schweifes mindestens 20′ lang. Oct. 4 Schweifspur zweifelhaft. Auch Oct. 7 war noch eine Spur des Schweifes vorhanden.

Scheinbare Dimensionen des Schweifes, beobachtet mit freiem Auge.

In der Zeit, als die Länge des Schweifes von 120° bis etwa 10° abnahm, ward Lage, Gestalt und Länge, wie oben mitgetheilt, durch Verzeichnung in Argelander's Uranometrie bestimmt. Da aber kein Blatt dieser ausgezeichneten Charten das Bild eines so riesigen Cometen fassen kann, und man es stückweise auf verschiedene Blätter bringen muss, so zeigt sich der bedauerliche Mangel einer grossen Polarcharte, die für solche Fälle, für Beobachtungen über das Zodiacallicht, über die Feuermeteore und Nordlichter von hohem Nutzen sein würde. Ich habe für gut befunden, die Schweiflängen der ersten 14 Tage auf dem Globus zu construiren, und halte demnach die folgenden Zahlen für definitiv, welche die sicher nicht übertriebenen, sondern eher noch zu geringen Längen des Schweifes, gesehen unter der höchsten Klarheit des attischen Himmels, darstellen. Für die Zeit der

Sichtbarkeit des Schweifes sind aber die Abende ausgeschlossen, an denen der Mond mehr als 40° erleuchtet war, und höher als 1° über dem Horizonte stand. Meine Beobachtungen sollen frei von allen äussern Einwirkungen sein, und darauf halte ich um so mehr, weil Störungen durch Wolken oder dunstige Luft nicht vorkamen; denn die wenigen wolkigen Stunden, die von Ende Juni bis Ende October wirklich störten, wurden zur Beobachtung überhaupt gar nicht benutzt.

		Uhr	Länge.	Max. d. Breite.	Mittlere Breite.
Juni.	30.	11,6	122°	9° unten	5,0°
Juli.	1.	9,3	114	6 »	2,7
»	2.	11,0	107	6 »	2,7
»	3.	9,6	93	6 »	2,5
»	4.	11,1	84	4 »	2,0
»	5.	12,9	78	4 »	1,5
»	6.	9,0	74		
»	7.	11,4	70		
»	8.	12,0	53		
»	9.	11,5	49		
»	10.	9,2	44		
»	11.	9,2	36		
»	12.	9,4	33		
»	13.	11,0	24	6 oben	2
»	14.	11,3	20		
»	15.	11,5	14		
»	16.	12,9	11	(Nach Juli 16 hindert der Mondschein.)	
»	23.	9,0	5		
»	24.	9,0	5	Breite = 17′ in 20′ Abstand vom Kerne.	
»	25.	9,5	4		
»	26.	9,0	7		
»	27.	9,0	6,5		
»	28.	9,5	5,5		
»	29.	9,0	7,5		
»	30.	9,0	6		
»	31.	9,0	6	Breite — 12′ in 37′ Abstand vom Kerne.	
Aug.	1.	8,5	5		
»	2.	8,5	6		
»	3.	9,0	6		
»	4.	9,0	5		
»	5.	9,0	5,5		
»	6.	8,5	4,5		
»	7.	8,5	3		
»	8.	9,0	3		
»	9.	8,5	2,7		
»	10.	8,5	2,5		
»	11.	8,5	1,5		
»	12.	8,5	2	Comet gleicht dem Andromeda-Nebel.	
»	13.	8,5	1		
»	14.	8,5	0,5	Nach Aug. 14 hindert der Mondschein.	

Scheinbare Dimensionen des Schweifes, beobachtet am Fernrohre.

		Uhr	Länge	Breite	
Aug.	23.	8,0	0,5°		(beobachtet am Kleinen Sucher)
»	24.	8,0	0,9		
»	25.	8,0	1,26	0,3°	
»	26.	8,0		Breite = 20' in 25' Abstand vom Kerne	
»	29.	8,0	0,5		
»	30.	8,0	0,9		
»	31.	8,0	0,83		
Sept.	1.	8,0	0,6		
»	2.	8,0	0,83		
»	4.	8,0	0,55		
»	5.	8,0	0,58		
»	7.	7,7	0,41	Von hier an hindert der Mondschein.	
»	22.	7,0	0,11	Beob. am Refractor.	
»	24.	7,0	0,50		
»	25.	7,0	0,50		
Octob.	1.	7,5	Schweif nicht sichtbar		
»	2.	7,0	0,33		
»	3.	bis Octob. 9 ist keine Schätzung mehr zulässig.			

Während also die Beobachtungen von Juni 30 bis Juli 13 auf dem Globus constructiv dargestellt wurden, ermittelte ich von Juli 13 bis Aug. 14 die Schweiflängen nur nach der Uranometria nova. Aug. 23 bis Sept. 7 ward die Schweiflänge mit Hülfe des kleinen Suchers am Refractor bestimmt; von da bis Octob. 3 aber am schwächsten Okulare des grossen Fernrohrs, indem der innere Durchmesser des Kreismikrometers zur Schätzung der Dimensionen diente.

· ·

Beobachtungen über den Kopf des Cometen.

I. Ueber die Helligkeit des Cometenkopfes.

In dreifacher Rücksicht habe ich diesmal annähernd die Lichtstärke des Cometen zu bestimmen versucht:

    a. Gesammtlicht des Cometenkopfes, beobachtet mit freiem Auge, und ausgedrückt in photometrischen Stufen, nach der Methode, die bei Beobachtung der veränderlichen Sterne angewandt wird.

    b. Gesammtlicht des Cometenkopfes, beobachtet mit freiem Auge, ausgedrückt in gewöhnlicher Weise nach Grössenklassen der Fixsterne.

    c. Helligkeit des sternartigen Cometenkernes, am schwächsten Okulare des Refractors bestimmt nach den Grössenklassen der Fixsterne. Hierbei kommt also das Licht der Coma, der leuchtenden Sectoren und sonstiger Phänomene nicht in Anschlag, sondern der Kern allein, solange er als solcher sich erkennen liess, ward seinem Glanze nach wie ein auf hellerm Hintergrunde liegender Fixstern geschätzt, wobei gewöhnlich benachbarte, und im Cometenschweife liegende telescopische Sterne dienten, deren Glanz früher schon von Lalande, Bessel, Rümker und Argelander angegeben ward. C bedeutet stets den Cometen.

	Uhr	a	b	c
Juni 30.	14,61	C 5,0 α Bootis; beide sehr tief in gleicher Höhe.	heller als 1ᵐ	
" 30.	15,5	C hält die Mitte von Capella u. Jupiter, oder Saturn u. Jup.		
Juli 1.	9,1	Helligkeit ungefähr wie gestern.	ebenso.	
" 2.	9,0	C 0,0 α Bootis (wie Donati's Comet Anfang Oct. 1858).	1	
" 3.	11,3	C — 2,0 α Bootis. C 3,0 α Urs. Maj.	1,2	6ᵐ
" 4.	8,7	C wenig heller als Polaris und α Urs. Maj.	2,1	
" 5.	9,0	C 1,0 α Urs. Maj. C 1,0 Pol. C — 5,0 α Bootis.	2,1	
" 6.	10,3	C 0,0 ι Ursae. C 1,0 Pol. C 1,0 α Urs. Maj.	2	
" 7.	9,1	C 0,0 ι Ursae. C 1,0 Pol. C 1,0 α Urs. Maj.	2	
" 8.	12,0	C 0,0 ζ η Ursae. C 0,5 Pol.	2	
" 9.	11,0	C 0,0 ζ η Ursae.	2	
10.	9,0	C — 1,0 η Ursae. C 0,0 Polaris.	2,3	
11.	9,2	C — 3,5 η Ursae. C — 2,5 β Ursae. C — 10,0 α Bootis.	3,2	
11.	11,6	C — 2,0 η Ursae. C — 1,0 β Ursae.	2,3	
12.	9,3	C — 3,0 η Ursae. C — 2,0 β Ursae. C 0,0 α Can. Ven.	3	
12.	10,7	C — 2,0 η Ursae. C — 1,0 β Ursae.	3,2	
13.	11,0	C — 3,0 η Ursae. C — 2,0 β Ursae.	3	
14.	9,5	C — 4,0 η Ursae. C — 3,0 β Ursae. C 1,0 ι Drac.	3,4	
15.	10,7	C — 5,0 η Ursae. C — 3,5 β Ursae.	3,4	
16.	8,6	C — 7,0 η Ursae. C — 5,0 β Ursae.	3,4	7,8
17.	9,6	C — 7,0 η Ursae. C — 5,0 β Ursae Maj.	4,3	
18.	11,0	C — 8,0 η Ursae. C — 3,5 β Ursae Min.	4,3	8
19.	11,0	C 3,5 ≏ Bootis. C 0,0 ι Drac.	id.	
20.	8,5	C 3,5 ≏ Bootis. C — 2,0 γ Bootis. C 0,0 ι Drac.	4	8
21.	12,0		4,3	
22.	9,7	C — 2,5 γ Bootis. C — 1,5 ι Drac.	4	8
24.	9,0	C 2,5 ≏ Bootis. C — 3,5 γ Bootis. C — 2,0 ι Drac.	4	
25.	9,5	C 1,5 ≏ Bootis. C — 4,0 γ Bootis.	4	
26.	8,5	C 0,5 ≏ Boot. C — 5,0 γ Boot. C — 3,0 ι Drac. C — 1,5 β Boot.	4	
27.	8,5	0,0 " — 5,5 " — 3,5 " — 2,5 "	4,5	9
29.	8,7	— 0,5 " — 6,0 " — 3,5 " — 3,0 "	4,5	9,8
30.	9,0		4	9,10
31.	9,0		4	
Aug. 1.	9,0		4,5	9,10
" 2.	8,7	C — 10,0 γ Boot. C — 5,0 ι Drac. C — 3,5 β Boot.	5	10
" 3.	9,0	— 5,0 " — 4,0 "	4	10
" 4.	9,0	— 5,0 " — 4,0 "	4,5	
" 5.	9,0	— 6,0 " — 5,0 "	4,5	9,10
" 6.	8,5	C — 2,0 (44) Boot. — 6,0 "	5	10
" 8.	10,5	— 1,0 " C — 1,5 ν Boot. — 8,0 " — 7,0 "	4,5	

	Uhr		*a*			*b*	*c*
Aug. 9.	9,5	C — 2,5 (44) Boot.				5	10
„ 10.	8,5	— 2,0	„ C — 2,5 v Boot.			5	10,11
„ 11.	8,5	— 2,0	„ — 1,0	„		5	10,11
„ 12.	12,2	— 2,5	„ — 3,0	„	C — 7,5 β Boot.	5	
„ 13.	8,2	— 3,0	„ — 2,0	„		5	10
„ 14.	8,5	— 4,0	„			5,6	
„ 16.	9,0	Com. gleich oder schwächer als Andromeda-Nebel.				5,6	
„ 23.	8,0	C — 1,0 φ Bootis.				6	
„ 24.	8,0	— 2,0	„			6	
25.	8,0					6	
„ 29.	8,0					6,7	
Oct. 7.	7,0						13

Aug. 29 erschien der Comet zuletzt dem freien Auge. Octob. 7 zeigte sich ausnahmsweise seit langer Zeit wieder der sternartige höchst feine Kern, durchschimmernd in der Nebelhülle, und nur etwa vom Lichte der Sterne (13ter Grösse); später sah ich den Cometen mehrfach in November und December, zuletzt 1862 Feb. 6, als äusserst kleinen und schwachen Nebel.

Sichtbarkeit des Cometen am Tage.

Am Morgen des 1. Juli war es möglich, den Kern des Cometen am Refractor zu sehen, als die Sonne aufging, und noch einige Minuten länger. Später zeigte er sich nicht anders, als wenn die Sonne unter dem Horizonte war. Bis Juli 7 oder 8 konnte ich 13 bis 17 Minuten nach Sonnenuntergang den Kern soeben im Refractor sehen. Für das unbewaffnete Auge fand ich Folgendes:

Comet nach Sonnenuntergang zuerst erkannt.	Comet vor Sonnenaufgang zuletzt erkannt.
Min.	Min.
Juli 1. 33 Comet schon recht deutlich	24,5 (genaue Beob.).
„ 2. 28 „ „ „	22,5 „ „

Der Comet stand jedesmal im Bereiche der hellen Dämmerung, und zur Zeit seiner ersten Sichtbarkeit Abends, etwa 7 Uhr 45 Min. bis 7 Uhr 55 Min. waren damals keine Sterne der dritten Grösse im Zenithe sichtbar, in der Gegend aber, wo der Comet stand, überhaupt gar keine Sterne; es war unter dem Glanze der reinsten Abendröthe so hell, dass die meisten Tagesgeschäfte noch versehen werden konnten.

II. Die Coma.

Coma nenne ich den ganzen nebligen Körper, der den Kern umgiebt, und als der Anfang des Schweifes zu betrachten ist. Die Coma umschliesst also auch sämmtliche Phänomene der Ausströmungen, die im Kern ihren Anfang nehmen, und an der Bildung der Coma und des Schweifes den grössten Antheil haben. Von dieser Coma habe ich geschätzt oder gemessen den Scheitelradius $= r$, und den halben Parameter $= p$. Geschätzt zum Theil nach dem Durchmesser des Ringmikrometers, gemessen, wenn die äussere Begränzung eine

12*

Beobachtung des Durchganges am Kreismikrometer gestattete. Wie in dem Tableau der Schweiflängen, wird man auch im Folgenden jene regelmässige Veränderung der angesetzten Werthe vermissen, welche in Zahlen ausgedrückt angenehmen Eindruck macht, und oft am unrechten Orte als Beweis der Sorgfalt solcher Beobachtungen angesehen wird. Die Aenderungen der Grösse und des Lichtes an diesem Cometen waren ebenso grossartig als (anscheinend) unregelmässig. Unter Scheitelradius r verstehe ich den Halbmesser der Coma, welcher vom Kerne des Cometen gegen die Sonne gerichtet ist. ρ nenne ich dieselbe Grösse, gesehen aus der Entfernung $= 1$, ρ' dieselbe ausgedrückt in Erdhalbmessern; r und ρ gebe ich in Bogenminuten; π in Entfernung $= 1$, π' in Erdhalbmessern, beziehen sich auf den halben Parameter.

	Uhr	r	ρ	ρ'		p	π	π'	
Juni 30.	15,0 ~	35'(?)	4,73'(?)	33	Erdhalbmesser.	40'(?)	5,40'	38	Erdhalbmesser.
Juli 1.	9,1 =	20	2,86	20		23	3,29	23	
„ 3.	9,5 =	20	3,42	24		22	3,77	26	
„ 4.	15,3 =	18	3,35	23		18	3,35	23	
„ 5.	9,0 =	25	5,29	37		27	5,71	40	
„ 6.	10,3 =	—	—	—		36	8,53	60	
„ 7.	9,0 =	—	—	—		26	6,83	48	
„ 9.	9,0 =	17	5,32	37		20	6,27	44	
„ 10.	12,7 ~	14,5	4,95	35		16,5	5,63	39	
„ 11.	9,2 =	13,5	4,98	35		14,5	5,35	37	
„ 12.	10,7 ·	13	5,14	36		15	5,93	41	
„ 14.	9,0 =	11	4,95	35		—	—	—	
„ 15.	11,5 =	10,5	5,01	35		—	—	—	
„ 24.	9,0 -	5,0	3,00	25		5	3,60	25	
„ 26.	8,8 =	5,5	4,26	30		—	—	—	
„ 27.	8,8 -	5,0	4,00	28		5	4,00	28	
„ 28.	9,0 =	5,0	4,13	29		—	—	—	
„ 29.	9,0 =	6,5	5,53	39		6,5	5,52	39	
„ 30.	9,0 =	6,0	5,27	37					
„ 31.	9,0 =	7,0	6,33	44					
Aug. 1.	9,0 =	9,0	8,36	58					
„ 2.	8,7 =	8,0	7,63	53					
„ 3.	8,5 =	8,0	7,86	55					
„ 4.	8,5 =	7,0	7,05	49					
„ 5.	8,5 =	8,0	8,25	58					
„ 6.	8,5 =	6,5	6,84	48					
„ 7.	8,5 =	6,5	7,01	49					
„ 8.	8,7 =	6,0	6,64	46					
„ 10.	9,5 =	5,0	5,76	40					
„ 22.	8,0 =	2,5	3,16	22					
„ 24.	8,0 =	4,5	6,66	47					
„ 25.	8,0 =	3,2	4,80	34					
„ 26.	8,0 =	4,5	6,85	48					
„ 29.	8,0 =	5,0	7,93	56					
„ 30.	8,0 =	4,0	6,43	45					

Aug. 31.	8,0 = 3,5'	5,71'	40	Erdhalbmesser.
Sept. 1.	8,0 = 3,2	5,28	37	
» 2.	8,0 = 3,2	5,34	37	
» 4.	8,0 = 4,0	6,88	48	
» 5.	7,7 = 3,25	5,62	39	
» 7.	7,7 = 3,0	5,31	37	
» 22.	7,5 = 3,7	7,60	53	
» 24.	7,2 = 3,2	6,67	47	
» 25.	7,0 = 3,1	6,52	46	
» 26.	7,5 = 3,15	6,67	47	
» 27.	7,0 = 3,1	6,63	46	
Octob. 1.	7,1 = 2,55	5,62	39	
» 2.	7,0 = 2,85	6,37	45	
» 4.	7,0 = 2,43	5,48	38	
» 7.	7,0 = 2,71	6,23	44	
» 23.	6,7 = 2,13	5,41	38	
» 25.	6,8 = 2,16	5,53	39	
» 26.	6,7 = 2,13	5,48	38	
» 27.	6,9 = 2,03	5,25	37	
» 28.	7,5 = 1,67	4,34	30	
Nov. 1.	6,3 = 1,78	4,72	33	
» 4.	7,5 = 1,00	4,30	30	
» 5.	6,5 = 1,40	4,33	30	
» 6.	8,7 = 1,67	4,54	32	
» 19.	6,5 = 1,50	4,30	30	
» 21.	6,5 = 1,21	3,50	24	
» 23.	7,0 = 1,00	2,91	20	
» 28.	6,5 = 1,10	3,27	23	
Dec. 3.	6,5 = 1,47	4,45	31	
» 5.	7,0 = 2,00	6,08	43	
» 22.	6,0 = 0,50	1,62	11	
Feb. 6.	14,0 = 0,25	0,93	6	

Wenn man die Werthe ρ, also den Scheitelradius, gesehen in der Entfernung $= 1$, durch eine regelmässige Curve darzustellen sucht, so erhält man Zahlen, die in abgekürzter Weise folgen mögen:

Juli 1. = 3,7'	Aug. 20. = 6,4'	Oct. 4. = 6,4	Nov. 18. = 4,2
» 6. = 4,2	» 25. = 6,6	» 9. = 6,2	» 23. = 4,0
» 11. = 4,5	» 30. = 6,6	» 14. = 6,0	» 28. = 3,8
» 16. = 4,9	Sept. 4. = 6,6	» 19. = 5,9	Dec. 3. = 3,6
» 21. = 5,2	» 9. = 6,6	» 24. = 5,6	» 8. = 3,4
» 26. = 5,5	» 14. = 6,6	» 29. = 5,3	» 13. = 3,3
» 31. = 5,8	» 19. = 6,6	Nov. 3. = 5,0	» 18. = 3,2
Aug. 5. = 6,0	» 24. = 6,5	» 8. = 4,7	» 21. = 2,9
» 10. = 6,2	» 29. = 6,4	» 13. = 4,4	
» 15. = 6,3			

Werden mit den so construirten Werthen die einzelnen φ verglichen, so zeigt sich seit Juli 9, von wo an die Beobachtungen erst genau werden, ein starker Zeichenwechsel, und man erhält die Quadratsumme der übrigbleibenden Fehler $\Sigma = 73{,}27$.

Construirt man aber eine Wellencurve, welche sich den einzelnen Angaben möglichst genau anschliesst, so schwindet der regelmässige Zeichenwechsel, und es ergiebt sich jetzt $\Sigma' = 33{,}77$.

Diese Curve, die freilich noch Manches zu wünschen übrig lässt, giebt nun die schon in Astron. Nachr. No. 1334 erwähnte Periode von fast 4 Wochen, in welcher abwechselnd eine Ausdehnung und Zusammenziehung der Coma stattfand. Es zeigen sich folgende Maxima:

Juli	7.	Periode .. 27 Tage.	
Aug.	3.	"	26 "
"	29.	"	24
Sept.	22.	"	23 "
Octob.	15.	"	30 "
Nov.	14.	"	— 24 "
Dec.	8.	"	"

Mittlere Periode = 25,7 Tage.

Die Minima dagegen ergeben: Die Werthe φ selbst in ihren Extremen sind:

						Maxima.			Minima.
Juni	30.	Periode	23 Tage.	Juli	7.	= 5,4'?	Juni	30.	3,0'?
Juli	23.	"	26 "	Aug.	3.	7,9	Juli	23.	3,6
Aug.	18.	"	22 "	"	29.	7,8	Aug.	18.	— 4,4 ?
Sept.	9.	= 24 "		Sept.	22.	7,7	Sept.	9.	4,7 ?
Octob.	3.	"	28 "	Octob.	15.	7,4	Octob.	3.	5,7
"	31.	"	26 "	Nov.	14.	5,9	"	31.	— 4,4
Nov.	26.	= 27 "		Dec.	8.	6,2	Nov.	26.	— 2,8
Dec.	23.	—	—	—		—	Dec.	23.	1,6

Mittlere Periode = 25,1 Tage

Lässt man die ersten 11 Tage, Juni 30 bis Juli 9 ausser Acht, weil die Beobachtungen theils unvollständig, theils wegen der Grösse der Coma nicht zuverlässig sind, so bemerkt man, dass auch die Extreme näher zusammenrücken, und dass man schliessen darf, es habe jene Variation der Coma im sechsten oder siebenten Monate nach dem Perihele ihr Ende erreicht.

Diese Untersuchung, die sich auf keine vorgängige Arbeit stützen konnte, weil niemals ernstlich an consequente Beobachtungen gedacht wurde, und weil namentlich auch das mitteleuropäische Klima solche Beobachtungen nur selten gestattet, giebt wenigstens zu erkennen, welche Aufschlüsse wir einst noch zu erwarten haben, wenn das Interesse in dieser Richtung sich erst vergrössert, und die Astronomen unter südlichen Breiten sich der Sache annehmen wollen. Ich selbst halte dies Resultat zwar noch für mangelhaft, nehme aber an, dass solche Hergänge sich wirklich in den Cometen zuweilen ereignen, und dass die Kritik über die Zulässigkeit der berechneten Werthe nur von denjenigen geführt werden dürfe, welche seit vielen Jahren mit so feinen und schwierigen Beobachtungen vertraut sind.

III. Der Kern.

Fast in jeder Nacht zwischen Juni 30 und Juli 30, so wie später noch verschiedene Male, prüfte ich den Kern mit starkem Okulare, indem ich 300 bis 500malige Vergrösserungen anwandte. Da die Luft meistens sehr stille war, und ich nur die Zeit der hellen Dämmerung (anfangs des Tageslichts) dazu benutzte, so war die Ueberzeugung von der Thatsache leicht zu gewinnen, dass der Kern stets weniger als zwei Bogensecunden Durchmesser hatte. Da nun das Fernrohr nicht ohne Irradiation sein wird, so schliesse ich nach Allem, namentlich nach dem Verhalten des Kerns im Tageslichte, dass er nicht mehr als eine Bogensecunde oder wenig darüber maass. Daraus würde sich ergeben, dass der als fest angesehene Körper des Cometen am 30. Juni 13½ geogr. Meilen im Durchmesser hielt. Bei allen grössern Cometen seit 1842, die ich in solcher Hinsicht mit starken Vergrösserungen prüfte, kam ich zu demselben Resultate, namentlich bei Donati's Cometen.

IV. Ausströmung des Kerns.

Erwägt man den allgemeinen Charakter der diesmaligen Erscheinung, ohne sich durch seltsame Einzelheiten verleiten zu lassen, so scheint mir richtig, dass dieser Comet sich nicht wesentlich durch seine Phänomene von denen der Jahre 1744, 1769, 1835 und 1858 unterschieden habe. Viele Analogie im Grossen fand statt zwischen Donati's und dem Cometen von 1861. Bei ersterem waren die Sectoren am Kerne schärfer und heller, bei diesem matter, verwaschener, und in sehr excentrischen Curven vom Kerne ausgehend, unterbrochen durch dunkle Gebilde, und wenigstens in ihrem Haupttheile einseitig gegen den Kern gestellt, indem zuweilen eine Gegenströmung, lichtschwächer und unbestimmter, an der andern Seite sich ausbildete, so namentlich Juli 1. Das Hauptresultat der Beobachtungen zu Athen, die keine Unterbrechung durch Wolken erlitten, bestätigte das ähnliche aus meinen Wiener Beobachtungen am Donati-Cometen, dass nämlich die Lichtsectoren, Bogen und Strömungskegel (Büschel) sich in kurzen Zeiten bilden, dass sie über eine gewisse Gränze hinaus nicht wachsen können, und dass man Messungen an verschiedenen Abenden durchaus nicht mit einander verbinden dürfe, weil die jedesmaligen individuellen Gestaltungen, der Entstehung nach zwar analog, nichts mit einander gemein haben, und demnach keinen Schluss gestatten über Bewegungen und deren Gesetze, die im Kerne vor sich gehen. Hierbei muss scharf Folgendes aufgefasst werden; z. B. ein Lichtbüschel a, von der Art etwa, wie Bessel ihn am Halley-Cometen vermass, zeigt sich nicht nur an verschiedenen Abenden, sondern auch unter verändertem Positionswinkel. Diese Figur a mag damals wirklich constant gewesen sein; jetzt 1861 war die analoge Erscheinung nicht constant, sondern es lässt sich nur sagen, dass der Comet in den ersten 10 Tagen das Bestreben hatte, ausser Anderm auch einen, zwei oder fünf solcher Büschel gegen die Sonne auszusenden, die in wenigen Stunden um das Doppelte ihrer anfänglichen Länge wuchsen und undeutlich wurden. An andern Abenden trat solche Erscheinung aufs Neue hervor; der Kern umgiebt sich an der Sonnenseite mit sehr dichtem Lichte; dieses wächst bis zur Gestalt eines (unvollkommenen) Sectors, der als Gränze 2 helle krumme Curven zeigt, und gelegentlich noch 2 andere. Diese Phänomen müssen für sich in kurzen Zeiträumen studiert werden; aber es ist sehr irrig und kann auf lange Zeiten hinaus unsere Kenntnisse von der Natur dieser Körper trüben, wenn man sowohl bei dem Donati-Cometen als bei diesem die Messungen von anscheinend ähnlichen Phänomenen an 2 oder 3 Abenden mit einander verbindet, und daraus Geschwindigkeiten, oder andere Hergänge abzuleiten versucht.

Der Hauptcharakter der Lichtströmung des Cometen II 1861 besteht in Folgendem:

$A B$ sei eine beliebige Begränzung der Coma; S der auf die Sonne gerichtete Punkt derselben; $c \alpha \beta \delta \gamma$ oder auch $c \alpha' \beta' \delta' \gamma'$ die allgemeine Figur des anomal gestalteten Strömungssectors (wie dieser von Juni 30 bis Juli 9 gesehen ward). Gesetzt man habe Juli 1 Abends 9 Uhr die Figur $c \alpha \beta \delta \gamma$ gesehen, in welcher $c \alpha$ und $c \gamma$ die beiden hellsten Begränzungen (Lichtbüschel) waren; $c \beta$ aber ein mittlerer und schwächerer Büschel. Solche Figur sieht der Beobachter vielleicht Juli 2 oder Juli 3 abermals wieder, und er wird, falls er sie das erste Mal nicht genau untersuchte, glauben dürfen, an allen 3 Abenden dasselbe gesehen zu haben. Das ist aber durchaus nicht der Fall (und war auch nicht der Fall bei Donati's Cometen); während Juli 1 Abends 9 Uhr die Figur $c \alpha \beta \delta \gamma$ gesehen und gemessen ward, zeigte sich um 12 Uhr die ganze Figur erweitert (und vermuthlich im Positionswinkel verändert), und um 15 Uhr, also 6 Stunden später, hatten sich alle Dimensionen um das Doppelte vergrössert, und bildeten nun die Figur $c \alpha' \beta' \delta' \gamma'$. Daraus folgt also, dass wenn Juli 2 Abends eine ähnliche Figur gesehen wird, die so gross erscheint, wie die vom Abende des 1. Juli, jene offenbar eine Neubildung sein müsse, die nach Juli 1, 15 Uhr ihren Anfang genommen hatte.

Dass wenigstens zeitweilig eine zweite, der erstern gegenüberstehende Strömung s stattfand, zeigt die Beobachtung des 1. Juli.

Die Beschreibung jener höchst merkwürdigen Phänomene kann kurz sein, da alle wesentlichen Phasen derselben in genauen Abbildungen beifolgen, und diesen specielle Erklärungen hinzugefügt sind. Die Zeit der Sichtbarkeit dieser Gestaltungen war kurz, etwa 12 oder 13 Tage, und lehrreiche und wichtige Phasen von hinreichender Deutlichkeit gewährten nur die Abende von Juni 30 bis Juli 6. Da in den ersten 6 oder 7 Tagen jener anomal gestaltete Strömungssector sich stets erneuerte (gleichsam als wenn die einmal vorgezeichneten Gränzen der Figur sich täglich ein- oder mehrmals periodisch mit verstärktem Lichte erhellten), dabei aber der Sector im Ganzen gegen den Kern und die Mittellinie des Schweifes sich erheblich nicht verschob, so folgt, dass dieser Hauptströmung ebenso wenig als dem von ihr gebildeten innern Paraboloïd eine Rotation um den Radius Vector des Cometen, oder um eine andere Axe zuzuschreiben sei. Dieser Sector war bleibend (für jenen Zeitraum) gegen die Erde gerichtet, und seine Projection zeigt, dass die ausgeströmte Lichtmaterie keinen Raum von regelmässiger Figur ausfüllte; die Beobachtung des 1. Juli liess sogar vermuthen, dass diesem Sector ein zweiter gegenübergestellt sei, dessen Wirksamkeit uns durch die des erstern meist verdeckt wurde; ja es wäre nicht undenkbar, dass der erstere das innere helle Paraboloïd, (demnach den langen Schweif), die schwächere Strömung dagegen das äussere Paraboloïd und den Nebenschweif bildete, so dass beide Paraboloïde sowohl an den Schnittflächen als anderweitig geöffnet zu denken wären, ähnlich wie

Donati's Comet, dessen ganze Figur ich früher mit einer gekrümmten, an der nachfolgenden Seite offenen Schaale verglichen habe.

Erklärung der Tafeln, welche die Phänomene der Ausströmung darstellen.

Erste Nacht. Juni 30.

Tab. III. In dieser Nacht zeigten sich Anfangs 3, später 4 Lichtbogen, die ich indessen als völlig analog mit den Sectoren am Donati-Cometen betrachte. Die Lage des Cometen sowie die Kürze der Zeit erlaubte keine specielle Untersuchung. Die Radien jener Bögen maassen ungefähr 2' 4' und 9'. Da ich in dieser Nacht den Scheitelradius der Coma auf 35' schätzte, so bemerkt man, dass man zufolge des unten beigefügten Maassstabes die Schattirung der Coma noch doppelt so weit nach allen Seiten ausdehnen müsste als auf Tab. III geschehen ist.

Fig. 1 um 14 Uhr 50 Min. Die Sehne des innern Halo, vom Kern nach links gerechnet, hielt 5' oder 6'. Der mittlere Bogen war schwächer als der äussere; an der schärfsten gegen die Sonne gerichteten Krümmung hatten sie das meiste Licht; der Raum zwischen den beiden innern Lichtbögen war sehr dunkel.

Fig. 2 um 15 Uhr 32 Min. Es zeigt sich ein 4. Bogen (der oberste) der entweder neu entstanden war, oder den ich vor einer halben Stunde nicht bemerkt hatte, weil der Comet dem Horizonte noch zu nahe stand. Die dunkle Stelle zwischen den beiden innern Bögen war höchst auffallend; sie selbst sowie das ganze Gebiet der grossen ungewöhnlich geformten Lichtbögen zeigte kein gleichförmiges Licht; ich ward erinnert an das wolkige, flockige Aussehen, das der centrale Theil des grossen Orionnebels an starken Fernröhren gewährt. Keiner der Bögen ging direct vom Kerne aus, sondern sie umgaben ihn frei, ähnlich wie 1858 bei Donati's Cometen.

Tab. IV. Fig. 1. 15 Uhr 55 Min. in heller Morgendämmerung, als die äussern Theile der Bögen und der Coma schon verschwunden waren; dargestellt ist also nur der Kern nebst dem innersten Sector, wie er sich in grosser Lichtstärke und Schärfe an etwa 200 maliger Vergrösserung ausnahm. Der Raum rechts vom Kerne und unterhalb war sehr dunkel. (Vergl. die werthvolle Zeichnung von T. W. Webb in Monthly Not. Vol. XXII Nr. 9, die beste, die ich von fremden Beobachtern kennen gelernt habe. Die excentrische Lage der Lichtbögen ist aber bei mir genauer.)

Zweite Nacht. Juli 1.

Tab. IV. Fig. 2. Gestalt des Kerns und des innersten Strömungssectors um 8 Uhr 16 Min. in ganz heller Abenddämmerung: der vom Kerne zunächst ausgehende sehr glänzende und breite Lichtbüschel hatte im Radius 77'' (Bogen).

Fig. 3. Ganze Figur des Cometenkopfes mit Ausnahme der äussern Begränzung der Coma, welche die Abbildung nicht mehr fasst: gezeichnet um 8 Uhr 33 Min. a links und b rechts vom Kerne bilden die beiden Hauptströmungen, und damit die Basis des innern Paraboloïds (Vergl. Tab. II, Fig. 5). Alles übrige nach aussen Liegende gehört zur Coma und zur äussern Umhüllung des Cometen (äusseres Paraboloïd). Der beigefügte Maassstab giebt für diese dritte Figur annähernd die gemessenen oder geschätzten Positionen. Die Stelle links vom Kerne, und am Rande des innern Saumes war tief dunkel. Senkrecht über dem Kerne, in der Richtung gegen die Sonne, stand sichelförmig mit aufwärtsgekrümmten Spitzen ein lichtschwacher Bogen, ein bis dahin an Cometen wohl noch nie gesehene

Phänomen. Der Raum hinter dem Kerne, also zwischen den beiden Schenkeln *a* und *b*, war nicht besonders dunkel.

Tab. V. Fig. 1. Innerer Strömungssector um 10 Uhr 18 Min.; mittlere Länge der krummen Lichtbüschel 80''. Der unten beigefügte Maassstab giebt genübert die andern Dimensionen. *l* ist die dunkle Oeffnung. Diese Figur ist also mit der linken Strömung *a* in der vorigen Figur identisch.

Fig. 2. Um 15 Uhr 56 Min. in heller Morgendämmerung gezeichnet, als die neblige Umgebung der Coma schon unsichtbar geworden war. Der Maassstab zeigt die Vergrösserung der Dimensionen auf das Doppelte. Um 15 Uhr 38 Min. hatten die Lichtarme *e α*, *e β*, *e γ*, schon 2½ Bogenminuten Länge, um 15 Uhr 56 Min. bereits gegen 3'. Sie hatten sich also in 5½ Stunden um mehr als das Doppelte ihrer ursprünglichen Länge ausgedehnt. Man darf vermuthen, dass die Geschwindigkeit des Wachsthums in diesen Lichtarmen nicht überall dieselbe war. Die ganze, einem Seestern ähnliche Figur war goldfarbig und von prachtvollem Aussehen. Gegen 14 Uhr glaube ich, verschwand die dunkle Stelle bei *l* (Fig. 1).

Dritte Nacht. Juli 2.

Tab. V. Fig. 3. Die Zeit finde ich im Originale nicht angegeben, doch kann sie nur zwischen 8 und 9 Uhr aufgenommen sein. Der schmale Raum hinter und unter dem Kern tief dunkel, und viel dunkler, als die obere Verlängerung dieses Streifens, der nach oben sich links umbiegend, wiederum das dunkle Loch *l* der beiden vorigen Abende darstellt. Die hellste nach links gehende krumme Lichtströmung entspricht dem *e α* von Juli 1, die nahe senkrecht dagegen aufsteigende dem *e γ* von Juli 1. Die mittlere *e β* fehlte also. Die allgemeine Lichtstärke war gering, aber das Ganze wunderbar von Ansehen. Von der Coma habe ich nur die Hälfte, des Raumes wegen, angeben können.

Tab. VI. Fig. 1. Um 11 Uhr 12 Min. gezeichnet, als nur die dunkle Furche hinter dem Kerne allein noch sichtbar blieb, nebst dem Lichtarme *e α*, nach links gerichtet. Die Figur war sehr in dichtem Lichte verhüllt, und schwer kenntlich. Nur in dieser einen Nacht zeigte der Kern (ähnlich wie so lange Zeit hindurch Donati's Comet) hinter sich den dunklen Raum. (Vergl. Webb's Abb. in Monthly Not. Vol. XXII., Nr. 9, welche die Hauptsache angiebt, aber ohne genaue Berücksichtigung der Lage der einzelnen Theile.)

Vierte Nacht. Juli 3.

Tab. VI. Fig. 2. Um 8 Uhr 48 Min. Die ursprüngliche Figur des Strömungssectors war nicht sogleich herauszufinden, weil 4 sehr eigenthümliche dunkle Ellipsen, in ihrer Zusammenstellung ein etwas verschobenes Kreuz bildend, einen Theil des Sectors verhüllten. Der beigefügte Maassstab zeigt, dass jede dieser Ellipsen in der grossen Axe ungefähr eine Bogenminute hielt. Die untere dem Kern nächste Ellipse war am deutlichsten und regelmässigsten, weil sie gewissermaassen vom Lichte des stärksten Strömungsbüschels umflossen schien. Am Okulare des Kreismikrometers war die Situation dieser 4 dunklen Löcher sehr leicht zu erkennen, und auffallend bei dem ersten Anblicke. Die Anwendung der stärkern Okulare war indessen nicht mehr zulässig. Jede der dunklen Ellipsen hielt etwa 1000 geographische Meilen im grössten Durchmesser (1 bis 1,2 Erdhalbmesser).

Fig. 3. Um 11 Uhr 33 Min. war die Deutlichkeit der Ellipsen sehr vermindert, und nur die untere dem Kerne nächste konnte noch gut gesehen werden. Um 9½ Uhr hatte eine neue Strömung des Kerns begonnen, deren Form für 11 Uhr 33 Min. diese Figur 3

wiedergiebt. Den Winkel, den rechts und links vom Kerne, die Gränzen des Sectors mit-
einander (am Kerne) bildeten, schätzte ich um 9,5 Uhr = 110°, um 10,1 Uhr = 120°,
um 11,0 Uhr = 160°. Um 11,5 Uhr nahe 180°. Der vom Kerne gegen die nächste Ellipse
gerichtete Büschel war sehr intensiv und 45″ lang. Da nach 9 Uhr die 4 dunklen Löcher
fast verschwunden, jetzt aber gegen 11 Uhr wieder besser sichtbar geworden waren, und
das Licht einer neuen starken Löchtströmung sie umgab, so liegt es nahe zu glauben, dass
es 4 nach aussen (und zufällig gegen die Erde) gerichtete Regionen am Cometen gab,
welche sich bis zu einem gewissen Grade der Verbreitung jener neu ausgeströmten Materie
des Kerns widersetzten. Oberhalb von den 4 Ellipsen, und in etwa 2¼′ Abstand vom Kerne
existirte nicht mehr die gewöhnliche sphärische Begränzung dieses Theils (das Analogon des
Büschels ε γ Juli 1), sondern es waren jetzt 2 nahe geradlinige Nebelränder, die sich etwa
130° gegeneinander neigten.

Fig. 4. Um 14 Uhr 43 Min. waren die Ellipsen spurlos verschwunden, und es zeigte
sich der Strömungssector in eleganter vollkommener Figur, wie die Abbildung ihn darstellt.
Das Gesammtlicht war sehr gross, und der mittlere Büschel ε γ gegen den nach links gerichteten ε α (siehe Juli 1) um 105° geneigt, ε γ um 15 Uhr etwa 1¼ Bogenminuten lang,
oder ungefähr 1300 geogr. Meilen. Die ganze Figur war ähnlich der von Juli 1, aber
sicher eine Neubildung, die in dieser Nacht sich unter den Augen des Beobachters entwickelte.

Fünfte Nacht. Juli 4.

Tab. VI. Fig. 5. Die erste Abbildung an diesem Abende. Um 7 Uhr 45 Min. bei
noch ganz hellem Himmel erschien der 1″ grosse Kern mit starker nach oben gerichteter
Doppelströmung; um 8 Uhr 12 Min. war die Gestalt, wie Nr. 5. sie darstellt, also den Büschel ε γ nach oben, und links den Büschel ε α, als die beiden hellen Gränzcurven des al-
ten Strömungssectors. Fig. 6 gilt für 8 Uhr 24 Min., als es hinlänglich dunkel geworden
war, und sich von den gestrigen dunklen Ellipsen die untere (dem Kern benachbarte) zeigte.
Der Lichtstreifen zwischen ε α und ε γ, also nach früherer Bezeichnung = ε β war matt
und nur kurze Zeit kenntlich.

Fig. 7 giebt die Ausströmung für 8 Uhr 48 Min., eigenthümlich wegen des geradlinig-
ten Seiten, indem der obere Büschel ε γ unter einem rechten Winkel eingebogen und nach
links geneigt wurde; dieser Bruch in ε γ war schon um 8 Uhr angedeutet, und man erkennt die Stelle in Fig. 5. Die dunkle Ellipse war sehr undeutlich. ε γ hatte in 24 Minuten Zeit um 11″ in Länge zugenommen. Im weitern Verlaufe der Nacht entwickelte sich
wenn auch viel weniger glänzend, doch sehr schön die Figur des Seesterns (Siehe Juli 1.)
Dafür hat man:

Tab. VII. Fig. 1. Um 10 Uhr 49 Min. die Lichtarme fast geradlinigt.
          Fig. 2. Um 11   10   die Lichtarme gekrümmt und verlängert.
          Fig. 3. Um 15   18   eine bleiche Nebelgestalt ohne scharfe Zeichnung,
und ohne Spur der merkwürdigen Phänomene vor Mitternacht. Die Zunahme der Länge
des Lichtbüschels ε γ betrug in 4 Uhr 30 Min. ungefähr 0,4 Bogenminuten, wenn ich in
Fig. 3 den mittlern Nebelast als Spur von ε α betrachte.

Sechste Nacht. Juli 5.

Tab. VII. Fig. 4. Die erste Abbildung dieses Abends, gültig für 8 Uhr 24 Min.,
als sich seit 8 Uhr die 4 dunklen Ellipsen deutlich darstellten. Sie schwanden aber bald,

13 *

als die Strömung des Kerns zunahm, und eine Neubildung des Sectors begann, deren
Entwickelung ich nicht weiter verfolgte. Anfangs (8 Uhr 24 Min.) stand die Kreuzfigur
der 4 Ellipsen ziemlich normal, d. h. in derselben Richtung, wohin an dieser Seite alle
Lichtmaterie getrieben wurde, welche an der Bildung des innern Paraboloïdes Antheil hatte.

Fig. 5. Um 12 Uhr 0 Min., als von den 4 Ellipsen nur noch die untere sichtbar blieb.
An ihrem untern Rande bildeten die beiden Arme des senkrecht gegen die Sonne gerichteten Büschels ϵ γ Tangenten.

Um 12 Uhr 55 Min. begann nahe am Kerne ein bedeutend stärkeres Aufglühen der
Lichtmaterie, also die Neubildung eines Sectors in jenem Raume, der seit Juni 30 wenigstens nur dafür bestimmt zu sein schien. Das Ganze war jetzt neblig, gar sehr verhüllt
wegen der allseitig verbreiteten, nicht mehr wie vormals so durchsichtigen Materie. Hinter dem Kerne (Richtung entgegengesetzt der Sonne) gab es keine dunkle Region.

Siebente Nacht. Juli 6.

Tab. VII. Fig. 6. Erste Zeichnung an diesem Abende, um 8 Uhr 43 Min. Es ist
die alte Figur von Juli 1, was die Verhältnisse anlangt und die allgemeine sehr grosse
Aehnlichkeit, aber in Wirklichkeit mindestens die 15., wahrscheinlich aber die 20. Neubildung seit dem Abende des 1. Juli. Der Kern war sehr verhüllt im dichten Nebellichte.
Um 8,5 Uhr hatte die Neubildung des Halo Fig. 6 schon begonnen.

Fig. 7. Um 9 Uhr 15 Min., dieselbe Gestalt, etwas deutlicher und grösser, mit siche-
rer Spur der dunklen untern Ellipse.

Fig. 8. Um 10 Uhr 23 Min. Dieselbe Gestalt, die wegen der Krümmung der Gränzcurven des Sectors an die erste Abbildung von Juli 2 erinnert. (Siehe Tab. VI Nr. 3)

Fig. 9. Um 13 Uhr 35 Min. Die Vergrösserung aller Dimensionen sehr beträchtlich,
aber alles mehr verhüllt und neblig, und von der dunklen Ellipse keine Spur mehr vorhanden. In 5 Stunden war der Büschel ϵ α von 0,9' bis 1,5' gewachsen.

Von Juli 7 an verloren die Erscheinungen des Nucleus an Interesse, und ich werde
jetzt die spätern Beobachtungen im kurzen Auszuge folgen lassen.

Juli 7. Zwischen 7,7 Uhr und 10,5 Uhr zeigte keine auffallenden Phänomene; den Kern umgab nach oben (Richtung zur Sonne) viel dichtes Licht in Gestalt des gewöhnlichen, sehr
verwaschenen Sectors, jetzt fast nur in der Gestalt eines halbkreisförmigen Halo angedeutet. In Spuren verriethen sich sowohl die dunklen Oeffnungen als auch der gegen die Sonne
gerichtete Büschel. Sehr trübe wie ein verfinsternder Nebel lag die Materie der Coma um
den Kern; das Ganze erschien wie durch eine dunkle Hornplatte gesehen. Der Halbmesser
des hellern Halo betrug um 8 Uhr 10 Min. 1,2'. Fig. 10. Tab. VII.

Juli 8. Kein Gegenstand von Interesse erschien, und nichts war sicher messbar; nur
dichtes Licht; der Kern sandte gegen die Sonne lebhaftes Licht, welches einen undeut-
lichen sehr verwaschenen Sector bildete; dessen Radius war um 9 Uhr 38 Min. 36"
um 10 26 51"

Juli 9. Nahe dieselbe Erscheinung wie gestern, also an 2 Abenden der Nucleus
(scheinbar) sehr unthätig, während beidemale sich das innere Schweifparaboloïd seit Juli 1
wiederum ganz deutlich und lichthell darstellte. Der Kern sandte gegen die Sonne den
weniger als 180° umfassenden Halo von 64" Radius um 8,5 Uhr, von 77" Radius um 10,0
Uhr. Der innere Halo hatte 160° Spannung. Der dichtere Theil der Coma, soweit sie
zunächst den ebenerwähnten Halo umgab, hatte 4" Radius, während der Scheitelradius der
allgemeinen Coma noch zu 17" bestimmt wurde.

Juli 10. Kern sehr hell und klein wie gewöhnlich, der innere dichtere Theil der Coma sehr hell, und unbestimmt nach Aussen in das allgemeine Licht der Coma verlaufend. Anfangs um 8 Uhr zeigte der Kern über sich, also in der Richtung zur Sonne nicht besonders helles Licht, aber um 12,5 Uhr trat dies mit neu begonnener Strömung hervor, so dass bald ein ziemlich deutlicher, 150° umspannender Halo gebildet war. Dessen Radius fand ich um 12 Uhr 48 Min. . 36″ nach einer Schätzung, dagegen . 27″ nach einer Passage am Kreismikrometer.

Juli 11. Sehr dichtes Licht verhüllt ringsum den Kern, und nur trübe zeigt sich die Spur eines Halo; dessen Radius war:

um 8 Uhr 42 Min. — 40″ nach einer Passage am Kreismikrometer
• 9 12 — 55 nach einer Schätzung am Kreismikrometer.

Das dichteste Licht zunächst um den Kern war bläulichgrau, das äussere bräunlich, beide Farben gut von einander zu unterscheiden; alles seltsam trübe wie durch Horn oder durch eine stark beschlagene (angehauchte) Glasscheibe gesehen. Ein für alle mal genüge die Erinnerung, dass der attische Himmel in dieser Jahreszeit jede Bemerkung über etwaige Trübungen oder veränderte Durchsichtigkeit der Luft gänzlich überflüssig erscheinen lässt.

Juli 12 8 Uhr. Ganz unbestimmte Spur einer Lichtströmung gegen die Sonne, ohne angebbare Form; der Kern und seine nächste Umgebung wie vom dicken Nebel verhüllt. Um 10,7 Uhr vermehrte sich der Glanz der centralen Theile.

Juli 13 8 Uhr. Spur des Strömungssectors von 100° Spannung und 45″ Radius. Später alles eine sehr trübe Lichtmasse, durch welche, wie seither noch immer, der Kern in völliger Schärfe und Klarheit hindurchblickte.

Juli 14 8 Uhr. Spur des Sectors von 120° Spannung; sehr unsicher.

Juli 15 10,1 Uhr. Ziemlich kenntlicher Sector von 150° Spannung; Radius gegen 45.″

Jetzt ward der Mondschein hinderlich; allein die gewöhnlichen Formen des Halo würden sich immer noch dargestellt haben, falls sie überhaupt noch aufgetreten wären. Mit dem Anfange des August begann auch der Kern weniger lebhaft und scharf aus dem dichten Nebel der Coma hervorzuleuchten, bis er im September und October, 1 oder 2 Fälle ausgenommen, mit der centralen Verdichtung der Coma zusammenfloss. Sonach ist es unnöthig, von den Beobachtungen seit Juli 16 zu reden, weil für jeden Abend nur anzuführen wäre, dass sich keine irgend bemerkenswerthe Erscheinung gezeigt habe.

Messung der Phänomene des Nucleus.

In Ermangelung eines Fadenmikrometers sah ich mich genöthigt, das Kreismikrometer des Refractors auf solche ungewöhnliche Messungen anzuwenden. Die Zeit war dafür beschränkt, und umfasste nur 7 Tage, d. i. Juni 30 bis Juli 6. In dieser Zeit aber hatten manche der Lichtströmungen des Kerns solche Grösse, und so bedeutende Helligkeit, dass man, freilich nicht ohne grosse Mühe, und mehrfach nicht ohne grosse Wagnisse, Passagen beobachten konnte, um daraus Dimensionen, Positionswinkel, und selbst, woran mir zumeist gelegen war, die Geschwindigkeiten zu ermitteln, mit denen der Kern die Lichtmaterie gegen die Sonne trieb. Da mir dies bei Donati's Cometen gelungen war, so liess ich nichts in jenen Nächten unversucht, um auch für diesen jetzigen Cometen Näherungswerthe über die Anfangsgeschwindigkeit der Materie unmittelbar nahe am Kerne zu erlangen.

Die jetzigen Messungen erfordern wegen der höchst beträchtlichen scheinbaren Bewegung des Cometen ansehnliche Correctionen. Ich will daher angeben, wie weit ich diese berücksichtigt habe, und was noch zu thun übrig bleibt. Meine Beobachtungen ganz im Originale mitzutheilen, nimmt allzuviel Raum in Anspruch. Ich werde sie daher in jener abgekürzten Form geben, die noch jede fernere und strengere Untersuchung zulässt.

Demnach findet man im Folgenden:

1. Die Differenz in A. R. irgend eines Punktes im Nucleus gegen den Kern *a*.
2. Die Differenz in Declination = *d*.

Da ich das Resultat jedes einzelnen Durchganges mittheile, um die Beurtheilung der wahrscheinlichen Fehler zu ermöglichen, so ist zu bemerken, dass die angesetzten Zeiten schon mittlere von Athen sind, die Unterschiede in A. R. mittlere Zeitsecunden, die also noch auf Sternzeit gebracht werden müssen. Alle diese A. R. Differenzen bedürfen einer Correction wegen der Bewegung des Cometen, ebenso als wenn man aus der Culminationsdauer der Sonne ihren scheinbaren Durchmesser in Bogensecunden ableiten wollte. Wenn also z. B. einer der Lichtarme des Nucleus 12 Secunden Zeit gebraucht, um mit seiner ganzen Länge am Rande des Mikrometers (central) ein- und auszutreten, die scheinbare Bewegung des Cometen in einer Zeitminute aber 2,422 Sec. (Zeit) betrug, so kommt auf jene 12 Secunden eine Correction von 0,48 Sec. Daraus erhellt, dass namentlich für die 4 ersten Tage jene Correctionen nicht übersehen werden dürfen. Für die Berechnung der Abstände der Chorden von der Mitte des Kreismikrometers habe ich stets jene logarithmische Correction angewandt, welche von der 4 stündigen A. R. Bewegung des Cometen abhängig ist. Es bleibt also noch übrig, den Einfluss der Declinationsbewegung auf die A. R. Unterschiede zu bestimmen, und diesen habe ich noch unerörtert gelassen, weil gerade für die betreffenden Tage genaue Ephemeridenangaben für die Bewegung des Cometen nicht existiren, überhaupt weil eine definitive Bahn noch nicht bekannt ist. Um aber jeden in den Stand zu setzen, in Zukunft das unten folgende Material einer genauen Berechnung zu unterziehen, so werde ich die, wegen der A. R. Bewegung schon verbesserten Abstände der Chorden von der Mitte des Kreismikrometers, also + *d* und — *d* in Bogensecunden beifügen, indem + und — die nördlichen und die südlichen Passagen bedeuten. Die Grösse jener *d* giebt zugleich die ungefähre Genauigkeit beider Ordinaten zu erkennen, wenn man die Grösse der Radien des Kreismikrometers in Betracht zieht, die angenommen wurden:

$$r = 646,20'' \quad r' = 582,14'' \quad \tfrac{1}{2}(r + r') = 614,17''.$$

Juni 30 wurden die Lichtbögen nicht gemessen, sondern nur geschätzt.

Juli 1.

1. Lage der dunklen Oeffnung *l* gegen den Kern = *c*; gemessen: (*l* — *c*):
M = Mittelwerth.

t	*a*	*b*	*d*	
U.M. S.				
8 19 53	— 6,800	— 76,2″		Es ward stets für die Mitte jener dunklen Stelle
23 43	— 5,550	— 86,2		der Ein- oder Austritt beobachtet, die Messung
27 33	— 7,925	— 74,9		war sehr schwierig.
31 14	— 7,075	— 66,4		— *d* = 8′ + *d* = 7,5′ für *l*.
M = 8 25 36	— 6,837	— 75,9″		= 6,5 = 8,5 für *c*.

In den bei weitem meisten Fällen ward die gleiche Anzahl von Passagen auf beiden Seiten des Mittelpunktes beobachtet, und da δ' — δ für Comet und einen Punkt im Sector stets gering war, konnten nur gleichnamige Passagen stattfinden, d. h. im obigen Beispiele: 2 Mal ging der Comet c nebst der Stelle l südlich, und 2 Mal nördlich vom Mittelpunkte des Kreises durch, in Abständen von 6' bis 8', also für A. R. und δ günstig, wenn $\frac{1}{2} (r + r') = 10,2'$.

2. Lage der vorangehenden Spitze des Lichtbüschels $c \delta$, also des Punktes λ (Siehe die Figur pag. 89). Gemessen: ($\delta - c$). Messung der freien Spitze zu unsicher, $d = -4,9'$

U. M. S.	α Sec.	δ
8 23 43	— 26,000	— 51,4″

3. Aeussere Ecke z der nach rechts gehenden Strömung b (Siehe Tab. IV. Fig. 3); also ($z - c$).

U. M. S.	α Sec.	δ
9 10	+ 7,044	— 83,4″

4. Lage des Endpunktes γ vom Büschel $c \gamma$. ($\gamma - c$).

U. M. S.	α Sec.	δ
10 20 20	— 4,375	+ 9,9″
10 25 30	— 5,075	+ 11,9
10 29 28	— 4,725	+ 16,9
11 20 31	— 6,481	+ 20,0
15 30 55	— 14,625	+ 45,1
15 35 55	— 14,250	+ 14,3
15 46 20	— 15,125	+ 60,2
15 54 3	— 15,250	+ 42,4

Mittel.

U. M. S.	Sec.		
10 25 9	— 4,725	+ 12,9″	... 3 Beob.
11 20 31	— 6,481	+ 20,0	... 1 »
15 41 48	— 14,887	+ 48,2	... 4,3 »

In der Beobachtung um 15 Uhr 35 Min. kam die Spitze γ der Mitte zu nahe, sodass d sehr unsicher ward, und vom Mittel ausgeschlossen werden musste. In 5 Uhr 16 Min. 39 Sec. wuchs also ($\gamma - c$) in A. R. um 10,16 Sec. und in Decl. um 26,3″.

5. Lage des Endpunktes β vom Büschel $c \beta$; also ($\beta - c$).

U. M. S.	α Sec.	δ
10 20 20	— 4,873	— 21,3″
15 35 55	— 4,250	— 96,9 Diese ganz verfehlt.
15 46 20	— 11,375	— 51,9

6. Lage des Endpunktes α vom Büschel $c \alpha$; also ($\alpha - c$).

U. M. S.	α Sec.	δ
15 46 20	— 4,500	— 54,3″

7. Lage eines Punktes in der Curve $\alpha \beta \delta$ (siehe die Figur pag. 89), der dem Kerne c voranging; Ort nach verminderter Helligkeit daselbst.

U. M. S.	Sec.	
15 30 55	— 86,625	+ 54,9″

Juli 2.

1. Lage der vorangehenden Spitze γ als Endpunkt der Ausströmung c γ.

t	α	δ
U. M. S.	Sec.	
8 22 58	— 12,125	+ 97,7"

2. Lage des Endes a von der Strömung c a; dieser Punkt a wenig markirt, ungefähr dort liegend, wo, vom Kerne gerechnet, die dunkle Oeffnung l beginnt.

t	α	δ
U. M. S.	Sec.	
8 22 58	— 16,500	— 52,7"

Beide Objecte zur Beobachtung sehr wenig geeignet.

3. Lage eines Punktes k am untern breiten Ende des dunklen schmalen Raumes hinter dem Kerne. (Vergl. die Hauptabb. zu Juli 2); sehr schwierige Messungen.

t	α	δ		t	α	δ	Mittel.
U. M. S.	Sec.			U. M. S.	Sec.		
8 26 20	— 0,800	+ 41,7"		8 32 4	+ 0,358	+ 45,7"	. . . 3 Beob.
8 33 18	+ 1,625	+ 44,6		9 8 28	+ 0,892	+ 46,8	. . . 3 »
8 36 35	+ 0,250	+ 50,9		9 26 20	+ 1,267	+ 54,5	. . . 2 »
8 58 23	+ 4,700	+ 27,5		11 13 13	+ 2,075	+ 63,2	. . . 2 »
9 6 11	— 0,075	+ 51,7		11 44 45	— 0,633	+ 63,1	. . . 3 »
9 7 56	+ 0,875	+ 44,6					
9 11 18	+ 1,875	+ 44,1					
9 24 49	+ 1,275	+ 48,8					
9 27 52	+ 1,300	+ 61,2					
11 11 13	+ 2,175	+ 54,7					
11 15 3	+ 1,975	+ 71,8					
11 38 1	— 0,550	+ 65,9					
11 44 39	— 1,200	+ 56,7					
11 51 36	— 0,150	+ 66,7					

Diese Messungen ergeben den Abstand des breiten Endes jenes dunklen schmalen Raumes vom Kerne, und den Positionswinkel der Mittellinie. Bei den letzten Beobachtungen war die grosse Lichtschwäche einer genauen Messung sehr hinderlich. In der Messung 8 Uhr 58 Min. hat eine Irrung stattgefunden, sodass sie ausfallen musste.

4. Lage des tiefsten Punktes in der hellen Einstellung des Lichtbogens, der oberhalb, oder südlich vom Kern, die innern und hellen Phänomene des Nucleus begränzt; er heisse e.

t	α	δ	Diese Messungen waren sehr gewagt und unsicher.
U. M. S.	Sec.		
8 26 20	— 6,425	— 77,9"	
8 33 18	— 4,625	— 78,0	
8 36 35	— 2,750	— 75,3	
8 58 23	— 1,925	— 99,4	
11 15 3	— 4,775	— 108,4	

Juli 3.

Der vom Kerne gegen die Sonne gerichtete Lichtbüschel c a, als Basis der dem Kern nächsten dunklen Ellipse, war an dem nördlichen Ende dieser stark zertheilt und ausgebreitet.

Diese Stelle, markirt in der Mittellinie oder Axe des Büschels und durch das Aufhören des lebhaftern Lichtes, heisse p. Die folgenden Messungen geben also den Abstand p von c und den Positionswinkel der Axe des Büschels c p.

1. Lage von p.

t	α	δ
U.M. S.	Sec.	
8 32 41	— 2,750	— 31,8"
8 37 17	— 3,075	— 40,7
8 50 54	— 3,950	— 41,3
9 6 39	— 3,625	— 41,9
9 10 41	— 3,675	— 46,3
9 16 23	— 3,175	— 43,3
9 20 50	— 3,925	— 41,0
9 24 56	— 4,850	— 44,7
10 56 3	— 5,025	— 53,3
11 3 26	— 6,150	— 55,8
11 8 34	— 8,075	— 47,3
11 39 19	— 4,050	— 21,3
11 43 27	— 4,550	— 26,2
14 46 35	— 3,275	— 26,6
14 50 35	— 3,175	— 30,4
14 54 24	— 2,750	— 23,8
14 59 48	— 3,725	— 33,5
15 28 40	— 3,125	— 40,2
15 35 40	— 3,050	— 34,1
15 44 1	— 2,750	— 35,8

Diese Messungen sind den Umständen nach sehr genau, und werden den Positionswinkel des Lichtbüschels c p recht gut ergeben. Im Ganzen sind ebensoviele nördliche als südliche Passagen beobachtet.

Mittel.

U.M. S.	Sec.		
8 34 59	— 2,912	— 36,25" . . . 2 Beob.
9 5 45	— 3,750	— 43,17 . . . 3 »
9 20 43	— 3,983	— 43,00 . . . 3 »
11 2 41	— 6,417	— 52,13 . . . 3 »
11 41 23	— 4,300	— 23,26 . . . 2 »
14 52 50	— 3,231	— 28,57 . . . 4 »
15 36 7	— 2,975	— 36,70 . . . 3 »

Juli 4.

1. Lage von p. Beobachtungen im selben Sinne wie gestern.

t	α	δ
U.M. S.	Sec.	
8 1 23	— 3,875	— 16,6"
8 5 44	— 6,400	— 18,1
8 10 25	— 4,550	— 25,0
8 16 15	— 7,300	— 30,5
8 21 15	— 4,300	— 18,1
8 28 28	— 4,375	— 21,5
8 33 22	— 5,000	— 20,1
9 7 48	— 4,875	— 24,9
9 11 57	— 4,675	— 19,3
9 15 39	— 4,175	— 23,2
9 19 7	— 4,875	— 27,0
10 9 29	— 4,700	— 21,9
10 16 38	— 5,050	— 29,0
10 22 50	— 4,875	— 27,1
10 27 18	— 5,425	— 26,7

Diese Messungen haben vielleicht dieselbe Sicherheit wie die gestrigen.

Mittel.

U.M. S.	Sec.		
8 8 27	— 5,006	— 22,55" . . . 4 Beob.
8 24 50	— 4,719	— 22,55 . . . 4 »
9 13 38	— 4,650	— 23,60 . . . 4 »
10 16 22	— 4,875	— 26,00 . . . 3 »
10 32 30	— 5,417	— 25,93 . . . 3 »
11 14 57	— 6,312	— 30,55 . . . 2 »
15 24 36	— 7,506	— 23,15 . . . 4 »

14

t	α	δ
U. M. S.	Sec.	
10 31 49	— 5,050	— 27,8"
10 34 23	— 5,775	— 26,3
11 12 41	— 6,500	— 28,6
11 17 14	— 6,125	— 32,5
15 17 40	— 6,250	— 18,7
15 22 21	— 7,775	— 25,7
15 26 42	— 8,575	— 24,3
15 31 41	— 7,425	— 23,9

2. Lage der Spitze a von dem gegen die Sonne gerichteten Lichtbüschel c a.

t	α	δ		t	α	δ		
U. M. S.	Sec.			U. M. S.	Sec.		Mittel.	
8 10 25	— 7,800	— 14,3"		8 15 58	— 8,700	— 16,53"	... 3	Beob.
8 16 15	— 8,800	— 19,1		8 27 42	— 10,658	— 16,10	... 3	»
8 21 15	— 9,500	— 16,2		9 13 38	— 11,587	— 13,05	... 4	»
8 28 28	— 12,500	— 17,4		10 16 22	— 11,267	— 24,16	... 3	»
8 33 22	— 10,875	— 14,7		10 32 30	— 11,350	— 24,73	... 3	»
9 7 48	— 11,500	— 10,0		11 14 57	— 13,887	— 22,10	... 2	»
9 11 57	— 11,250	— 12,2		15 24 36	— 18,287	— 39,17	... 4	»
9 15 39	— 12,850	— 11,5						
9 19 7	— 10,750	— 18,5						
10 9 29	— 11,000	— 18,4						
10 16 38	— 11,675	— 29,8						
10 22 59	— 11,125	— 24,3						
10 27 18	— 12,300	— 22,7						
10 31 49	— 10,425	— 25,0						
10 34 23	— 11,025	— 26,5						
11 12 41	— 13,175	— 24,8						
11 17 14	— 14,000	— 19,4						
15 17 40	— 18,000	— 31,4						
15 22 21	— 19,025	— 41,6						
15 26 42	— 19,075	— 38,4						
15 31 41	— 17,050	— 45,3						

Juli 5.

1. Lage des Punktes p im Lichtbüschel c p.

t	α	δ		t	α	δ		
U. M. S.	Sec.			U. M. S.	Sec.		Mittel.	
8 38 31	— 3,775	— 3,1"		8 44 3	— 4,394	— 2,52"	... 4	Beob.
8 42 11	— 4,000	— 1,1		9 40 10	— 5,724	+ 0,35	... 4	»
8 45 56	— 4,625	— 1,4		11 18 44	— 7,962	— 2,05	... 2	»
8 49 33	— 5,275	— 4,5						
9 33 42	— 5,400	+ 1,7						
9 37 27	— 5,000	— 1,0						

t	α	δ
U. M. S.	Sec.	
9 43 7	— 5,925	— 0,3″
9 46 24	— 5,972	+ 1,0
11 16 2	— 8,075	— 2,1
11 21 26	— 7,850	— 2,0

Juli 6.

1. Lage des Punktes p.

	α	δ			Mittel.
U. M. S.	Sec.		U. M. S.	Sec.	
9 35 30	— 3,900	— 12,0″	9 37 16	— 3,962	— 13,20″ . . . 2 Beob.
9 39 3	— 3,426	— 14,4			

2. Lage des Punktes α.

					Mittel.
U. M. S.	Sec.		U. M. S.	Sec.	
8 12 34	— 6,450	— 1,4″	8 18 52	— 8,358	— 0,53″ . . . 3 Beob.
8 18 51	— 9,725	+ 0,8			
8 25 10	— 9,000	— 1,0			

Nach Juli 6 konnte von diesen Phänomenen nichts mehr genommen werden.

Ueber die Geschwindigkeit der Ausströmung.

Ich beschränke mich auf die Berechnung der Beobachtung des 1. Juli, und wähle den Lichtbüschel γ. Die Mittel der 3 ersten und der 3 letzten Messungen ergeben:

$$\text{U. M. S.}$$
$$10\ 25\ 9 \quad r = 42,8''$$
$$10\ 43\ 46 \quad r = 131,4$$

Hieraus findet man genähert die Geschwindigkeit der ausgeströmten Materie

$$g = 252 \text{ Toisen in der Secunde.}$$

Athen im Mai 1862.

Comet I. 1862.

Dieser Comet ward von mir zu Athen am 2. Juli 10½ Uhr in der Cassiopea aufgefunden. Später in derselben Nacht fand ihn Tempel zu Marseille, und Juli 3 ward er auch zu Cambridge von Bond und von Simons auf der Dudley-Sternwarte entdeckt. Er kam den 4. Juli Mittags der Erde sehr nahe, in dem Abstande von etwa 0,088; die grossscheinbare Bewegung in den ersten Tagen der Sichtbarkeit findet man dargestellt in der für die Reductionsrechnungen so nützlichen Ephemeride des Dr. Seeling in den Astr. Nachr. Nr. 1377. Die auf Comet I 1862 bezüglichen Beobachtungen und Rechnungen stehen in A. N. 1370. 1374. 1375. 1376. 1377 und später, und eine kurze Notiz über die äussere Erscheinung in A. N. 1375. Zu dieser letztern habe ich nur folgendes hinzuzufügen.

In der 28tägigen Zeit der Beobachtungen zu Athen konnte ich 11 Mal den Durchmesser des Nebels bestimmen. Da die Coma kreisförmig erschien, so ist der Scheitelradius der Coma gleich dem Halbmesser derselben, für den die Rechnung diese Werthe ergab:

	Uhr	Scheitelradius = r	r in der Entf. = 1	r in Erdhalbmessern
Juli 2.	13,0	= 11,0'	= 1,3'	= 10,0
„ 3.	15,0	= 15,5	= 1,6	— 11,0
„ 4.	12,0	= 17,0	= 1,7	= 11,8
„ 5.	14,0	= 16,0	= 1,7	— 11,8
„ 14.	9,7	= 4,85	= 2,2	15,4
„ 16.	9,5	3,95	2,1	= 14,6
„ 17.	9,3	3,75	= 2,1	14,8
„ 19.	9,1	3,00	= 1,9	13,6
„ 21.	9,1	= 2,80	1,4	= 10,0
„ 22.	9,2	= 3,00	= 2,2	= 16,0
„ 24.	9,2	= 2,25	= 1,9	13,4

Der grösste Durchmesser der Coma führt also auf 31 Erdhalbmesser oder 27000 geogr. Meilen. Die Zunahme der Grösse gegen die Mitte des Juli halte ich in diesem Falle nicht für reell, da der Comet zur Zeit seiner Erdnähe ausserordentlich zerstreutes Licht hatte, und dies Licht am Rande so zart auslief, dass die Messung des scheinbaren Durchmessers leicht um einige Bogenminuten fehlerhaft ausfallen konnte. Für das freie Auge erreichte der Comet weder die Grösse noch das Licht des Andromeda-Nebels.

Athen, October 1862.

Comet II. 1862.

Etwa 3 Wochen nach dem Verschwinden des ersten Cometen ward dieser zweite von verschiedenen Beobachtern aufgefunden. Zuerst sah ihn Tuttle zu Cambridge (Mass.) am 18. Juli, dann Pacinotho und Toussaint zu Florenz am 22. Juli, P. Rosa zu Rom am 25. Juli, Schjellerup in Kopenhagen am 26. Juli. Da, wie gewöhnlich, die Nachrichten spät nach Athen gelangten, so konnte ich erst am 9. August mit den Beobachtungen beginnen. Die besonders merkwürdigen und wichtigen Erscheinungen, welche dieser Comet dargeboten hat, verdienen eine umständliche Erörterung, und diese ist es, welche ich in den folgenden Abschnitten versuchen werde. Sie stützt sich aber ausschliesslich auf die Athener Beobachtungen, die durch vorzügliche, nie ernstlich oder dauernd von Wolken unterbrochene Klarheit des Attischen Himmels begünstigt wurden. In der Reihe der telescopischen Wahrnehmungen (Aug. 9 bis Sept. 26) fehlt der 16. August deshalb, weil ich an diesem Abende nicht auf der Sternwarte sein konnte. Ohne Fernrohr beobachtete ich die Gestalt und Helligkeit des Cometen in dieser Nacht zu Phanerومéni auf der Insel Salamis.

Indem ich die Phänomene des Kerns als die wichtigsten und schwierigsten zuletzt behandeln werde, ordne ich die gesammten Wahrnehmungen wie folgt:

1. Allgemeine Helligkeit des Cometenkopfes, geschätzt nach Grössenklassen: sodann Stufenschätzungen in Vergleichung mit Fixsternen, alles mit freiem Auge.
2. Helligkeit des Kernlichtes, stets am schwachen Oculare des Refractors geschätzt, und in Fixstern-Grössen ausgedrückt. 2¼tägige Periode des Lichtwechsels.
3. Scheinbare und wahre Grösse der Coma, ermittelt am schwachen Oculare des Refractors.
4. Ueber den Schweif des Cometen.
5. Die Ausströmung des Kerns, und die Periodicität der damit verbundenen Erscheinungen.

Fast während der ganzen Dauer der Athener Beobachtungen blieb der Comet dem freien Auge sichtbar, selbst im Scheine des Vollmondes, und nur seit dem 20. Sept. ward es schwierig, ihn ganz nahe am südwestlichen Horizonte zu erkennen. Der Comet erreichte genau jene Helligkeit, nämlich die 2. Sterngrösse, welche von Seeling und Hornstein vorausberechnet war. Da indessen der Schweif ungeachtet seiner ansehnlichen Länge überaus lichtschwach blieb, und nur in seinen untern Theilen einigermaassen auffällig erschien, so war der Gesammteindruck nicht bedeutend, und vielleicht geringer als bei den Cometen von 1845 Juni, 1853 August, 1860 Juni, Juli. Von der Menge ward er fast gar nicht bemerkt, und nur etwa 3 Wochen lang gewährte er der Betrachtung mit unbewaffnetem Auge einiges Interesse. Die photometrischen Schätzungen, ohne Fernrohr angestellt, gelten immer dem Gesammtlicht des Kerns und der Coma, wobei sich nicht sagen lässt, wie stark dabei der Einfluss des untern hellern Theiles vom Schweife gewesen sei.

Die sämmtlichen Vergleichungen sind folgende;

		Uhr				
Aug.	9.	11,0	Comet	4ter Grösse.	C 0,0 24 Hev.	
»	10.	10,5	»	4	»	
»	11.	9,0	»	~ 4	»	
»	12.	8,5	»	= 4,3	»	C an Helligkeit zwischen κ und λ Draconis.
	13.	8,0	»	~ 4,3	»	C — 0,5 κ Drac. C 0,5 λ Drac.
	14.	8,0	»	~ 4,3	»	C 0,5 κ Dr. wenig schwächer als ι Cassiop.
	15.	8,3	»	3,4	»	C 1,5 κ Dr. C — 2,0 β Urs. Min. C 0,0 δ Urs. Maj.
	16.	8,5	»	3,4	»	C 2,5 κ Dr. C 1,5 δ Urs. Min.
	17.	8,5	»	= 3	»	C 2,5 κ Dr. C — 6,0 Pol. C 1,0 δ Urs. Maj.
						C 4,0 λ Dr. C — 2,5 γ Urs. Min.
	18.	9,2	»	= 3,2	»	C 4,0 κ Dr. C — 3,0 Pol. C — 2,5 β Urs. Min.
						C 0,0 γ Urs. Min. C 6,0 λ Dr. C — 4,0 η Urs. Maj.
	19.	8,6		2,3		C 4,0 κ Dr. C — 2,5 Pol. C — 2,5 β Urs. Min. C 0,0
						γ Urs. Min. C 6,0 λ Dr. C — 4,0 η Urs. Maj.
	20.	8,0	»	= 2,3	»	C 5,0 κ Dr. C — 3,0 Pol. C — 2,5 β Urs. Min.
						C 0,5 γ Urs. Min. C 1,0 λ Dr. C 3,5 α Dr. C — 3,5
						η Urs. Maj.
»	21.	8,5	»	2,3	»	
»	22.	8,5	»	= 2,3	»	
	23.	8,5	»	= 2,3	»	
	24.	9,2	»	~ 2	»	C 2,5 γ Urs. Min. C — 2,0 Pol. C — 1,0 β Urs. Min
	24.	9,5	»	2	»	C 2,0 η Dr. C 3,5 ι Dr.
	24.	11,5	»	= 2	»	C 3,5 γ Urs. Min. C — 0,5 β Urs. Min. C — 1,0 Pol.
						C 4,0 ? Dr. C 4,5 α Dr.
	25.	9,8	»	2,3	»	C 2,5 ι Dr. C 1,5 γ Urs. Min. C — 1,5 β Urs. Min.
						C — 2,5 Pol.
	26.	10,5	»	~ 2	»	C 5,0 ι Dr. C — 0,5 γ Urs. Min. C — 1,5 Pol. C — 0,5
						α Coronae.
	27.	8,5	»	= 2	»	C 5,0 ι Dr. C 1,0 η Dr. C — 0,5 β Urs. Min. C — 0,5
						α Coronae.
»	28.	8,8	»	= 2,3	»	C 4,0 ι Dr. C — 1,0 β Urs. Min. C — 0,5 α Coronae.
»	29.	8,7	»	= 2,3	»	C 4,5 ι Dr. C — 1,0 β Urs. Min. C — 1,5 Pol. C — 1,0
						α Coronae.
	30.	8,7	»	~ 2	»	C 4,0 ι Dr. C 0,0 β Urs. Min. C — 1,0 Pol. C — 1,5
						η Urs. Maj. C 0,0 α Coronae.
»	30.	11	»	~ 2,3	»	C — 1,5 Pol. C — 1,0 α Coronae.
»	31.	10,5	»	3,2	»	C 0,0 β Herculis. C — 1,5 α Coronae.
Sept.	1.	8,0	»	= 3,2	»	C — 1,5 α Coronae.
»	1.	9,5	»	2,3	»	C — 1,0 α Coronae.
»	2.	8,5	»	3,2	»	C — 2,0 α Coronae.
»	3.	8,6	»	~ 3	»	C — 3,0 α Coronae. C — 2,0 α Serp.
»	3.	9,5	»	= 3	»	C — 3,5 α Coronae. C — 4,5 Pol.

		Uhr				
Sept.	4.	8,0	Comet	3ter Grösse	$C-5,0$ α Coronae. $C-3,0$ α Serp. $C-6,0$ Pol.
»	5.	7,9	»	— 3,4 »	$C-6,0$ α Coronae. $C-4,5$ α Serp. $C-2,0$ δ Oph. C 2,0 ε Oph.
»	6.	8,5	»	= 3,4 »	$C-7,0$ α Coronae. $C-5,0$ δ Oph. C 0,0 ε Oph.
»	7.	8,0	»	— 4,3 »	$C-5,0$ δ Oph. C 0,0 ε Oph.
»	8.	8,0	»	— 4 »	$C-5,0$ δ Oph. $C-0,5$ ε Oph.
»	9.	8,0	»	— 4,3 »	
»	10.	8,0	»	= 4,3 »	C 1,0 ν Scorpii.
»	11.	7,5	»	= 4 »	C 1,0 ω Scorpii. C 0,0 ν Scorpii.
»	12.	7,5	»	4	
»	13.	7,5	»	— 4 »	C wegen der Nähe von ε Scorpii schwer sichtbar.
»	14.	7,5	»	— 4 »	Coma 3 Mal heller als der Sternhaufen bei Antares.
»	15.	7,5	»	4,5 »	
»	16.	7,0	»	4 »	
»	17.	7,5	»	— 4,5 »	
»	19.	7,2	»	= 5,4 »	
»	20.	7,2	»	— 4,5 »	
»	21.	7,2	»	= 5,4 »	

» 24. war der Comet kaum noch dem freien Auge sichtbar.

Im Ganzen folgt, dass die grösste Helligkeit des Cometen einige Tage vor dem berechneten Maximum (Aug. 31) eintrat; ein Umstand, der zum Theil aus den physischen Veränderungen erklärbar ist, vielleicht aber später nicht mehr besteht, wenn definitive Bahnelemente bekannt sein werden.

Die Helligkeit des Kernlichtes allein, also telescopisch ohne Rücksicht auf die Coma und den Strömungsbüschel beobachtet, liess sich genau schätzen, da der Kern am schwachen Okulare stets fixsternartig scharf erschien, und leicht mit benachbarten Sternen verglichen werden konnte. Alle meine Schätzungen sind wohl noch etwas zu hoch ausgefallen. In einigen Fällen war der Kern mit der Basis des Lichtbüschels identisch, und dann war die Schätzung schwierig.

		Uhr		Grösse	
Aug.	9.	12,0 = Kernlicht		8	Kern ganz unlöslich am starken Okulare, Durchmesser kaum 1,5″
»	10.	10,8 =	»	8	Ebenso.
»	11.	9,1 =	»	± 8(?)	Kern höchstens 1″ im Durchmesser, ganz scharf.
»	12.	7,5 =	»	8(?)	(Beide zweifelhaft) an 600 mal. Vergr. kaum 0,5″ gross; nicht ganz löslich.
»	13.	7,5 =	»	— 7,8	Kern goldfarbig, an 300 m. Vergr. nicht ganz in Nebel aufgelöst.
»	14.	7,5 —	»	— 8	Kern fixsternartig.
»	15.	7,6	»	8,9	
»	17.	7,5 =	»	8,9	Am starken Okulare nicht in Nebel aufzulösen.
»	18.	7,6 —	»	= 8	Ebenso.
»	19.	7,9	»	8	Am stärksten Okulare wird der Kern fast ganz
»	19.	13,8 =	»	— 9	In Nebel aufgelöst; an 300 maliger Vergrösserung ist er noch fast sternartig.

	Uhr			Grösse	
Aug. 20.	7,6 =	Kernlicht	=	7,8	Der grosse Kern ist nicht in Nebel aufzulösen.
„ 21.	7,5 =	„	=	7,8	Ebenso.
„ 22.	8,2 =	„	=	9	Kern von der Basis des Büschels kaum zu unterscheiden.
„ 23.	7,2 =	„		7,8	Kern an keinem Okulare in Nebel aufzulösen.
„ 24.	7,3 =	„	–	8	Kern höchst scharf, nicht löslich.
„ 25.	7,7 =	„	–	11	Kern kaum an der Basis des breiten Büschels zu erkennen.
„ 26.	7,1	„		7,8	Kern unlöslich, mit der Basis des grossen Büschels identisch.
„ 26.	10,6 =	„		7	
„ 27.	7,5 =	„		7,8	Kern unlöslich, ebenso die unteren 10″ des goldfarbigen Büschels.
„ 28.	7,7 =	„		11,10	Die Existenz des Kerns kaum nachweisbar in der Basis des breiten Büschels.
„ 28.	8,5 =	„		11	
„ 28.	9,8 =	„	–	10,11	Der Kern wird besser sichtbar, und ist unlöslich.
„ 28.	10,2 =			9,10	
„ 29.	7,4 =	„		7	Kern geringer als 1″; an 300 m. Verg. ganz sternartig.
„ 29.	8,6 =	„	–	7,6	
„ 30.	7,0 =	„	–	8	Kern unmessbar klein und fixsternartig.
„ 31.	7,5	„	–	11,10	Kern unmessbar, ganz unscheinbar, schwer kenntlich in der Basis des breiten Büschels und nicht in Nebel aufzulösen.
„ 31.	10,4 =	„	=	9,10	
Sept. 1.	6,9 =	„	–	7	Der grosse Kern wird nur am stärksten Okulare zum grössern Theile aufgelöst.
„ 2.	6,9 =		=	10,9	Kern sehr klein, nicht löslich.
„ 3.	6,9 –	„	=	10,11	Kern unlöslich, sehr klein.
„ 4.	6,9 =	„	–	7	Kern goldfarbig, gross, nicht löslich.
„ 5.	7,0 =	„	–	10,11	Kern länglich, sehr klein, schwer in dem Doppelbüschel erkennbar.
„ 6.	7,0 =			10	Kern nicht ganz löslich.
„ 7.	6,9 –		–	8,9	Kern nicht ganz löslich, sehr klein, schwer von Büschel zu unterscheiden.
„ 7.	8,5 =	„	=	8	
„ 8.	7,0 =	„		9,10	Kern sehr klein, nicht ganz löslich.
„ 9.	6,9 =	„	–	9,8	Kern scharf, nicht löslich.
„ 10.	7,0 =	„		9	Ebenso
„ 11.	7,0		=	11	Von hier an hindert die niedrige Lage des C die Anwendung starker Okulare: für schwache Okulare blieb der Kern indessen sternartig bis Sept. 19.
„ 12.	6,9 –			9	
„ 13.	7,2 =	„		11	
„ 14.	6,9 –	„	=	10,11	
„ 15.	7,0 =	„	–	10	
„ 16.	6,9 =	„	–	10	
„ 17.	7,0	„	–	11	

	Uhr	Grösse
Sept. 19.	7,0 = Kernlicht =	10
» 20.	Der Kern ist nicht mehr gesondert sichtbar.	

Man ersieht aus obiger Zusammenstellung, wie gross die Aenderungen des Kernlichtes gewesen sind. Der Zusammenhang dieser Variationen mit verwandten des Lichtbüschels wird später, wie ich glaube, das Phänomen in der Hauptsache erklären. Für jetzt werde ich jene Grössenschätzungen durch eine Curve construiren, in welcher nur eine Hypothese auftritt, nämlich die, dass Aug. 16, als ich den Cometen nicht am Fernrohre beobachtete, das Kernlicht hell, und etwa 7,8 Grösse gewesen sei. Ist aber diese Annahme irrig gewesen, so bleibt dennoch alles ungeändert, was ich für die Zeit nach Aug. 17 aufzustellen gedenke. Ueberdies habe ich erst am 15. Aug. angefangen, die Helligkeit des Kerns genau zu schätzen.

Zunächst findet man, dass eine regelmässige Curve von einfacher Krümmung nicht zulässig sei, es müsste denn Jemand annehmen, dass ein geübter Beobachter einige Wochen lang nicht im Stande gewesen sei, Sterne 6., 8. und 11. Grösse von einander zu unterscheiden. Wählt man aber die Wellencurve, so findet nicht nur ein fast vollkommener Anschluss an die Beobachtungen statt, sondern es tritt zwanglos die merkwürdige Periodicität im Lichtwechsel hervor, mit dem besondern Umstande, dass die grossen periodischen Aenderungen (von der 6. bis zur 11. Grösse) mit der Perihelzeit begannen, und sich in 2 Wochen darauf noch 6 bis 7 Mal wiederholten.

Werden die Mittelstufen zwischen den Hauptklassen der Grössen wie üblich durch Decimalen ausgedrückt, so erhält man aus der Curve die folgenden Werthe.

Maxima des Kerns.		Periode.	Minima des Kerns.		Periode.
Aug. 13,71	Grösse = 7,42	= 2,54	Aug. 14,92	Grösse = 9,00	= 2,58
» 16,25	» = 7,32	= 2,48	» 17,50	» = 8,98	= 2,25
» 18,73	» = 7,30	= 2,10	» 19,75	» = 9,10	= 2,37
» 20,84	» = 7,08	= 2,79	» 22,12	» = 9,33	= 3,00
» 23,62	» = 7,33	= 3,10	» 25,12	» = 11,07	= 3,09
» 26,72	» = 6,82	= 2,84	» 28,21	» = 10,80	= 3,03
» 29,56	» = 6,00	= 2,56	» 31,24	» = 10,50	= 2,88
Sept. 1,12	» = 6,78	= 3,05	Sept. 3,12	» = 10,60	= 2,46
» 4,17	» = 7,00	= 3,45	» 5,58	» = 10,63	= 3,10
» 7,62	» = 7,95	= 2,13	» 8,68	» = 10,30	= 3,07
» 9,75	» = 7,80	= 2,67	» 11,75	» = 11,00	= 1,99
» 12,42	» = 8,90	= 2,58	» 13,74	» = 11,22	
» 15,00	» 9,35				

Demnach erhält man aus diesen Werthen die folgenden Mittel der Lichtperiode.

Periode der Maxima des Lichtes = 2,801 Tage ± 0,269 Tage.
Periode der Minima des Lichtes = 2,711 » ± 0,284 »

Macht man jetzt die sehr zulässige Voraussetzung, dass bei den Schätzungen der Helligkeit die Fehler wenigstens halbe Grössen betragen haben; legt man durch sämmtliche Maxima allein die Gränzcurve M, durch sämmtliche Minima allein die Gränzcurve M', und wiederholt die vorige Operation, so findet man:

15*

Maxima des Kerns.				Minima des Kerns.			
Aug.	13,62	Grösse =	7,45	Aug.	14,92	Grösse =	8,70
"	16,21	" =	7,43	"	17,58	" =	8,80
"	18,45	" =	7,40	"	19,73	" =	8,98
"	20,77	" =	7,35	"	22,04	" =	9,37
"	23,72	" =	7,18	"	25,17	" =	10,00
"	26,83	" =	6,90	"	28,21	" =	10,80
"	29,80	" =	6,70	"	31,25	" =	10,42
Sept.	1,12	" =	6,78	Sept.	3,06	" =	10,42
	4,30	" =	7,10	"	5,62	" =	10,50
"	7,62	" =	7,95	"	8,62	" =	10,58
	9,75	" =	8,18	"	11,72	" =	10,85
	12,56	" =	8,75	"	13,70	" =	11,12
	15,00	" =	9,35				

Die Gränzcurven sollen nur dazu dienen, den Gang der Maximal- und Minimalwerthe des Lichtes regelmässiger erscheinen zu lassen, ohne dass die Aenderung der Beobachtungen, wie sich zeigt, irgend wo eine halbe Grösse übersteigt. Die Epochen der Maxima und Minima werden sehr wenig geändert, wenn man zwischen diesen Gränzcurven die Wellencurve neu construirt, ebenso die Periode, denn man hat nun:

Periode der Maxima des Lichtes = 2,698 Tage.
Periode der Minima " 2,707 " mit denselben wahrscheinlichen Fehlern.
Die mittlere Periode aus allen = 2,7015 "

Vergleicht man die zuerst construirte Wellencurve mit den einzelnen Beobachtungen, so liegen alle Abweichungen zwischen 0 und ± 0,5 Grössen, und zwar findet man:

(Rechn.-Beob.) 0,0 Grössen 18 Mal.
" 0,1 " 11 "
" 0,2 " 7 "
" 0,3 " 2 "
" 0,4 " 3 "
" 0,5 " 1 "

Es sind aber die aus den Gränzcurven M und M' entnommenen Werthe der Helligkeiten, zugleich mit den merkwürdigen Variationen dieser in der Periode von 2 Tagen 16,8 Stunden die folgenden:

	Maximum	Minimum	Variation des Glanzes
Aug. 13,5 =	7,45	8,70	= 1,25 Grössen.
" 14,5 =	7,45	8,70	= 1,25 "
" 15,5 =	7,45	8,72	= 1,27 "
" 16,5 =	7,43	8,75	= 1,32 "
" 17,5	7,42	8,80	= 1,38 "
" 18,5 =	7,39	8,87	= 1,48 "
" 19,5	7,38	8,97	= 1,59 "
" 20,5	7,35	= 9,07	1,72 "
" 21,5 =	7,30	= 9,22	= 1,92 "
" 22,5 =	7,23	= 9,52	= 2,29 "
" 23,5 =	7,18	= 10,00	= 2,82 "

	Maximum	Minimum	Variation des Glanzes
Aug. 24,5	7,10	10,60	3,50 Grössen.
25,5	7,00	11,03	4,03 "
26,5	6,92	11,10	4,18 "
27,5	6,85	10,98	4,13 "
28,5	6,78	10,75	3,97 "
29,5	6,70	10,58	3,88 "
30,5	6,70	10,45	3,75 "
31,5	6,75	10,40	3,65 "
Sept. 1,5	6,80	10,40	3,60 "
2,5	6,85	10,40	3,55 "
3,5	6,95	10,42	3,47 "
4,5	7,10	10,47	3,37
5,5	7,35	10,52	3,17
6,5	7,55	10,55	3,00
7,5	7,75	10,56	2,81
8,5	7,95	10,58	2,63 "
9,5	8,10	10,62	2,52 "
10,5	8,32	10,75	2,43 "
11,5	8,52	10,87	2,35 "
12,5	8,75	10,98	2,23 "
13,5	9,00	11,12	2,12 "
14,5	9,20	11,20	2,00 "
15,5	9,42	11,20	1,88 "

Für die Argumente dieser Tafel habe ich die jedesmalige Mitternacht (Athener Zeit) gewählt. Die Gränzcurven geben also für jeden Tag die wahrscheinlichste Gränze des Lichtes an, welche im Minimum oder im Maximum der Kern erreichen konnte. Mit dem Tage des Perihels fand die plötzliche Vergrösserung in der Variation des Lichtes statt.

Wenn man nach der Beobachtung der Helligkeit des Kerns die vorausberechnete Helligkeit des Cometen prüfen wollte, so würde man ohne die vorhergegangene Untersuchung jene Beobachtungsreihe zu Athen ganz unverständlich finden müssen, da zur Zeit der besten Sichtbarkeit das Kernlicht zwischen 6 und 11 schwankte. Durch die Darstellung der Periode von 2,7 Tagen kömmt Ordnung in die Zahlen, und die Werthe der Gränzcurve M (also der Maxima) entsprechen fast vollkommen dem Gange der gewöhnlichen Berechnung der Intensitäten, und setzen das allgemeine Maximum auf das Ende des August. Die Gränzcurve M' (der Minima) dagegen lehrt, dass diese ausserordentliche Kleinheit und Schwäche des Kerns nach je 2,7 Tagen ein Resultat der Action des Kernes sei, deren grösste Stärke nahezu mit dem Perihele beginnend zur Folge hatte, dass mit dem grössten Volum des Strömungsfächers die geringste Sichtbarkeit des Kernes ebenso unmittelbar zusammenhing, wie die Extreme der Intensitäten überhaupt mit denen der später näher zu untersuchenden Positionswinkel des Lichtfächers.

Die Coma.

Unter der grossen Zahl von Cometen, die ich seit 1842 beobachtet habe, zeigten nur der Hind'sche Comet von 1847, und der jetzt behandelte die besondere Eigenthümlichkeit, dass die Coma sehr lange Zeit hindurch ihre selbständige kreisrunde Gestalt behielt, wobei sie links und rechts über die Seitenränder des Schweifes übergriff, und namentlich am Sucher betrachtet einen fremdartigen Anblick gewährte, indem man gewohnt ist, die Cometen parabolisch oder elliptisch am Scheitel abgerundet zu sehen, ohne die Coma oder den Kopf als ein selbständiges Glied zu erkennen. Der Comet II 1862 zeigte diese Erscheinung höchst auffallend, an Figuren erinnernd, die man bei Hevel und Lubienitzky abgebildet findet. Nach der Erdnähe des Cometen änderte sich sein Aussehen, und es ward nach dem 3. Sept. schwierig sich davon zu überzeugen, dass der Querdurchmesser des Kopfes grösser sei als der Durchmesser der Basis des Schweifes. Die kugelförmige Coma, deren Mitte meistens der Kern einnahm, zeigte aber in ihrem Innern, als Effect der Strömungsbüschel, das hufeisenförmig ausgebreitete, seitlich sich zurückkrümmende Nebellicht, welches als der Anfang des Schweifes zu betrachten ist. Lange Zeit hindurch erschien die runde Coma schief gegen die Schweifaxe gestellt, wodurch der ganze Comet ein merklich gekrümmtes Ansehen erhielt. Das folgende Register giebt alle einschlägigen Beobachtungen. Die Dimensionen r sind sehr sorgfältig nach dem Durchmesser des Ringmikrometers bestimmt, immer in voller Nacht, und nur wenn der Mond nicht am Himmel war. r sei der Scheitelradius der Coma, p und p' die Parameter links und rechts im umgekehrten Bilde, diese also senkrecht ungefähr gegen die Schweifaxe liegend. Der Umfang der Coma verlief mit so ausserordentlich zartem Lichte, dass die Gränzen nothwendig auf circa 1 Bogenminute unsicher bleiben mussten; p und p' sind weniger genau beachtet worden.

	Uhr	r	$\frac{1}{2}(p+p')$	(r in der Entfernung = 1.)	(r ausgedrückt in Erddurchmessern.)
Aug. 13.	7,5	4,8' = 12,0'		—	—
„ 14.	7,5	8,0 : 8,0		= 5,3'	= 18,7
„ 15.	7,6	6,0 = 6,0		— 3,8	= 13,4
„ 17.	7,5	7,0 7,0		= 4,1	14,3
„ 18.	7,6	8,0 = 8,0		· 4,4	= 15,5
„ 19.	8,8	9,5 9,5		= 5,0	= 17,6
„ 20.	10,5	10,5 = 10,5		5,3	= 18,6
„ 21.	10,5	11,0 = 11,0		— 5,3	= 18,4
„ 22.	11,7	12,0 = 12,0		5,6	= 19,1
„ 23.	10,7	13,5 = 13,5		= 5,9	= 20,5
„ 24.	9,3	14,5 = 11,0		— 6,0	= 21,5
„ 25.	7,7	16,5 = 14,0		6,5	= 22,8
„ 26.	7,5	15,5 = 13,0		= 5,9	20,7
„ 27.	8,8	17,0 = 13,0		= 6,3	= 22,0
„ 28.	8,5	17,0 = 16,0		— 6,1	= 21,4
„ 29.	7,8	15,0 = 13,0		= 5,3	= 18,5
„ 30.	8,4	15,0 · 14,2		= 5,2	= 18,4
„ 31.	10,4	14,5 —		= 5,1	= 17,9
Sept. 11.	7,5	6,0 —		= 3,3	= 11,8
„ 12.	7,7	7,0 —		= 4,1	= 14,5
„ 13.	7,5	7,0 —		= 4,3	= 15,1
„ 14.	7,5	6,0 —		= 3,9	= 13,5
„ 15.	7,0	6,0 —		= 4,0	= 17,8
„ 16.	7,0	7,0 —		= 4,9	= 17,3
„ 17.	7,0	6,5 —		= 4,8	= 16,7

Lässt man die erste Beobachtung unberücksichtigt, welche, an der Gränze der Dämmerung und des aufsteigenden Mondlichtes, irrig sein wird, so ergeben die übrigen, dass der Halbmesser in der Entf. I oder ρ im Mittel = 5,01′ gross erschien, was auf 17,55 Erddurchmesser, oder 30000 geographische Meilen führt. Der grösste Werth (Aug. 25) giebt $\rho = 6,5′$ oder 22,8 Erddurchmesser = 39200 Meilen. Demnach war die Coma durchschnittlich kleiner als bei dem grossen Cometen von 1861, und zeigte keine Spur einer periodischen Zu- oder Abnahme. Denn die diesmal auftretenden Aenderungen stehen offenbar mit den Entfernungen von der Erde in Zusammenhang, und geben (entgegen dem Resultate für Comet I 1862) zu erkennen, dass die auf die Entfernung I reducirte Coma am grössten erschien, als der Comet der Erde am nächsten stand. Indessen heben sich in diesem Falle die Schwierigkeiten zum Theil, wenn man erwägt, dass einmal das Randlicht überhaupt zu schwach in der Erdnähe erscheinen könne (Comet I 1862), ein andermal aber, ungeachtet seiner Schwäche, doch ein besseres Resultat giebt, wenn es wahrscheinlich wird, dass die inneren Actionen des Kerns dem Umfange der Coma eine sehr bestimmte Gränze anweisen (Comet II 1862).

Die Abhängigkeit der scheinbaren Grösse der Coma von der Distanz von der Erde ersieht man gut aus folgenden Zahlen. r = beobachteter Scheitelradius; ρ derselbe in der Entfernung = I. Δ die Entfernung des Cometen von der Erde. Natürlich kommt für die gegenwärtige Frage nur die Reihe ρ in Betracht.

Aug. 20. $r = 15,70′$ $\rho = 5,00$ $\Delta = 0,257$ Mittel aus 5 Angaben.
» 23.24.   = 13,83   = 5,85 = 0,424 » » 6 »
» 17.18.   = 8,16   = 4,65 = 0,570 » » 6 »
Sept. 14.   = 6,50   = 4,19 = 0,644 » » 7 »

Die Grösse der Coma wird anschaulicher, wenn man sich erinnert, dass sie, falls mit einem ihrer Ränder eine Berührung mit der Erde stattfände, der gegenüberliegende Rand der Coma noch 29000 Meilen über den Mond hinausreichen könnte.

Beobachtungen über den Schweif.

Wenn auch der lange schmale Schweif sich einigemal über 20° weit erstreckte, so gewährte er doch stets eine nur unbedeutende Erscheinung, da sein etwas mehr auffälliger Glanz auf die untern 3 bis 5 Grade beschränkt blieb. Da er sehr zart verlief, so half der Cometensucher nicht viel zur Bestimmung der letzten Gränze, weil der starke Glanz so vieler gleichzeitig im Felde sichtbarer Fixsterne ein Urtheil über die Ausdehnung des Nebels nicht mehr gestattete. Hier leistete das unbewaffnete Auge vielleicht bessere Dienste, und ich habe Ursache, die ermittelten Schweiflängen für sehr genau anzusehen, so lange sie als Minima betrachtet werden. Im folgenden Verzeichnisse erhalten die nur am Sucher bestimmten Schweiflängen ein (*) zur Bezeichnung.

	Uhr.	Länge des Schweifes	
Aug.	9. 12	—	Der Vollmondschein liess nur 1° des Schweifes erkennen.
»	10. 11,12	—	Dieselbe Bemerkung. Aug. 12 bei Mondschein die Länge gegen 2°.
»	13. 8,0	1,8 **	Diese Angabe ist noch unsicher. Von der runden Coma verläuft der Schweif in Gestalt eines dünnen Stiels; das Ansehen des Ganzen war zwiebelförmig; Anfang der hufeisenförmigen Basis des Schweifes mitten in der Coma.

	Uhr.	Länge des Schweifes	
Aug. 14.	8,1	2,7° *	Figur ähnlich der gestrigen.
„ 15.	8,3	4,4 *	Figur zwiebelförmig; an der rechten Seite der Rand des Schweifes heller. C nach rechts gekrümmt.
„ 16.	8,5	1,0	Beobachtung ohne Fernrohr.
„ 17.	8,5	1,5	Ohne Fernrohr beobachtet.
17.	8.5	4,7 *	Am Sucher; Coma und Basis des Schweifes noch zwiebelförmig. Schweif nach rechts gebogen, also die hohle Seite rechts. Vom
„ 18.	9,0	6,0 *	Kerne aus zog sich durch den Schweif ein helles Licht, die
„ 18.	10,0	6,5	Lage der Axe bezeichnend.
„ 19.	9,0	7,0	Coma und Schweifanfang ganz zwiebelförmig; die Axe des Schweifes anfangs sehr schmal, nur 2,5' breit, wo sie am Rande der Coma begann; in 20' Abstand vom Kerne 8' breit. Die ganze Figur schwach gekrümmt, hohle Seite rechts.
„ 20.	10,5	8,5	Der Schweif erscheint mit doppelten Aesten, die hufeisenförmig mitten in der Coma zusammenstossen, und den Kern zum Anfang haben; der Arm rechts, sehr schmal, und in 2,7° Abstand vom Kerne deutlich eingebogen oder geknickt, ist 8,5° lang, der andere, gerade, ist 2,2° lang. Die ganze Figur ist schwach gekrümmt. Nur 2,2° weit ist der Schweif einigermaassen hell. Die allgemeine Krümmung scheint nur darin zu liegen, dass die Coma rechts weiter übergreift als links.
„ 21.	10,5	8,5	Die rechte Seite sehr dominirend, sehr stark gekrümmt; die Spur
„ 21.	10,5	10,0 *	des linken Armes sehr unbedeutend; die Breite der hufeisenförmigen Basis in der Coma = 5'.
„ 22.	11,4	9,0	Der ganze Schweif gekrümmt; die Hufeisenfigur kaum angedeutet. Nur die untern 4° einigermaassen hell. Die rechte Seite scharf,
„ 23.	9,0	11,0	schmal, lang und kaum noch gekrümmt; Coma nach rechts stark
„ 23.	9,0	15,0 *	übergreifend; die hufeisenförmige Krümmung der Basis des Schweifes mitten in der Coma sehr deutlich.
„ 24.	9,2	16,0 *	Der untere Theil des Schweifes mit dem Nebenlichte gegen 1°
„ 24.	11,7	16,0	breit; es steckt, vom Kerne ausgehend, ein inneres, bis 19°
„ 24.	11,7	19,0 *	langes Conoïd in dem allgemeinen Nebellichte des Schweifes, welches an der Coma beginnt. Die Coma greift rechts über.
„ 25.	9,0	15,0	Der lange Schweifarm zieht rechts, der kurze, 4° lang, links; die hohle Seite des Ganzen rechts; wohl nur scheinbar, weil
„ 25.	9,0	19,0 *	rechts die Coma mehr übergreift. Nur die untern 3° ziemlich hell, der übrige Schweif schwer kenntlich.
„ 26.	10,0	23,0	Der lange Strahl liegt rechts, und ist fast gerade; bis γ Draconis leicht erkennbar.
„ 26.	10,0	24,0 *	
„ 27.	8,5	25,0	Heute ist die Figur sehr merkwürdig, der lange, vom Kern unmittelbar ausgehende Arm zieht links, und ihm seitlich zur Rechten liegt, durch dunklen Raum getrennt, der andere schwächere Arm, 1,5° lang. Dieser hört da auf, wo links aus dem langen Hauptstrahle ein drittes, bis 6° langes Schweiffragment

Uhr.	Länge des Schweifes	

hervortritt. Der Eindruck ist so, als habe sich seit gestern das ganze Conoïd um seine Axe gedreht, sodass die hellste und längste Wand, die sonst rechts lag, nun links gestellt war, und als finde in Beziehung auf die andere Seite eine optische Durchschlingung statt, zunächst rechts sichtbar, dann durch den Hauptstrahl verdeckt, und links wieder hervortretend. Dieser Anblick, der sich später wiederholte, führte zuerst auf die Vermuthung einer zeitweiligen Drehung des ganzen Cometen zur Zeit des Perihels. In 20′ Abstand vom Kern war die Gesammtbreite der hellern Aeste = 20′, sodass auf den Hauptarm 4,5′, auf den linken Ast 3′, und 12,5′ auf den Zwischenraum kommen.

Aug. 28. 11,0 20,0° Mit gestern verglichen, erschien der Schweif sehr unbedeutend, und stark verändert; der Hauptast zog rechts, und in 1° Abstand vom Kern zeigt sich links ein 5° langer Nebenarm, entweder vor dem erstern vorüberziehend, oder hinter ihm hervortretend; dadurch entsteht an der rechten Seite eine Einbiegung, ganz so wie Anfangs Juli bei dem grossen Cometen von 1861. Es steckt ein langes Conoïd schief in einem kürzern und breitern. In 29′ Abstand vom Kerne ist die Breite der hellen Säume = 14′.

„ 29. 10,5 21,5 Figur ähnlich wie gestern, der lange Arm rechts; die Coma greift links über. Im Intersectionspunkte beider Schweife ist der

„ 29. 10,5 21,5° lange Arm nur 2′ oder 3′ breit, wird aber dann breiter, und weniger scharf begränzt. Breite der Hufeisenfigur in der Coma = 6′.

„ 30. 10,5 17,0 Heute zeigt sich wieder die merkwürdige dreitheilige Figur, oder

„ 30. 10,5 17,0° die scheinbare Durchschlingung zweier Schweife, wie sie Aug. 27 gesehen und gezeichnet ward. Der Hauptstrahl ging von der linken Seite des Hufeisens, unmittelbar vom Kerne aus, und war gerade; der Nebenarm, anfangs rechts, verlor sich dann im Licht des Hauptstrahls, kam links wieder zum Vorschein, und war so stark gebogen, dass sich die Krümmung auf einer Chorde von 14′—15′ erkennen liess. In 20′ Abstand vom Kerne betrug die Breite des hellen Schweiflichtes 15′. Diese Figur ist also nach 3 Tagen wiedergekehrt.

„ 31. 8,5 9,0 Schweif sehr unbedeutend; die helle Phase des Schweifes liegt rechts, nicht unmittelbar vom Kerne, sondern vom Ende des grossen Strömungsbüschels ausgehend. Zur Linken ist der Nebenarm kaum kenntlich.

Sept. 1. 8,5 4,0 Schweif ganz unscheinbar, rechts sehr scharf; nur 1° weit ziemlich hell.

„ 1. 8,5 4,0° — — —

„ 2. 8,0 Der Mondschein liess nur die 2 untern Grade gut erkennen. Der längere Hauptarm ging unmittelbar vom Kerne aus, links beginnend, dabei hell und scharf; der Nebenschweif rechts und schwächer, ganz die Figur von Aug. 30 und Aug. 27; demnach heute die dritte Erscheinung derselben Figur.

„ 3. 8,4 4,5° Schweiffigur identisch mit Aug. 31. Hauptarm rechts, hell, gekrümmt, ausgehend vom obern Ende des Strömungsbüschels.

	Uhr.	Länge des Schweifes	
Sept. 4.	7,5		Schweif an der rechten Seite hell, scharf und gekrümmt.
» 5.	7,7		Nur an der rechten Seite ist die helle Krümmung des Schweifes bei starkem Mondscheine sichtbar, als unmittelbare Fortsetzung des Strömungsbüschels, wie Sept. 2.
» 6.	7,5	—	Wegen des Mondscheins lässt sich nur die Hufeisenform der Basis erkennen.
» 7.	7,5	—	Dieselbe Bemerkung.
» 8.	7,5	—	Der Schweifast links ist am hellsten und grössten. Beide Aeste 60° gegeneinander geneigt, und sehr auffällig. Der zur Rechten erscheint als unmittelbare Fortsetzung der Strömung des Kernes.
» 9.	7,5	—	Rechts ist der Schweif am hellsten; gegenseitige Neigung beider Arme = 45°.
» 10.	7,5	—	Schweif an der rechten Seite am hellsten.
» 11.	7,5	4,0°	Rechts die grösste Helligkeit und Länge; dort sehr gekrümmt.
» 12.	7,5	5,5°	Rechts sehr hell, breit, lang und stark gekrümmt; die unmittelbare Fortsetzung der Kernströmung. Der linke Arm sehr unbedeutend. Mond nicht mehr störend.
» 12.	7,5	2,0	
» 13.	7,6	4,5°	Der rechte Arm hell und breit, das Ganze wenig gekrümmt.
» 14.	7,4	3,5°	Wenig gekrümmt, rechts am besten sichtbar.
» 15.	7,0	3,0°	Schweif rechts deutlich, hell und gebogen.
» 16.	7,0	3,5°	Schweif rechts hell und gekrümmt, seit Sept. 9 nun immer in derselben Verbindung mit der hellen nach rechts gerichteten Strömung des Kernes.
» 17.	7,0	4,0°	Schweif nur rechts sichtbar, stark und hell, gekrümmt.
» 19.	7,0	3,0°	Schweif rechts heller.
» 20.	7,0	2,0°	Schweif rechts heller.
» 21.	7,0	1,0°	Ebenso.

Der leichtern Uebersicht wegen mögen hier die nur mit dem unbewaffneten Auge beobachteten Schweiflängen zusammengestellt werden, wobei ich bemerke, dass die oft benutzte Erklärung der unregelmässig wachsenden und abnehmenden Schweiflängen, indem der ungleiche Zustand der Luft Schuld sein soll, für den attischen Himmel nicht gestattet ist. Für Mitteleuropa mag sie für sehr gross, doch halte ich für sorgsame Beobachter die Gefahr nicht für sehr gross, da diese solche Angaben bei zweifelhafter Luft ganz unterlassen werden. Auch die plötzlichen Zuckungen im Lichte des Schweifes, die ich seit 1843 niemals an irgend einem der grossen Cometen wahrgenommen habe, wird man auch in diesem Klima ebenso wenig, wie am Zodiacallichte bemerken.

	Uhr				
Aug. 16.	8,5	Schweiflänge	=	1,0°	Scheinbar fand also die grösste Schweiflänge einige Tage nach dem Perihele statt; denn nahm sie rasch ab, und war zur Zeit der Erdnähe schon um die Hälfte vermindert. Der Einfluss der veränderten geocentrischen Projection mag später einmal berechnet werden.
» 17.	8,5	»	=	1,5	
» 18.	10,0	»	—	6,5	
» 19.	9,0	»	=	7,0	
» 20.	10,5	»	=	8,5	
» 21.	10,5	●		8,5	
» 22.	11,5		..	9,0	

	Uhr			
Aug. 23.	9,0	Schweiflänge	=	11,0°
» 24.	11,7	»	=	16,0
» 25.	9,0	»	=	15,0
» 26.	10,0	»	=	23,0
27.	8,5	»	=	25,0
» 28.	11,0	»	=	20,0
» 29.	10,5	»	=	21,5
» 30.	10,5	»	=	17,0
» 31.	8,5			9,0
Sept. 1.	8,5	»	=	4,0
» 12.	7,5	»	=	2,0

Beobachtungen zur Bestimmung der Lage und Gestalt des Schweifes.

Die folgenden Angaben beziehen sich auf die Lage des Schweifes zwischen den Sternen. Theils sind es Eintragungen in Argelander's Uranometrie (Gradnetz für 1840), theils Richtungslinien nach Sternen bestimmt, die in der Axe des Schweifes selbst, oder in deren Verlängerung lagen. Telescopisch durch Einstellungen am Refractor wurden häufig Punkte ermittelt, die ebenfalls zur Kenntniss der Positionswinkel des Schweifes führen, und die namentlich die anderweitig erhaltenen Positionswinkel des Schweifes verbessern und vervollständigen sollen.

	Uhr	
Aug. 14.	8,1	Der Schweif ist genau gegen den Nordpol gerichtet, indem der Stundenfaden am Sucher des Refractors die Axe des Schweifes deckte. Ebenso am Mikrometerfaden des Refractors.
» 19.	8,7	Die Verbindung des C mit dem Punkte $\alpha = 237°$ $\delta = +81°$ giebt den Positionswinkel $= 11$.
19.	14,2	Aehnlich C und der Stern 4 Fl. oder Piazzi XIV. 49.
22.	8,2	11 bestimmt aus C und Piazzi XIV. 136 ⎱ für die Mittellinie des ganzen
20.	8,8	» » C und η Urs. Min. ⎰ Schweifes.
20.	10,4	» » C und Piazzi XIV. 136, der kurze Schweif.
20.	10,4	» » C und $\alpha = 245°$ $\delta = +77,5°$, der lange Schweif.
23.	8,0	Schweif genau auf ζ Draconis gerichtet.
23.	11,5	Schweif gegen die Mitte von ζ Drac. und dessen Nachbarn gerichtet.
24.	9,2	Schweifende in $\alpha = 260°$ $\delta = +61°$.
24.	11,4	Mittlere Axe genau über den nördl. Nachbarn 6 Gr. von χ Draconis.
25.	11,4	Die Verbindung mit ν Draconis giebt genau 11 für die Axe des Schweifes.
26.	8,1	Axe genau durch die beiden Sterne Piazzi XVI. 152. 153; weniger nahe durch Piazzi XVII. 278.
27.	8,2	Lal. 24200 giebt die Richtung des Nebenschweifes.
27.	9,4	Lal. 24421 giebt genau die Richtung der rechten scharfen Seite des Hauptschweifes.
28.	8,9	Ort der Intersection beider Schweife durch Rümk. 5170. 5173 (15 Uhr 42 Min. + 41° 35').
28.	8,9	Lage des Hauptschweifes durch (15 Uhr 48,3 Min. + 41° 38'.)
29.	7,7	Lage des kurzen Schweifes durch $\varkappa$ Coronae bestimmbar.

16*

Uhr
Aug. 29. 8,1 Ein Punkt 15 Uhr 39,6 Min. + 35° 56' giebt die Richtung des Hauptschweifes.
„ 30. 10,5 Durch Eintragung in Argelander's grosse Bonner Charten sind die für
1855 gültigen Punkte, welche die Lage der Schweifaxe bestimmen, folgende, wenn der Kern in 15 Uhr 41,0 Min. + 29° 29'.

U. M.   U. M.

α = 15 44 δ = + 29° 30'   α = 16 20 δ = + 29° 28'
  = 15 48   = + 29 35   = 16 24   = + 29 20
  = 15 52   = + 29 42   = 16 28   = + 29 15
  = 15 56   = + 29 45   = 16 32   = + 29 10
  = 16 0   = + 29 45   = 16 36   = + 29 0
  = 16 4   = + 29 45   = 16 40   = + 28 47
  = 16 8   = + 29 44   = 16 44   = + 28 38
  = 16 12   = + 29 42   = 16 48   = + 28 25
  = 16 16   = + 29 38   = 16 52   = + 28 5

„ 30. 11,0 Lage des Schweifes ungefähr durch β Herculis bestimmt.
„ 31. 8,8 Lage desselben durch α = 15 Uhr 51,1 Min. δ = + 23° 54,4' bestimmbar.
Sept. 1. 8,5 Die Schweifaxe zieht durch α = 15 Uhr 54,9 Min. δ = + 18° 9,2'.

U. M. S.

„ 2. 8,6 Stern m = 15 52 27 + 12° 40,4' bestimmt den linken, hellen Arm.
„ 2. 8,6 Stern m' = 15 52 24 + 12 34,0 bestimmt den rechten schwächern Arm.
„ 3. 8,5 Stern 9^m = 16 7 8 + 7 20,0 bestimmt die Richtung des Arms rechts.
„ 4. 7,9 Stern 9^m = 15 57 58 + 2 35,8 für die Mitte des rechten Arms.
„ 4. 8,0 Stern 9^m = 15 57 20 + 2 34,1 für den rechten Rand desselben.
„ 11. 7,3 Schweif gegen ω Ophiuchi gerichtet.
„ 12. 7,6 Stern 16 Uhr 13 Min. 1 Sec. — 23° 23,5' im scharfen rechten Rande des
rechten Arms.
„ 12. 7,6 19 Fl. Piazzi XVI im Saume des linken Schweifes; es sind 3 helle Sterne.
„ 13. 7,6 σ Scorpii liegt in der Axe des Schweifes.
„ 14. Von diesem Tage an mussten solche Bestimmungen aufhören.

Andere Bestimmungen von II.

Solange der Schweif noch in schmaler Form nahe central von der Coma auslief, bevor
also sich die doppelten Arme zeigten, liess sich der Positionswinkel, bezogen auf den jedesmaligen Meridian des Kopfes, und von Norden durch Osten herumgezählt, dadurch annähernd bestimmen, indem ich das Fadenkreuz im schwachen Okulare des Refractors genau
nach der täglichen Bewegung orientirte, und, wenn der Kern im Horizontalfaden (Parallelfaden) stand, die Lage der Schweifaxe gegen diesen Faden nach Graden schätzte. Als
aber der Comet sich vergrösserte, und das enge Gesichtsfeld solche Schätzungen nicht
mehr gestattete, musste zum Fadenkreuze im Sucher des Refractors übergegangen werden.
Im erstern Falle liess die Sicherheit, mit welcher die Orientirung des Fadenkreuzes (weil
es drehbar ist) bewerkstelligt ward, nichts zu wünschen übrig; im zweiten Falle dagegen
steht die Lage des festen Fadenkreuzes im Sucher ganz unter dem Einflusse der nicht fehler-
losen Aufstellung des Instrumentes. Indessen finde ich, dass für die vorgekommenen Lagen

bei diesen Messungen solche Fehler unter 5° sein werden, und dass diese bei der ohnehin grossen Schwierigkeit solcher Schätzungen nicht besonders ins Gewicht fallen. Dazu noch der nachtheilige Umstand, dass in vielen Fällen die ideelle Mittelrichtung des Schweifes ohnehin nur errathen werden konnte, alles überdies erschwert durch die Lichtschwäche des Bildes im Felde eines Suchers von nur 1zölligem Objective. So waren meine Hülfsmittel beschaffen, mit denen ich Π für den Schweif und für die Strömungsfächer bestimmte. Sie werden dennoch hinreichen, um das Endresultat genugsam zu begründen.

Im Folgenden gilt also Π als Positionswinkel der mittlern Schweifrichtung gegen den jedesmaligen Meridian des Cometen, von Norden durch Osten herumgezählt; Π' Π'' auf verwandte Richtungen der Ränder des Schweifes bezogen.

	Uhr				
Aug. 14.	8,1	Π	=	0°	am Sucher.
» 15.	8,6	Π	=	15	am Refractor.
» 17.	8,3	Π	=	45	am Refractor, unsicher ⎱ Mittel = 42,5°.
» 17.	8,4	Π	=	40	am Sucher ⎰
» 18.	8,5	Π	=	45	im Mittel aus 4 Schätzungen, die übereinstimmten.
» 19.	8,3	Π	=	45	aus 3 Angaben an beiden Mikrometern.
» 19.	11,7	Π	=	45	1 Beob.
» 19.	14,3	Π	=	50	2 Beob.
» 20.	8,4	Π	=	60	2 Beob.
» 21.	8,3	Π	=	60	wohl nur dem langen Hauptstrahle geltend.
» 21.	9,0	Π	=	65	ähnlich.
» 22.	8,2	Π	=	55	am Refr. ⎱
» 22.	9,2	Π	=	55	» ⎰ Die Beob. am Refr. fast illusorisch, weshalb
» 22.	9,3	Π	=	50	» ich für den 22. Aug. 60° annehmen will.
» 22.	9,3	Π	=	65	am Sucher ⎰
» 23.	9,5	Π	=	50	mittlere Richtung nach 3 Beob.
» 23.	10,7	Π'	=	70	gültig für den nachfolgenden Saum rechts.
» 24.	8,5	Π	=	75	am Refr. ⎱ Mittel = 72,5°.
» 24.	8,5	Π	=	70	am Sucher ⎰
» 24.	9,3	Π	=	80	am Refractor.
» 25.	9,0	Π	=	75	an beiden Mikrometern.
» 26.	8,5	Π	=	70	aus verschiedenen Angaben.
» 26.	10,5	Π	=	75	ähnlich.
» 27.	7,8	Π'	=	80	Mittellinie des dunklen Raums.
» 27.	7,8	Π	=	55	Mittellinie des Hauptschweifes.
» 27.	7,8	Π	=	80	allgemeine mittlere Richtung.
» 27.	9,7	Π	=	75	dieselbe. Im Mittel sei für Aug. 27 Π = 77,5°.
» 28.	9,0	Π	=	85	mittlere Richtung am Sucher.
» 28.	9,1	Π	=	87	dieselbe am Refractor.
» 28.	10,2	Π'	=	90	grosser Schweif.
» 28.	10,2	Π''	=	70	kleiner Schweif. Mittlere Richtung Aug. 28 Π = 87°.
» 29.	7,8	Π'	=	95	der grosse Schweif ⎱
» 29.	7,8	Π''	=	75	der kleine » ⎱ für Aug. 29 sei Π = 95°.
» 29.	8,6	Π'	=	95	der grosse » ⎰ gegenseitige Neigung beider Arme = 17,5°.
» 29.	8,6	Π''	=	80	der kleine » ⎰

		Uhr			
Aug.	30.	7,8	II	. 90°	Mittellinie } Mittel Aug. 30. 87,5°.
"	30.	8,4	II	= 85	ebenso. }
"	31.	7,4	II	.. 90	Mittellinie.
"	31.	10,4	II	90	ebenso.
Sept.	1.	8,5	II	= 90	Mittellinie.
"	2.	8,1	II'	= 90	grosser Schweif links.
"	2.	8,1	II	= 95	Mittellinie; um 9 Uhr ebenso.
"	3.	8,5	II'	= 100	der im Sucher allein kenntliche Arm rechts.
"	4.	7,3	II	= 110	Mittellinie?
"	4.	8,7	II	= 110	Mittellinie?
"	5.	7,7	II'	= 108	Arm rechts.
"	6.	7,5	II	= 122	der rechte Schweifarm, oder die Mittellinie? wohl die letztere.
"	7.	7,5	II	= 115	Mittellinie; Vollmond sehr störend.
"	8.	7,5	II	= 125	Mittellinie.
"	8.	7,5	II'	= 70	linker Arm.
"	8.	7,5	II''	= 135	rechter Arm.
"	9.	7,9	II	= 110	Mittellinie.
"	10.	7,5	II	= 120	Mittellinie.
"	11.	7,5	II	117	Mittellinie.
"	12.	7,5	II	. 105	Mittellinie.
"	12.	7,5	II'	= 135	der rechte Arm.
"	12.	7,5	II''	= 90	der linke Arm.
"	13.	7,6	II	100	Mittellinie.
"	14.	7,3	II	= 110	Mittellinie.
"	15.	6,9	II	= 105	Mittellinie.
"	16.	7,5	II	115	nahe der rechte Arm.

Zur Beurtheilung der Fehler dieser Positionswinkel wird also in Betracht gezogen:

1. Die nicht genaue Orientirung des festen Fadens im Sucher des Refractors;
2. Die an sich unvermeidlichen Schätzungsfehler an beiden Mikrometern;
3. Die oftmalige Unsicherheit, die Axe des Schweifes anzugeben, wenn die allgemeine Krümmung sehr merklich war, oder wenn die beiden Ränder sehr ungleiches Licht hatten.

Denkt man sich diese Fehler in ungünstigen Fällen zusammen wirkend, so wird dann II leicht $\pm$ 10° fehlerhaft sein können, und man hat gute Gründe, zur Ausgleichung jener Fehler sich auch jetzt wieder der Curve zu bedienen, welche sich allen auf die Mittellinie bezüglichen Angaben von II möglichst genau anzuschliessen hat.

Der sehr regelmässige Zug dieser Curve giebt die folgenden, für 12 Uhr mittl. Athener Zeit gültigen Werthe von II.

Aug.	13.	II =	336,0°	Aug.	20.	II =	57,0°
"	14.	=	2,0	"	21.	=	61,7
"	15.	=	20,5	"	22.	=	65,0
"	16.	=	33,2	"	23.	—	68,0
"	17.	.	40,7	"	24.		71,3
"	18.	.	47,0	"	25.		74,4
"	19.	—	53,0	"	26.	=	78,0

Aug.	27.	II = 80,7°	Sept.	6.	II = 114,4°
"	28.	= 83,5	"	7.	= 116,0
"	29.	= 86,7	"	8.	= 116,2
"	30.	= 89,1	"	9.	= 116,0
"	31.	= 91,6	"	10.	= 114,8
Sept.	1.	= 94,7	"	11.	= 113,0
"	2.	= 98,2	"	12.	= 110,5
"	3.	= 103,0	"	13.	= 108,0
"	4.	= 108,0	"	14.	= 104,2
"	5.	= 111,8	"	15.	= 101,0

Wenn ich 34 Angaben, die sich auf die Mittellinie des Schweifes beziehen, mit den aus der Curve interpolirten Werthen beiläufig vergleiche, so bleibt selbst bei den sehr mangelhaften Beobachtungen im September nirgends ein Fehler von ± 10° übrig. Es zeigt sich ferner, dass der wahrscheinliche Fehler der Werthe der Curve auf ± 3,3° sich herausstelle. Diese Genauigkeit ist viel grösser, als ich sie in der späteren Untersuchung gebrauche, wo es sich bei den Strömungen des Kernes um Variationen von mehr als 80° handeln wird. Leicht wäre es gewesen, für jeden Tag aus der bekannten Lage des Radiusvectors jene II zu berechnen; aber absichtlich habe ich es unterlassen, um nicht, die niemals ernstlich geprüfte Hypothese über die Coincidenz der Schweifaxe mit dem Radiusvector als Thatsache zum Grunde legend, Fehler in die Rechnung zu bringen, die möglicherweise grösser als die der Beobachtungen sein könnten. Diese letzteren dagegen, mögen sie immerhin für mangelhaft gelten, schliessen alle etwaigen Bewegungen des ganzen Schweifes in sich, und mit ihrem Einflusse sind auch die der Curve zu entnehmenden Werthe behaftet.

Periode in den Veränderungen des Schweifes.

Da ich von Aug. 9 bis Sept. 17 die mehrfach wechselnden Phasen des Schweifes beobachten und zeichnen konnte, ohne mehr als einen Abend (Aug. 16) zu verlieren, so setzt mich dies Material in Stand, jetzt die zweite Phase periodischer Erscheinungen ebenfalls näher zu betrachten, und zwar diejenige, welche am meisten durch den Mond gestört wurde. Die merkwürdigen, auch von andern Astronomen gescheuen Figuren der Kreuzung oder Durchschlingung zweier Arme des Schweifes sowohl, als auch die charakteristische Art, in welcher einigemale der Zusammenhang des Schweifes mit der Ausströmung sich darstellte, lassen wiederum den Wechsel identischer Erscheinungen in 2½ bis 3 Tagen erkennen, wobei es vorläufig gar nicht darauf ankommt, zu untersuchen, ob von einer Rotation die Rede sein könne oder nicht, sondern zunächst nur, das thatsächlich aus den Beobachtungen Folgende hervorzuheben und festzustellen.

Um auch ohne Abbildungen verstanden zu werden, sollen folgende Bezeichnungen benutzt werden.

Phase A. Der helle und lange Schweifarm erscheint als rückwärtige Verlängerung des jedesmal glänzenden Strömungsbüschels; er geht von der linken Seite der Coma aus, und wird schräge von dem rechten und schwachen Nebenarm derart geschnitten, dass die Fortsetzung des schwächern Arms an der linken Seite des Hauptschweifes wieder hervortritt. Kern jedesmal sehr hell.

Phase B. Der helle und lange Schweifarm erscheint als directe Fortsetzung des jedesmal grossen, breiten, krummen und lichtschwachen, stets nach rechts gekrümmten Strömungsbüchels, oder mit andern Worten: Büschel und Fortsetzung des Schweifes bilden für sich eine Hufeisenform; grosser Schweifarm rechts; Kern stets äusserst klein und schwach.

1. *A.* Aug. 24, Aug. 27, Aug. 30, Sept. 2 sind die Abende mit ganz oder nahe identischen Erscheinungen, und zwar mit Ausnahme des ersten, ausgezeichnet durch das Phänomen der Kreuzung der Schweifarme. Ueberdies waren die speciellen Eigenthümlichkeiten der Strömung nahe identisch. Allein Aug. 24 sah ich die erwähnte Figur der Schweifarme nicht, wenigstens nicht zwischen 8 und $9\frac{1}{2}$ Uhr; oder falls vorhanden, war sie unbedeutend, und ward von mir übersehen. Da aber die übrige Identität mich dringend vermuthen lässt, dass in jener Nacht doch die Kreuzung der Arme stattfand, und ich mich zu erinnern glaube, dass diese Figur in Paris zu jener Zeit wirklich beobachtet ward, so will ich annehmen, dass sie erst gegen Mitternacht eingetreten sei. Dann hat man:

Phase *A* = Aug. 24,50 Periode = 2,98 Tage.
   » 27,48 » = 2,88 »
   » 30,36 » = 2,97 »
   = Sept. 2,33

2. *B.* Diese mehrfach gesehene Phase ward um 5. und 6. Sept. zweifelhaft durch neue, später zu beschreibende Phänomene der Ausströmung. Ich will daher im Mittel Sept. 5,83 annehmen.

Phase *B* = Aug. 25,38 Periode = 2,99 Tage.
   » 28,37 » = 2,98 »
   = » 31,35 » = 3,00 »
   = Sept. 3,35 » = 2,48 »
   » 5,83 » = 2,47 »
   » 8,30

Nimmt man aus den Perioden *A* und *B* einfach das Mittel, so findet man 2,82 Tage. Während auf den Lichtwechsel des Kerns die veränderliche Lage des Cometen gegen die Erde keinen andern Einfluss hat als die Variation der Aberrationszeit, tritt bei dem Wechsel in der Figur des Schweifes die Wirkung der geänderten geocentrischen Projection auf, und die zuletzt gefundene Periode ist gewissermaassen als synodische, noch auf die siderische zu reduciren.

Ueber die Ausströmung des Cometenkernes.

Seit dem Halleyschen Cometen (1835) hat keiner der spätern so ausgezeichnete Strömungserscheinungen gezeigt, als der Comet II. 1862. Will man auch zugeben, dass im Grunde alle Lichterscheinungen des Kerns dieselbe Ursache haben, und dass demnach so verschiedene Phasen, wie sie z. B. die Cometen von 1835, 1845, 1853, 1858, 1862 und 1861 dargeboten, nur dem Aeussern nach modificirte Formen waren, so ist doch sicher, dass kein Comet in dem erwähnten Zeitraume so glänzende, und so stark veränderliche Strömungsbüschel aufzuweisen hatte. Höchstens darf man den Cometen des Sommers 1860 ausnehmen, der wenigstens an einem Abende zu Athen solche geradlinige Lichtströmung gezeigt hat.

Die Athener Beobachtungen des 2. Cometen von 1862 sind sehr vollständig, denn unter den telescopischen Wahrnehmungen fehlt nur die 16. August. Was nach dem 15. Sept. fehlt, ist ohne Wichtigkeit. Ich hätte die Vollständigkeit viel weiter treiben können, wenn nicht die Beschwerden der attischen Sommernächte mich genöthigt hätten, das Maass der Beobachtungen zu beschränken.

Um den ansehnlichen Umfang der folgenden Mittheilungen übersichtlich darzustellen, werde ich zunächst die Positionswinkel noch unberücksichtigt lassen. Links und Rechts bezieht sich immer auf den Anblick des umgekehrten Bildes, wobei noch vorausgesetzt wird dass die Verbindungslinie beider Augen senkrecht gegen die Schweifaxe gestellt sei. S bezeichne stets den Strömungsbüschel. Die Uhrzeiten sind meistens sehr früh, und gelten noch für die Zeit der hellen Dämmerung, in welcher gewöhnlich die Positionswinkel bestimmt wurden.

Uhr

Aug. 9. 11,5 Der Strömungsbüschel S hat die Form eines unten sehr scharfen, glänzend weissen, nach oben zart verlaufenden, und nach rechts gekrümmten Strahles, der endlich büschel- oder pinselförmig in die Coma sich verliert. Er schien der Sonne gerade zugewandt. Länge l zwischen 40" und 45".

» 10. 9,7 S ist glänzend, gerade, schmal fächerförmig, links schärfer begränzt, aber insofern nicht genau mit dem Kerne zusammenhängend, als die Basis des Fächers vom Kerne durch dunkleres Licht getrennt war. Auch sonst schien der Fächer nach oben hin etwas ungleichförmig an Licht, wie zusammengesetzt aus rauchartigen Nebelmassen. Rechts am Kerne ein schwacher Ansatz hellerer Nebels. $l=65$".

» 11. 9,1 S existirt nicht; an seiner Stelle aber liegt, ungefähr S entsprechend, sehr helles breites Licht, dessen allgemeine Erstreckung noch eine Bestimmung des Positionswinkels gestattet. Bis 9^h zeigte der Athener Refractor in diesem Lichte keine hellern Linien oder Nebenstrahlen, sondern nur ziemlich sicher, dass der hellste Theil von dem Kerne durch einen dunklern Raum getrennt war. l vielleicht = 50" bis 60". Jener hellste Theil stellte sich gewissermaassen als eine isolirte Wolke dar, die, auch sonst wiederkehrend, am Kreismikrometer bestimmt werden konnte, und stets durch a bezeichnet werden soll, gleichviel, an welchem Ort sie erscheint.

» 12. 7,5 S sehr scharf, am Kern besonders hell und schmal, mit diesem vielleicht nicht unmittelbar zusammenhängend. Nach rechts gekrümmt, zart verlaufend, sah man seinen Zusammenhang mit der hufeisenförmigen Figur in der Coma, welche also jetzt die Basis der gesonderten Schweifarme erkennen liess. Unsicher blieb ich, ob der Strahl ausser der allgemeinen Krümmung nach rechts, nicht auch links eine schwache Einbucht zeigte. $l=30$".

» 13. 7,5 S nur an der Wurzel schmal und hell, in der obern Hälfte anomal, rauchförmig oder wolkenartig; bei nicht merklicher Krümmung stand er in nächster Beziehung zu dem hufeisenförmigen Bogen links. Um 8,5 Uhr $l=65$".

» 14. 7,5 S erscheint nur als breite Lichtmasse, nicht wie sonst als scharfer schmaler Strahl, in 30" Abstand vom Kerne vielleicht wieder wolkenförmig verdichtet. $l=60$".

» 15. 8,5 S sehr scharf, glänzend, schmal und fächerförmig; $l=50$".

» 17. 7,5 S zwar schmal und fächerförmig, doch ohne scharfes Licht in der

Uhr

Axe mit 2 rauchartigen Verdichtungen. Das Centrum sehr verhüllt durch dichtes Licht der Coma. Das Ganze erschien wie durch eine angehauchte Glasscheibe gesehen. $l = 70''$.

Aug. 18. 7,5 S höchst prachtvoll, fein mit äusserst scharfem Lichte. An 300 bis 800 maliger Vergrösserung ganz in Nebel auflösbar, und für sich das vollkommene Bild eines hellen Cometen bildend. $l = 65''$. Nach 9 Uhr wurden alle centralen Gebilde mehr verhüllt durch dichtes Nebellicht der Coma.

» 19. 7,4 S ein gerader, sehr schmaler heller Fächer. $l = 120''$
7,9 S nicht merklich verändert. $l = 58$
9,0 S oben breiter auslaufend, etwas krumm. $l = 55$
12,0 Breite und Krümmung haben zugenommen.
13,7 S noch hell und scharf unten. $l = 60$
16,4 S noch gut sichtbar. $l = 65$

» 20. 7,5 An der Stelle von S erscheint, gegen die Sonne gerichtet, sehr helles, breit zertheiltes, wohl aus 2 rauchartigen Wolken bestehendes Licht. Links und rechts am Kerne helleres Licht. Die ganze Erscheinung, mit der frühern verglichen, etwas matt. $l = 70''$ bis $75''$; sie geht quer durch die Hufeisenform hindurch, welche in der Coma den Anfang beider Schweifarme bildet.

» 21. 7,8 S mit seiner Umgebung vorzüglich prachtvoll, erscheint als grosser höchst glänzender nach oben breiterer und schräg abgeschnittener Fächer, der an seinem obern Ende von der dunkelsten Stelle der Coma begränzt wird. Diese Lücke ist zugleich die centrale Trennung der hufeisenförmigen Figur; der helle rechte Schweifarm erstreckt sich rückwärts vom Kerne. Der Kern nebst S hat eine sehr excentrische und schiefe Lage. $l = 75''$.

» 22. 9,5 S mit gestern verglichen matter, aber gross, der Schweifaxe nahe parallel, ein schmaler oben nach rechts gekrümmter Fächer, dessen Basis von dem sehr kleinen Kern sich kaum trennen lässt. l nach Schätzung über 70'', und $l = (13$ sec. cos. $h)$ $15 = 70''$.

» 23. 8,5 S hell, schmal, kürzer, und nach rechts gekrümmt, oben mit der anhängenden Wolke u. Das Ganze setzt schräg quer durch das hufeisenförmige Licht hindurch. $l = 40''$, nur für den hellen Stamm geltend; das Ganze indessen gegen 120'' lang. Der rechte Schweifast liegt hinter der rückwärts gehenden Verlängerung des Büschels.

» 24. 8,0 S gross, glänzend und anomal gestaltet, ein schöner, schwach doppelt gekrümmter, ganz nach links zurückgebogener Fächer, der mit intensiver Basis dem Kerne sich anschliesst. An der Sonnenseite des Kernes bemerkt man den Beginn einer neuen Strömung, mehr rechts gerichtet, so dass der Winkel alles ausgeströmten Lichtes 47° betrug. Der innere hellste Theil war etwa 20'' lang: bis 45'' Abstand, im linken Fächer gerechnet, noch starkes Licht, für die ganze Länge des grossen Fächers fand ich $l = 90''$. Die äussere Gränze dieses Fächers berührte den Umfang der hufeisenförmigen Figur. Die Mitte dieser, zwischen Kern und der Richtung zur Sonne merkwürdig durch einen

Uhr

1½′ breiten unregelmässig geformten elliptischen Raum, dessen unterr Basis durch alle zum Fächer gehörigen Theile gebildet ward. Die centrale Region erscheint heute analog den Strömungssectoren der Cometen von 1858 und 1861.

Aug. 25. 8,7 Mit heute tritt eine sehr charakteristische, später mehrfach wiederkehrende Form auf. *S* erscheint nicht als gerader glänzender Strahl oder Fächer, sondern als ein sehr grosser diffuser, nach rechts sehr stark gekrümmter Federbusch, der für sich, mit dem fast unkenntlichen kleinen Kern an der unteren breiten Rundung, die Gestalt eines bleichen gebogenen Cometen nachahmt. Wo dieser Büschel, dessen Licht nur wenig die der centralen Regionen der Coma übertrifft, nach oben verläuft, zeigt sich eine matte fast isolirte Wolke α, über die später noch Messungen mitgetheilt werden. Für die Ausdehnung dieses Fächers fand ich:

Uhr

durch Schätzung um 8,0   *l* = 90″

durch Messung   » 8,7   *l* = (13 sec. cos. δ) 15 = 105″

»   » 9,0   *l* = (9 sec. cos. δ.15) sec. 20° = 78″

Mittel aus allen, *l* = 90″.

. 26. 8,4 *S* in normaler Gestalt, glänzend, scharf, schmal fächerförmig, oben nach rechts gekrümmt, völlig mit dem strahlenden Kern zusammenlaufend. Der rechte Schweifarm liegt in der rückwärtigen Verlängerung des Büschels; die Abbildung wird hier wie in allen übrigen Fällen mehr sagen als jede Beschreibung.

Uhr

7,1   *l* : 50″ Schätzung.

8,4   *l* = 15 (5,5 sec. cos. δ sec. 30°) = 58″

10,6   *l* = 70″ Schätzung.

. 27. 7—9 *S* zeigt in fast vollkommener Identität die merkwürdigen Erscheinungen, die unter Aug. 24 beschrieben sind, auch den dunklen elliptischen Raum an der Sonnenseite des Kerns. Während heute der grosse flammenförmig geschwungene, links gerichtete Fächer lichtschwächer als neulich erscheint, sieht man an der rechten Seite die neubeginnende sehr glänzende Strömung in der Form des scharfen geraden Strahls am Kern mit ersterem einen Winkel von 70° bildend. Für diesen schmalen Büschel fand ich:

Uhr

8,0   *l* = 60″

8,7   *l* = 15 (3,5 sec. cos δ sec. 43°) = 49″

Für den grossen matten Büschel links setze ich *l* = 150″.

. 28. 7—9 *S* ist streng identisch mit der Form des 25. Aug., nur grösser und matter; der Ort des höchst kleinen Kerns liess sich fast nur errathen. Da ich schon früher die periodische Wiederkehr dieser und anderer Gestalten erkannt hatte, so war heute der erste Tag, für welchen ich die Erscheinungen genau vorausbestimmt, und vorher schon gezeichnet hatte. Der Büschel zeigte fast die Sichelform, am obern Ende

17 *

Uhr
schwebte wieder die matte Wolke α, der Scheitelpunkt der Aussen-
fläche des gegen die Sonne gerichteten Hufeisenlichtes, also der der
Basis des Schweifconoïdes. Der Parameter dieser Basis maass 5,5′.
l ungefähr (7,5 Uhr) $= 15$ (7,7 sec. cos. 3 sec. 30°) $= 99″$. Die
Schätzung gab schwierig 100″ bis 120″.

Aug. 29. 7—8 Die centralen Regionen prachtvoll strahlend, S gross, hell, gerade,
fächerförmig, schmal, oben verwaschen, die Wolke α kaum kennt-
lich, die ganze rechte Seite schärfer als die linke. Ganze Länge mit
der Wolke α = 180″. Auch diese Figur war vorausbestimmt, indessen ohne Rücksicht auf α, die ich heute nicht erwartet hatte.

„ 30. 7—8 Im Allgemeinen identisch mit Aug. 24 und 27. Doch trat die Vorausbestimmung nicht in allen Theilen ein, weil, was vormals als Haupt-
phänomen sich darstellte, jetzt untergeordnet und unbedeutend erschien;
denn der damalige grosse links gerichtete Büschel existirte nur in einer matten Spur, während die am 24. und 27. Aug. eben neu be-
ginnende Strömung rechts, diesmal völlig ausgebildet, und im grössten Glanze, scharf und fächerförmig, als die Haupterscheinung auftrat.
Sogar die dunkle Ellipse war, wenn auch sehr schwierig, doch sicher
zu erkennen.
Uhr
9,0 $l = 70″$, geschätzt
9,0 $l = 15$ (3,75 sec. cos. δ sec. 45°) $= 69″$.

„ 31. 7—10 Dritte Wiederkehr des grossen matten, jetzt halbkreisförmigen Büschels mit der Wolke α, abermals vorherbestimmt. Der rechte Schweifarm
erscheint als die unmittelbare Fortsetzung jener Strömung, sodass nicht
der Kern, sondern die Wolke α den Scheitelpunkt der Figur bildet.
9 Uhr; Sehne der Sichel = 120″. Ganze Länge der Krümmung
etwa 150″.

Sept. 1. 7—8 S schön und glänzend, insofern mit der Vorausbestimmung nicht zu-
treffend, als der lange gerade Hauptstrahl links neben sich einen zweiten
schwächern Strahl zeigte, gegen jenen 45° geneigt. Da aber der
Hauptstrahl auch rechts neben sich kurzes, vom Kern ausgeströmtes
Licht zeigte, so schien der ganze breite Fächer 3theilig zu sein. l im
Mittel 50″—60″; Breite gegen 30″.

„ 2. 7—9 Die höchst ausgezeichnete heutige Erscheinung entsprach der Vorausbestimmung fast vollkommen, nur dass ich sie nicht so glänzend erwartet hatte. Der lange Büschel war oben nach rechts gekrümmt.
Ein Kern existirte eigentlich gar nicht, und man müsste dafür die
feine untere Spitze des Fächers ansehen.
Uhr
8,0 $l = 90″$ geschätzt.
8,9 $l = 15$ (4,5 sec. cos. δ sec. 45°) $= 93″$.

„ 3. 7—9 Vierte vorherbestimmte Wiederkehr des grossen diffusen sichelförmigen Büschels mit der Wolke α. Der helle Mondschein hatte auch
auf dies Gebilde kaum merklichen Einfluss. Ganze Länge mit der
Wolke ungefähr 180″. Vergl. Aug. 31. 28. 29.

Uhr

Sept. 4. 7—9 Zweite vorherbestimmte Wiederkehr des doppelten Büschels mit geraden schmalen Fächern. Der Strahl rechts glänzend, der links davon abstehende gegen erstern 87° geneigte Strahl bedeutend schwächer. Länge des Hauptstrahls = 45'. Nur an seiner Basis war er sehr hell, und ich nehme sicher an, dass sein Maximum schon vorüber war.

5. 7—8 Nur die Hälfte der Vorausbestimmung ist eingetreten; wohl erschien der lange schmale und glänzende, schwach gekrümmte Hauptstrahl, aber ihm gerade gegenüber, an der andern Seite des fast verschwindend kleinen Sterns, war ein hellerer, breiterer und kürzerer Lichtbüschel hervorgebrochen, so dass mir die ganze innere Struktur des Cometen wesentlich verändert erschien. Er trat nun in die Kategorie der Cometen von 1845, 1853, 1854 und 1861, bei denen (wenigstens vorwiegend) der Kern in oder an dem hellen Lichtsaume lag, welches die parabolische Scheitelkrümmung der Coma bildete. Sept. 5 waren die beiden Schweifäste geradezu die Verlängerungen der beiden Lichtbüschel, geneigt gegeneinander waren sie ungefähr 175°.
Länge des Hauptstrahles rechts — 120"
Länge des Büschels links = 40

6. Im Allgemeinen ist die heutige Figur mit der gestrigen identisch, nur beide Büschel viel matter, und so zusammenhängend, dass der kleine Kern excentrisch in diesem Nebelsaume liegt, ohne dass man daran erinnert wird (wie Sept. 5), dass jener Saum eine doppelte Production des Kerns sei. Der linke Büschel hatte vielleicht eine rauchartige Stelle. Von nun an scheint die periodische Veränderlichkeit aufzuhören, und die Beobachtungen verlieren wegen der zu tiefen Lage des Cometen, und wegen des Mondscheins an Genauigkeit.

7. 7—8 S sehr hell und schmal, links unter 60° Neigung von einem sehr matten Nebenstrahle begleitet, also die dritte derartige Wiederkehr, die sich vielleicht bis Aug. 11 zurückführen lässt. l = 40", so weit er hell ist.

8. 7—8 S gross, matt, nach rechts gekrümmt und vielleicht mit rauchartigen Stellen, das Ganze wüst und unbestimmt; ein Gegenstrahl links bestimmt nicht vorhanden, wie ich erwartet hatte. (Sept. 5.) l = 90". Luft still bei Vollmondschein.

9. 7—8 Keine scharfe Fächergestalt, nur bis 4' weit verbreitetes Licht, nach rechts gekrümmt.

10. 7—8 Alles lebhafter als gestern; S ziemlich scharf, 50" lang, schmal, aber doch sehr verwaschen wegen des mehr und mehr sich trübenden, verhüllenden Nebellichtes.

11. 7,5 S gross, breit, 120" lang, krumm, ganz verwaschen.

12. 7,5 S nur im Allgemeinen durch grosse, nach rechts gekrümmte Lichtmassen angedeutet.

13. 7,5 S gut kenntlich, schmal, 50" lang, matt, an der Basis schwächer als in der Mitte.

14. 7,5 Nur helles nach rechts übergekrümmtes, ganz verwaschenes Nebellicht.

15. 7,5 Ungefähr derselbe Anblick.

Uhr
Sept. 16.   7,5   Ebenso, doch erkennt man vielleicht noch die schmale Fächerform.
  -   17. 19. 20. 21. 24. 25 waren solche Beobachtungen, nahe am Horizonte, nicht
mehr möglich.

Periodischer Wechsel der Gestalt dieser Lichtfächer.

Die Zusammenstellung der Zeichnungen jedes Abends lässt leicht erkennen, dass eine
gewisse Zeit hindurch nach Intervallen von ungefähr 3 Tagen dieselben Figuren wieder-
kehrten. Um dies näher zu erörtern, mögen folgende Bezeichnungen gelten.

Fig. α.   Erst um die Zeit des Perihels ward sie hell, schmal und bestimmt fächerför-
mig, zeigte mitunter rauchförmige Stellen, und ward zuletzt 2 und 3theilig.
Secchi in Rom sah diese Duplicität schon am 11. August, da er sich eines
Fernrohrs bediente, dessen optische Kraft gegen 3 Mal grösser als die des
Athener Refractors ist.

  -   β.   Einfacher höchst glänzender Strahl, am weitesten nach links geneigt. Zuerst
sah ich ihn, als er sein Maximum schon überschritten hatte, stets dann mit
einem sehr hellen Kern verbunden, später erschien bereits die Neubildung mehr
rechts gestellt, als die Spur der ersten Richtung noch kenntlich war. Mit dieser Gestalt verbunden war 3 Mal die elliptische dunkle Oeffnung in der Coma.

  -   γ.   Die am wenigsten schöne, aber die oft und wenig verändert wiederkehrende Form;
sehr gross, matt, diffus, mit breiter Rundung an dem höchst kleinen Lichtschwachen Kerne beginnend; anfangs mässig, dann stärker, zuletzt halbkreisförmig wie
ein vom Winde gekrümmter, stets nach rechts umgebogener Büschel, der an
seiner Spitze die isolirte Wolke α zeigte.

Die Vergleichung der Zeichnungen wird jeden Zweifel über die Verschiedenheit dieser
Charactere beseitigen. Ordnen wir jetzt diese Erscheinungen nach den Zeiten, und betrachten jede gesondert, so erhalten wir, mit der Figur α beginnend, die folgenden Resultate.
Aug. 16 fehlt: mit Sicherheit nehme ich an, ohne gegenwärtig irgend eine fremde Beobachtung dieses Tages zu kennen, dass der Strahl hell, schmal, gerade, wenig oder gar nicht
gekrümmt, und fast genau der Schweifaxe entgegengesetzt sein musste.

Periodische Wiederkehr der Figur α.

		Uhr					
Aug.	11.	9,1	Periode	= 2,96 Tage.			Mittel der Periode = 2,994 Tage. (11 Perioden)
»	14.	8,2	»	= 3,00	»		Bis Sept. 13 war der Character der Figur noch
							sicher zu erkennen.
«	17.	8,3	»	= 3,03	»		
»	20.	9,0	»	= 3,00	»		
»	23.	9,0	»	= 3,08	»		
«	26.	10,8	»	= 2,92	»		
»	29.	9,0	»	= 3,03	»		
Sept.	1.	9,8	»	= 2,91	»		
»	4.	7,8	»	= 2,99	»		
»	7.	7,7	»	= 3,00	»		
»	10.	7,8	»	= 3,01			
»	13.	8,0					

Periodische Wiederkehr der Figur β.

Uhr

Aug. 12.	8,5	Periode	= 3,00 Tage.	Mittel der Periode = 2,984 Tage. (9 Perioden)
» 15.	8,5	»	= 3,02 »	Mit Sept. 5, als neue Phänomene aufgetreten wa-
» 18.	9,1	»	= 2,97 »	ren, liess sich die Figur nicht sicher mehr constatiren.
» 21.	8,4	»	= 3,02 »	
» 24.	9,0	»	= 2,99 »	
» 27.	8,7	»	= 3,00 »	
» 30.	8,6	»	= 2,98 »	
Sept. 2.	8,2	»	= 3,02 »	
» 5.	8,7	»	= 2,95 »	
» 8.	7,5			

Periodische Wiederkehr der Figur γ.

Aug. 10.	9,7	Periode	= 2,95 Tage.	Mittel der Periode = 2,932 Tage. (10 Perioden)
» 13.	8,5			Da Aug. 16 fehlt, so habe ich das Mittel zwischen
» 16.	fehlt		3,27 »	Aug. 13 und 19 genommen. Mit Sept. 6 ward
» 19.	14,2	»	= 2,83 »	das Wiedererkennen der Figur γ bereits unsicher.
» 22.	10,2	»	= 2,95 »	
» 25.	9,4	»	= 2,97 »	
» 28.	8,7	»	= 2,99 »	
» 31.	8,5	»	= 2,90 »	
Sept. 3.	8,4	»	= 2,95 »	
» 6.	7,5	»	= 3,02 »	
» 9.	8,0	»	= 2,98 »	
» 12.	7,7			

Wenn man nicht über den 6. Sept. hinausgeht, so findet sich kein Abend, an welchem ein Zweifel an der Identität der Figur hätte entstehen können. Am sichersten von allen war die Figur γ wegen der geringsten Veränderlichkeit, dann α, und am wenigsten sicher die Gestalt β.

Auf die nahe Uebereinstimmung der Werthe aus den 3 Reihen darf man kein zu grosses Gewicht legen, weil doch die Beobachtungen im Ganzen ungefähr auf dieselben Stunden vor Mitternacht fielen. Indessen weiss ich sicher, dass keine Figur sich rasch änderte, dass meistens 3 Stunden hindurch die Gestalt sehr nahe dieselbe blieb, und z. B. Aug. 19 in 9 Stunden ganz den anfänglichen Charakter behielt.

Positionswinkel der Strömungsfächer.

Schon früher habe ich die unvollkommene Methode angegeben, durch welche ich diese Winkel α, α' etc. bestimmte, indem ich nur ein drehbares, an sich mangelhaftes Fadenkreuz hatte, war ich auf Schätzungen zwischen dem Parallelfaden und dem Stundenfaden beschränkt. Bei 0°, 90°, 180°, und bei 45° und 135° sind diese Schätzungen gewiss sehr genau, so lange der Fächer geradlinigt war; hatte er, wie oft, eine starke Krümmung, so kam es sehr darauf an, jedesmal in derselben Weise die mittlere Richtung zu bestimmen, namentlich bei der schwierigen Figur γ. Den Parallelfaden durch Bewegung des Rohres vermittelst des Stundenschlüssels zu orientiren, war wegen der fehlerhaften Aufstellung des Instrumentes nicht gestattet; die Passage des Cometenkerns, am Faden entlang, ebenfalls nicht, wegen der sehr raschen Bewegung in Declination; also mussten dazu die sehr benachbarten Fixsterne dienen. In heller Dämmerung ward dann der Kern in die Mitte des Fadenkreuzes gestellt, und der Winkel gegen den am bequemsten gelegenen Faden geschätzt, wobei ich mich stets einer 90 oder 100maligen Vergrösserung bediente; x ist also der Positionswinkel des Fächers gegen den jedesmaligen Meridian des Cometen, von Norden durch Osten herum gezählt, wo denn unter Osten immer die Gegend verstanden wird, wo die grössern Rectascensionen liegen. Das folgende Verzeichniss giebt diese Werthe x.

	Uhr			
Aug.	9.	12,0	x nicht gemessen, sondern ungefähr auf 180° geschätzt; sehr zweifelhaft.
»	10.	10,8 »	= 210°	gut bestimmt wegen der günstigen Form des Fächers.
»	11.	9,1 »	= 165	zweifelhaft, weil kein scharfer Fächer vorhanden.
»	12.	7,6 »	= 195	ziemlich gut.
»	13.	7,5 »	= 225	ziemlich gut.
»	14.	7,5 »	= 200	weniger sicher; Figur unbestimmt wie Aug. 11.
»	15.	7,6 »	= 232	Form des Fächers sehr günstig.
»	15.	8,6 »	240	ebenso.
»	17.	7,5 »	= 225	ziemlich gut.
»	17.	8,3 »	= 225	ebenso.
»	18.	7,6 »	= 280	Fächer sehr günstig, Beob. gut.
»	18.	7,8 »	= 277	noch besser.
»	18.	8,3 »	275	recht gut.
»	18.	9,1 »	= 280	gut.
»	19.	7,4 »	= 228,5	Fächer sehr scharf; Beob. ziemlich gut.
»	19.	7,9 »	= 230	
»	19.	8,8 »	= 225	
»	19.	9,7 »	= 225	Fächer jetzt merklicher gekrümmt.
»	19.	11,1 »	= 225	
»	19.	13,7 »	= 230	
»	19.	14,7 »	= 225	
»	19.	16,4 »	= 225	gute Bestimmung.
»	20.	7,4 »	= 245	Form des Fächers ungünstig; Beob. genügend.
»	20.	7,9 »	= 250	
»	20.	8,9 »	= 240	
»	21.	7,5 »	= 312	Figur des Fächers sehr günstig, Beob. gut.
»	21.	8,3 »	= 310	ebenso.
»	21.	9,0 »	= 310	
»	22.	8,2 »	= 230	Figur günstig, schwach gekrümmt.
»	22.	9,2 »	= 235	
»	22.	9,3 »	= 230	Mittel = 232,5°.
»	22.	11,6 »	= 255	
»	22.	11,7 »	= 240	Mittel = 246,7°.
»	22.	11,7 »	= 245	
»	23.	7,2 »	= 295	Figur stark gekrümmt, Beob. schwierig.
»	23.	7,6 »	= 290	
»	23.	9,6 »	= 285	
»	23.	10,7 »	= 280	

	Uhr			
Aug. 24.	7,3	π	= 310°	Zweifelhaft, obgleich ein grosser heller Fächer, der gemessen ward; die neue Strömung rechts konnte ihrer Kleinheit wegen nicht bestimmt werden. Aber der Winkel am Kern giebt an, dass für die Strömung π um 47,5° kleiner angenommen werden muss.
» 24.	8,5	»	= 305	
» 24.	9,3	»	= 300	
» 25.	7,7	»	= 240	Sehr schwierig, wegen grosser Krümmung der Figur γ.
» 25.	9,0	»	= 235	
» 25.	10,2	»	= 235	
» 26.	7,1	»	= 300	Sehr günstige Form des Fächers.
» 26.	8,4	»	= 300	
» 26.	10,4	»	= 292	
» 26.	10,6	»	= 305	
» 27.	7,0		230	π' bezieht sich auf den schwachen grossen Fächer links, π auf die Hauptströmung.
» 27.	7,8	»	= 230	π' = 305° (π' — π) im Mittel = 70°.
» 27.	8,8	»	= 227	π' = 300
» 27.	9,7	»	= 230	π' = 295
» 28.	7,1	»	= 230	Wieder die schwierige Figur γ. π giebt die mittlere Richtung; nimmt man die Basis des Büschels, und nennt deren Winkel π', so ist heute (π' — π) = 40°.
» 28.	8,5	»	= 230	
» 28.	9,1	»	= 230	
» 29.	7,4	»	= 290	Form des Fächers günstig.
» 29.	8,6	»	= 280	
» 30.	6,9	»	= 224	Form des grossen Fächers sehr günstig.
» 30.	8,4	»	= 225	
» 31.	7,4	»	= 230	Abermals die schwierige Figur γ; wenn π' im Sinne wie Aug. 28 gilt, so ist für heute zu setzen: (π' — π) = 40°.
» 31.	10,4	»	230	
Sept. 1.	6,9	»	= 255	Gültig für den geraden Hauptstrahl; der matte Strahl links = (π + 45°)
» 1.	8,5	»	= 200	
» 2.	6,9	»	= 225	Figur sehr günstig für die Schätzung.
» 2.	8,1	»	= 225	
» 2.	9,0	»	= 222	
» 3.	6,9	»	= 225	Figur γ wie immer schwierig, π' im Sinne von Aug. 31 und 28; 40° grösser.
» 3.	8,4	»	= 225	
» 4.	6,9	»	= 225	Strahl gerade; π' bezieht sich auf den schwachen Nebenstrahl links.
» 4.	7,3	»	= 225	π' = 315°
» 4.	8,7	»	= 225	π' = 312
» 5.	7,0	»	= 222	(π' = 45) π' gilt der neuen Strömung, welche der alten (π' = 47) entgegengesetzt ist: also (π' — π) = 175°.
» 5.	7,8	»	= 220	
» 6.	7,4	»	= 222	π' = 60. Aehnlich wie gestern: (π' — π) = 162°.
» 7.	6,9	»	= 225	gültig für den Hauptstrahl; π' für den Strahl an der linken Seite. π' = 282°. (π' — π) = 40°.
» 7.	8,7	»	= 222	
» 8.	6,0	»	= 213	Figur des Fächers günstig.
» 8.	7,5	»	= 210	
» 9.	6,9	»	= 195	Kein Fächer, nur helles Nebellicht in dieser Richtung.
» 9.	7,9	»	= 195	
» 10.	7,0	»	= 222	Fächer von guter Form, gerade.

Uhr
Sept. 11. 6,9 π = 200   Sehr unsicher, weil nur zerstreutes helles Nebellicht sichtbar.
  » 12. 6,9 » = 190   Aehnlich ungünstig wie gestern.
  » 13. 7,0 » = 220   Fächer gut im übrigen Nebel kenntlich.
  » 14. 6,9 » = 195   Nur helles Nebellicht; Beob. unsicher.
  » 15. 7,0 »   195   Dieselbe Bemerkung.
  » 16. 6,9 » = 220   Ein schmaler Fächer ist schwach angedeutet.
Von nun an sind solche Messungen wegen der tiefen Lage des Cometen unausführbar.

Variation der Positionswinkel, oder scheinbare Oscillationen des Strömungsfächers gegen die scheinbare Axe des Schweifes.

Ich werde, ohne die einzelnen schwierigen, und ihrer Bedeutung wegen zweifelhaften Werthe von π speciell zu erörtern, jetzt die Positionswinkel der mittlern Schweifaxe = Π mit den zuletzt dargelegten Werthen π in Verbindung setzen. Es bedeutet also im Folgenden (π — Π) die scheinbare Neigung des Strömungsfächers gegen die Axe des Schweifes. Für Π werden die Werthe aus der früher mitgetheilten Curve interpolirt. Um aber Wiederholungen und zu grosse Ziffernmenge zu vermeiden, ziehe ich benachbarte Messungen in Mittel zusammen, und erhalte so die folgenden Werthe.

Uhr
Aug. 13.   7,5 (π — Π)   244,0° . . . 1 Boob.
  » 14.   7,5   »   — 203,0 . . . 1 »
  » 15.   8,1   »   — 218,5 . . . 2 »
  » 17.   7,9   »   185,5 . . . 2 »
  » 18.   7,7   »   203,5 . . . 2 »
  » 18.   8,7   »   — 231,3 . . . 2 »
  » 19.   7,6   »   — 177,2 . . . 2 »
  » 19.   9,2   »   — 172,6 . . . 2 »
  » 19. 11,1   »   172,2 . . . 1 »
  » 19. 14,9   »   173,0 . . . 3 »
  » 20.   8,1   »   — 188,3 . . . 3 »
  » 21.   8,3   »   = 240,5 . . . 3 »
  » 22.   8,9   »   = 167,1 . . . 3 »
  » 22. 11,7   »   181,1 . . . 3 »
  » 23.   7,4   »   = 225,1 . . . 2 »
  » 23. 10,1   »   = 214,7 . . . 2 »
  » 24.   8,4   »   = 234,2 . . . 3 »
  » 25.   8,9   »   — 162,7 . . . 3 »
  » 26.   7,7   »   — 222,5 . . . 2 »
  » 26. 10,5   »   = 220,6 . . . 2 »
  » 27.   7,4   »   = 148,9 . . . 2 »
  » 27.   9,2   »   148,1 . . . 2 »
  » 28.   8,3   »   = 146,9 . . . 2 »
  » 29.   8,0   »   = 198,7 . . . 2 »
  » 30.   7,6   »   — 137,8 . . . 2 »
  » 31.   8,9   »   138,5 . . . 2 »
Sept. 1.   7,7   »   — 163,4 . . . 2 »

Uhr

Sept.	2.	8,0	(π — Π)	126,4	... 3 Beob.
»	3.	7,6	»	122,8	... 2 »
»	4.	7,6	»	117,8	... 3 »
»	5.	7,4	»	106,7	... 2 »
»	6.	7,4	»	108,1	... 1 »
»	7.	8,3	»	107,7	... 2 »
»	8.	7,2	»	95,3	... 2 »
»	9.	7,4	»	= 79,0	... 2 »
»	10.	7,0	»	106,9	... 1 »
»	11.	6,9	»	86,1	... 1 »
»	12.	6,9	»	79,0	... 1 »
»	13.	7,0	»	111,5	... 1 »
»	14.	6,9	»	90,0	... 1 »
»	15.	7,0	»	94,2	... 1 »
»	16.	6,9	»	124,0	... 1 »

Anm. zu Aug. 24. Wähle ich statt des grossen links gerichte-ten Fächers die noch ganz kurze helle Neubildung an der rech-ten Seite, so würde folgen:

Uhr Min.
(π — Π) um 8 31 = 189,2°
» 9 16 179,1

Werden diese Werthe in die Con-struction gebracht, so bewirken sie nur, dass vorhergehende Maxi-mum unsicher, das folgende Mi-nimum aber genauer zu machen. Im Wesentlichen wird nichts geändert; doch fordert die Analogie mit den verwandten Figuren des 27. und 30. Aug. eigentlich, für Aug. 24 die klei-nern Werthe von (π—Π) zu benutzen.

Diese Tafel zeigt also, dass (π—Π) sehr grossen Aenderungen unterworfen war, wie z. B. zwischen Aug. 17 und 19 der Winkel von + 48° bis — 50°; am 20.—22. Aug. von + 61° bis — 82°, von Aug. 24 bis 26 von — 71° bis + 60° u. s. w. Um Einsicht in die Natur dieser Bewegungen zu erlangen, werde ich wieder die Hülfe der darstellenden und ausgleichenden Curve benutzen. Dass es sich hier um keine mittlere, regelmässige Curve handeln kann, sieht Jeder, der nie selbst beobachtete; es genügt der Blick auf die nebeneinandergelegten Abbildungen von jedem Abende, um die 3tägige Schwingungsdauer zu erkennen, welcher alle in Frage stehenden Phänomene diesmal unterworfen waren.

Zur Construction der Curven war ein sehr grosser Maassstab erforderlich, wenn es sich namentlich um eine genaue Bestimmung der Maxima und Minima von (π—Π) handelte. Dass irgend eine Angabe ein Zwang von Bedeutung hätte geschehen müssen, um eine sehr regelmässige Wellencurve herzustellen, kam nicht nur nicht vor, sondern es hielten sich die Differenzen zwischen der Curve und den Messungen zwischen sehr mässigen Gränzen. Da ich früher die möglichen Fehler in Π auf 10° schätzte, und ich die möglichen Fehler in π doch nicht kleiner als 5° annehmen kann, die wahrscheinlichen Fehler beider aber gerin-ger sind, so ist zu fordern, dass die Wellencurve, welche (π—Π) darstellt, nur Fehler ent-halte, die etwa zwischen + 10° und 0° liegen.

Betrachten wir zuerst die Epochen der Maxima und Minima sowie die sich daraus er-gebenden Perioden, innerhalb welcher scheinbar sich die Schwingungen des Lichtfächers vollendeten. Wir finden:

Maxima		Periode t	Minima		Periode t
Aug. 13,25 (π — Π) = 244,5°		= 2,77	Aug. 14,50 (π — Π) = 202,5°		= 2,69
» 16,02 » = 240,7		= 2,35	» 17,19 » = 185,0		= 2,39
18,37 » = 232,5		= 3,13	19,58 » = 172,3		= 2,63
» 21,50 » = 250,2		= 2,02	» 22,21 » = 166,2		= 3,04
» 24,12 » = 236,0		= 2,21	» 25,25 » = 162,0		= 2,67

18*

Maxima			Periode t
Aug. 26,33	(κ — Π)	= 221,8°	= 3,04
» 29,37	»	= 199,0	= 2,88
Sept. 1,25	»	= 163,8	= 2,62
» 3,87	»	= 140,0	= 2,00
» 5,87	»	= 123,5	= 1,75
» 7,62	»	= 111,0	= 2,63
» 10,25	»	= 107,0	= 3,00
» 13,25	»	= 112,0	= 3,12
» 16,37	»	= 124,0	

Minima			Periode t
Aug. 27,92	(κ — Π)	= 145,0°	= 2,87
» 30,79	»	= 135,0	= 3,13
Sept. 2,92	»	= 117,5	= 2,04
» 4,96	»	= 103,0	= 2,00
» 6,96	»	= 91,7	= 2,16
» 9,12	»	= 79,0	= 2,88
» 12,00	»	= 78,2	= 2,62
» 14,62	»	= 87,0	

Hiernach findet man die jedesmaligen Variationen der (κ—Π) vom Max. bis Min. und vom Min. bis Max., also die jeder einzelnen Periode zukommenden grössten Schwingungen:

Aug. 13 — 14	= — 42,0°	Aug. 14 — 16	= + 38,2°
» 16 — 17	= — 55,7	» 17 — 18	= + 47,5
» 18 — 19	= — 60,2	» 19 — 21	= + 77,9
» 21 — 22	= — 84,0	» 22 — 24	= + 69,8
» 24 — 25	= — 74,0	» 25 — 26	= + 59,8
» 26 — 27	= — 76,8	» 27 — 29	= + 54,0
» 29 — 30	= — 64,0	» 30 — 32	= + 28,8
Sept. 1 — 2	= — 46,3	Sept. 2 — 3	= + 22,5
» 3 — 4	= — 37,0	» 4 — 5	= + 20,5
» 5 — 6	= — 31,8	» 6 — 7	= + 19,3
» 7 — 9	= — 32,0	» 9 — 10	= + 28,0
» 10 — 12	= — 28,8	» 12 — 13	= + 33,8
» 13 — 14	= — 25,0	» 14 — 16	= + 37,0

Die Dauer der Periode dagegen, mit der der Lichtperiode übereinstimmend ist diese:

Periode der Maxima von (κ — Π) = 2,625 Tage ± 0,297 Tage
Periode der Minima von (κ — Π) = 2,593 » ± 0,264 »

Betrachtet man die Werthe (κ — Π), wie sie nach Maximis und Minimis geordnet sind, so bemerkt man in ihnen einen starken Gang; die Werthe beider Reihen nehmen ab, und ebenso zeigen sich Maxima der jeder Periode zukommenden Schwingungen, die fast genau mit der Perihelzeit zusammenfallen. Das Wesentliche dieser Erscheinungen ist reell; ein Theil aber nur optisch wegen der täglich sich verändernden geocentrischen Projectionen. Ich werde abermals die Gränzcurven anwenden, und es werde die, mit regelmässigem Zuge durch alle Maxima von (κ — Π) gelegte Curve durch μ, die den Minimis von (κ — Π) angehörige durch μ' bezeichnet.

Die Gränzcurven umschliessen also die Gipfelpunkte der Wellencurve, und bilden schliesslich eine mit der die Helligkeiten darstellenden Gränzcurve ähnliche Figur. Sie haben im gegenwärtigen Falle den Zweck, die Variation von (κ — Π) in jeder einzelnen Periode, und das mit dem Perihel zusammenfallende Maximum solcher Variation genauer anzugeben. Die Mitternacht jedes Tages dient als Argument der folgenden Tafel, und die Werthe (μ — μ') geben die wahrscheinlichen Gränzen an, innerhalb welcher sich zu der betreffenden Zeit, und innerhalb je 2,6 Tagen, die scheinbare Neigung des Lichtfächers gegen die Schweifaxe hat verändern können.

Werthe der Gränzcurven.

Gränzen der Maxima		Gränzen der Minima			
	μ	μ'			
Aug. 13,5	= 235,8°	207,5°	$(\mu - \mu') =$	+	29,3°
" 14,5	= 236,0	201,9	"	=	+ 34,1
15,5	= 236,0	195,3	"	=	+ 40,7
" 16,5	= 236,0	189,5	"	=	+ 46,5
" 17,5	= 236,4	184,0	"	=	+ 52,4
18,5	= 237,5	178,0	"	=	+ 59,5
" 19,5	= 239,6	174,0	"	=	+ 65,6
" 20,6	= 243,0	170,5	"	=	+ 72,6
" 21,5	= 246,9	168,0	"	=	+ 78,9
" 22,5	= 247,2	165,5	"	=	+ 81,7
23,5	= 242,0	163,2	"	=	+ 78,8
" 24,5	= 235,5	161,7	"	=	+ 73,8
" 25,5	= 228,0	159,9	"	=	+ 68,7
" 26,5	= 221,2	156,0	"	=	+ 65,2
" 27,5	= 214,5	150,0	"	=	+ 64,5
" 28,5	= 206,0	144,9	"	=	+ 61,1
" 29,5	= 197,7	140,2	"	=	+ 57,5
" 30,5	= 188,0	136,0	"	=	+ 52,0
" 31,5	= 177,0	131,2	"	=	+ 45,8
Sept. 1,5	= 165,5	126,0	"	=	+ 39,5
" 2,5	= 154,1	120,6	"		+ 33,5
" 3,5	= 144,0	114,7	"	=	+ 29,3
" 4,5	= 135,0	108,0	"	=	+ 27,0
" 6,5	= 126,6	102,0	"	=	+ 24,6
" 6,5	= 119,0	95,9	"	=	+ 23,1
" 7,5	= 113,0	90,0	"	=	+ 23,0
" 8,5	= 108,3	85,0	"	=	+ 23,3
" 9,5	= 105,6	80,6	"	=	+ 25,0
10,5	= 104,5	78,2	"	=	+ 26,3
" 11,5	= 105,6	77,5	"	=	+ 28,1
" 12,5	= 108,2	78,5	"	=	+ 29,7
" 13,5	= 111,8	81,8	"	=	+ 30,0
" 14,5	= 115,2	85,4	"	=	+ 29,8
" 15,5	= 119,2	91,0	"	=	+ 28,2

Diese Tafel setzt also die grösste Schwingung des Fächers (über 80°) auf den 22. August, und dieser oder Aug. 23 ist der Tag des Perihels, wie wenigstens die bis jetzt bekannten ersten Versuche, die Bahn als Ellipse darzustellen, angeben. Ich bin überzeugt, dass dies Resultat keinem Zweifel unterliege. Nimmt man an, dass die Schwingungen des Fächers nur in einer bestimmten Ebene stattfanden, so kann die Stellungsveränderung des Cometen gegen die Erde in praktischer Beziehung keinen grossen Einfluss auf die Bestimmung der Maxima und Minima von $(\pi - H)$ haben. War die Schwingung aber conoidisch, so zwar, dass jeder durch den Schwingungskegel gelegte Schnitt einen Kreis bildete, und alle Abweichungswinkel von der Axe des Kegels (die der Radiusvector sein wird) gleich waren, so kann die Veränderung der geocentrischen Projection die Zeiten der Maxima und Minima von $(\pi - \Pi)$ ändern. War aber die Conoidalbewegung anomal, z. B. so, dass die vorhinerwähnten Querschnitte etwa Ellipsen bildeten, so musste der Effect der Stellungsveränderung derselbe sein.

Die Gränzcurven, welche die beobachteten Maxima und Minima um ein geringes verändern, bedingen nun auch eine ebenfalls nur geringe Aenderung der Epochen der Extreme, und die neue Construction der Wellencurve zeigt uns die folgenden Resultate:

Maxima $(\pi - \Pi)$	Minima $(\pi - \Pi)$
Aug. 13,17	Aug. 14,42
» 15,92	» 17,12
18,37	» 19,58
21,47	» 22,08
24,12	» 25,17
26,42	» 27,75
29,33	» 30,80
Sept. 1,17	Sept. 2,87
3,75	» 4,87
5,92	» 6,80
7,85	» 9,00
10,21	» 12,00
13,25	» 14,75

Daraus ergeben sich die Mittelwerthe der Schwingungsdauer:

aus den Maximis . . 2,590 Tage $\pm$ 0,252 Tage
aus den Minimis . . 2,611 » $\pm$ 0,283 »

Wie ich aber früher schon bemerkt habe, werden die Beobachtungen seit September 5 unsicher, theils wegen der an diesem Tage auftretenden neuen Phänomene, theils wegen des Mondscheines, und der tiefen Lage. Ohne irgend etwas an den gefundenen Resultaten einzubüssen, kann man mit Sept. 4 abschliessen, und findet sodann die Periode:

aus den Maximis = 2,697 Tage $\pm$ 0,171 Tage
aus den Minimis = 2,779 » $\pm$ 0,219 »

im Mittel 2,738 Tage, mit dem Werthe aus der Lichtperiode nahe übereinstimmend.

Zur Beurtheilung der übrigbleibenden Fehler bei Anwendung der Wellencurve, welche durch die Gränzcurven nur sehr schwach modificirt ward, will ich für diejenigen, welche mit derartigen Untersuchungen weniger vertraut sind, noch das Folgende bemerken.

Wählt man, was in vielen andern Fällen gestattet ist, eine gewöhnliche, durch alle $(\pi - \Pi)$ im Mittel sich hindurchschreibende Curve (die ungefähr die Axe der von den Gränzcurven gebildeten Figur sein würde), so hat man folgende übrigbleibende Fehler (Curve — Beobachtung.)

Aug. 13	= — 18°	»	Aug. 21	= — 40°
» 14	= + 21	»	22	= + 30
15	= + 4	»	22	= + 22
» 17	= + 33	»	23	= — 5
» 18	= — 18	»	23	= + 10
» 19	= + 40	»	24	= — 37
» 20	= + 22	»	25	= + 39

Aug.	26	=	− 34°		Sept.	5	+	5°
	27	=	+ 34			6		0
	28	=	+ 30			7	−	5
	29	=	− 29			8	+	3
	30	=	+ 26			9	+	15
	31		+ 16			10	−	15
Sept.	1		− 17			11	+	6
	2	=	+ 12			12	+	13
	3	=	+ 7			13	=	− 14
	4		+ 4			14		+ 10

Die so übrigbleibenden Fehler brauchen uns nicht weiter zu beschäftigen; sie sind unmöglich, und jeder Beobachter musste ohne alle Messungen und Zeichnungen, nur bei jedesmaliger Erinnerung an das Abends vorher Gesehene erkennen, dass scheinbare Schwingungen des Fächers vorkamen, und der Verlauf der Beobachtungen musste ihn lehren, ebenfalls auch ohne Messungen, dass solche Schwingungen periodisch seien. Betrachten wir dagegen die anschliessende Wellencurve, so verschwinden alle grössern Fehler, und es bleiben nur solche übrig, die nach der Natur meiner Messungen überhaupt möglich und zulässig erscheinen; es sind die folgenden, wenn Mittel der einzelnen Tage angesetzt werden.

(Curve — Beob.)

Aug.	13	=	+ 8,0°	... 1 Beob.		Aug.	30	=	0,0°	... 1 Beob.
	14	=	0,0	... 1 "			31	=	+ 1,0	... 1 "
	15	=	0,0	... 1 "		Sept.	1		+ 3,5	... 1 "
	17		+ 1,0	... 1			2	=	0,0	... 1 "
	18	=	+ 4,6	... 2 "			3	=	+ 1,0	... 1 "
	19	=	+ 0,5	... 5 "			4	=	0,0	... 1
	20	−	− 3,5	... 1 "			5	=	0,0	... 1
	21		+ 1,0	... 1 "			6	=	0,0	... 1
	22		− 1,5	... 2 "			7	=	− 3,0	... 1
	23		+ 2,5	... 2 "			8		0,0	... 1
	24		0,0	... 1 "			9	=	+ 5,5	... 1
	25	=	− 0,5	... 1 "			10	=	− 4,2	... 1
	26	=	− 0,2	... 2 "			11		0,0	... 1
	27		+ 0,8	... 2 "			12		+ 1,0	... 1
	28		+ 9,0	... 1 "			13	=	− 1,0	... 1
	29	=	− 0,5	... 1 "			14	=	0,0	... 1 "

Der grösste restirende Fehler von 9° bleibt also noch unter der als möglich angenommenen Gränze. Aber auch diese ansehnlichen Fehler des 13. und 28. Aug. schwinden, wollte man die ursprüngliche, nicht aber, wie geschehen ist, die durch die Gränzcurven modificirte Wellencurve allein, in Betracht ziehen.

Nachdem wir nun gesondert die Perioden der Helligkeit des Kerns und der Schwingungen des Strömungsfächers dargelegt haben, bleibt noch übrig nachzuweisen, dass die Coïnzidenz der Zeiten des grössten Lichtes mit den grössten $(\pi - \text{II})$ und die Coïnzidenz des kleinsten Lichtes mit den kleinsten $(\pi - \text{II})$ eine vollständige war, soweit meine Beobachtungen dies Resultat überhaupt begründen können. Es sei t die Zeit der Maxima des Lichtes, t' die der Minima; τ die Zeit des Maximum für $(\pi - \text{II})$, τ' die des Minimum für $(\pi - \text{II})$, so hat man:

$$(t - \tau) \text{ in Mittel } = - 0{,}05 \text{ Tage}$$
$$(t' - \tau') \quad \bullet \quad \bullet \quad = - 0{,}02 \quad \bullet$$

d. h. also, es fielen die Zeiten der Maxima und Minima der zwei Hauptphasen zusammen, oder mit andern Worten, wenn der Kern am meisten glänzte, war $(\varkappa - \Pi)$ am grössten, und der Fächer war am weitesten nach links (im Fernrohre) geneigt. Dagegen stand der Kern im Minimo seines Lichtes, wenn die Neigung des Fächers nach rechts am grössten, oder wenn $(\varkappa - \Pi)$ am kleinsten war. Mit der grössten Helligkeit des Kerns verbunden waren durchschnittlich die schmalen hellen Fächergestalten, sowie das Fehlen dieser; mit der kleinsten Helligkeit und der kleinsten scheinbaren Grösse des Kerns aber die grössern diffussen, lichtschwachen und sehr voluminösen Gestalten des Fächers. Jene Werthe $(t - \tau)$ und $(t' - \tau')$ umfassen die ganze Beobachtungszeit von Aug. 13 — Sept. 14. Will man wegen der Zweifel seit Sept. 5 sich auf die frühere Reihe beschränken, so ergiebt sich $(t - \tau)$ $= +0{,}14$ Tag. $(t' - \tau') = - 0{,}21$ Tag, beidemale klein genug, um eine völlige Coincidenz jener Extreme wahrscheinlich finden zu lassen.

Grösse des Kerns und Geschwindigkeit der Ausströmung.

Da, wie früher erwähnt, der Kern zur Zeit der Erdnähe schwerlich jemals grösser als $1''$ erschien, so ergiebt die Rechnung, dass seine wahre Grösse auch nicht höher als 0,07 Erdhalbmesser oder 60 geogr. Meilen angenommen werden dürfe. Die Anwendung starker Okulare machte es mir indessen sehr wahrscheinlich, dass der innerste, nicht mehr in Nebel zerlegbare kaum $0{,}25''$, also die wahre Grösse nur etwa 15 Meilen betragen konnte.

Für die Geschwindigkeit der ausgeströmten Materie lässt sich aus den Athener Beobachtungen diesmal nur ein Näherungswerth ableiten, da es an allen Hülfsmitteln fehlte, die darauf bezüglichen feinen Messungen auszuführen. Indessen gestatten die Angaben des 26. Aug. wenigstens folgenden Versuch.

$$\text{Uhr Min.}$$
Nimmt man Aug. 26. 7 45 Länge des Fächers $= 54''$
   9 30 » » » $= 64$

so findet man mit log. $\Delta = 0{,}5808$, dass diese Grössen in der Entfernung $1 = 20{,}57''$ und $24{,}38''$ gross erschienen; dass aber die wahren Grössen: 2,4001 und 2,8441 Erdhalbmessern entsprachen, oder resp. 2053 und 2445 geogr. Meilen betragen, vorausgesetzt, dass die Axe des Lichtfächers senkrecht gegen die Gesichtslinie gestellt war. Die Bewegung betrug also 0,444 Erdhalbmesser in 1 Uhr 45 Min., woraus die Geschwindigkeit in einer Secunde $= 230{,}5$ Toisen oder 1383 pariser Fuss folgt. Wir sehen also aus meinen Messungen, dass bei den grossen Cometen von 1858, 1861 und 1862 diese Geschwindigkeiten mässig waren, nur wenig die des Schalles in der Luft, oder die der Undulationen des Erdbebens übertrafen, und sich im Ganzen zwischen 200 und 400 Toisen hielten.

Lage der isolirten Lichtwolken gegen den Kern.

Es war an verschiedenen Abenden möglich, die Unterschiede in A. R. und Decl. der matten Lichtwolken gegen den Kern mit dem Kreismikrometer zu bestimmen. Diese, von der Wirkung der eigenen Bewegung und der Refraction schon befreiten Messungen will ich hier zusammenstellen.

Aug. 11. An der Stelle des hellen scharfen Fächers liegt eine wolkenartige Verdichtung a.

Uhr	Min.	Sec.				Sec.			
8	27	0	A. R. a = A. R. Kern + 0,34; δa = δ Kern — 21,4"
8	48	42	»	»	»	+ 1,19	»	»	— 23,7
m. Ath. Zt. 8	37	51	»	»	»	+ 0,76	»	»	— 22,5

Aug. 28. Wolke a am Ende des krummen und lichtschwachen Büschels γ.

Uhr	Min.	Sec.				Sec.			
9	23	50	A. R. a = A. R. Kern — 4,46; δa = δ Kern — 40,0"
10	12	25	»	»	»	— 4,21	»	»	— 45,2
10	14	15	»	»	»	— 4,97	»	»	— 45,5
9	56	50	»	»	»	— 4,51	»	»	— 43,6

Aug. 31. Dieselbe mit dem Büschel γ verbundene Wolke a.

Uhr	Min.	Sec.				Sec.			
8	22	41	A. R. a = A. R. Kern — 3,86; δa = δ Kern — 82,8"
8	24	51	»	»	»	— 4,08	»	»	— 70,6
8	54	5	»	»	»	— 3,43	»	»	— 75,3
8	57	7	»	»	»	— 4,38	»	»	— 77,9
9	8	48	»	»	»	— 4,61	»	»	— 83,5
9	12	21	»	»	»	— 4,08	»	»	— 83,4
8	49	50	»	»	»	— 4,16	»	»	— 78,9

Sept. 3. Abermals die Wolke a an der Spitze von γ.

Uhr	Min.	Sec.				Sec.			
7	58	58	A. R. a = A. R. Kern — 3,61; δa = δ Kern — 81,6"
8	15	23	»	»	»	— 3,49	»	»	— 87,7
8	21	51	»	»	»	— 2,53	»	»	— 85,9
8	12	4	»	»	»	— 3,21	»	»	— 88,4

Aug. 28, 31 und Sept. 3 zeigte bestimmt jedesmal dasselbe Phänomen, und wie die Abbildungen leicht erkennen lassen, stets genau in derselben Verbindung mit dem Fächer γ. Da nun diese Wolke a den Scheitelpunkt der hufeisenförmigen Figur bildet, welche, zunächst den Kern umhüllend, als die Basis des Schweifes erscheint, so halte ich es für möglich, dass dieser zwischen Kern und Sonne liegende, sichtbar ausgezeichnete Punkt, dereinst nähere Erwägung verdienen werde.

Athen, im October 1862.

Druck von F. A. Brockhaus in Leipzig.

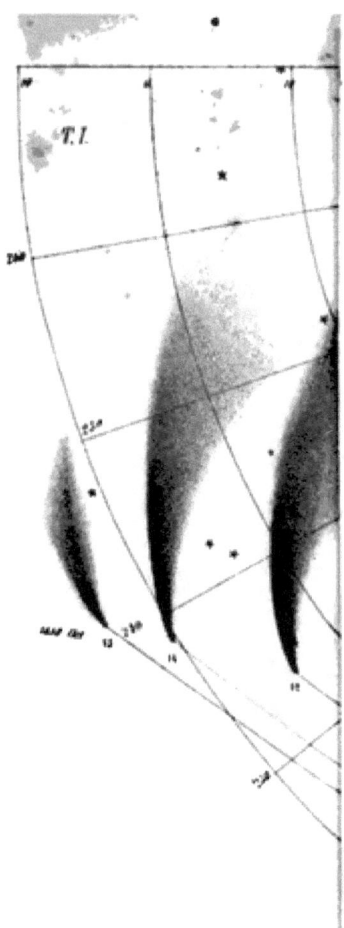

Donatiï Comet

1858

·

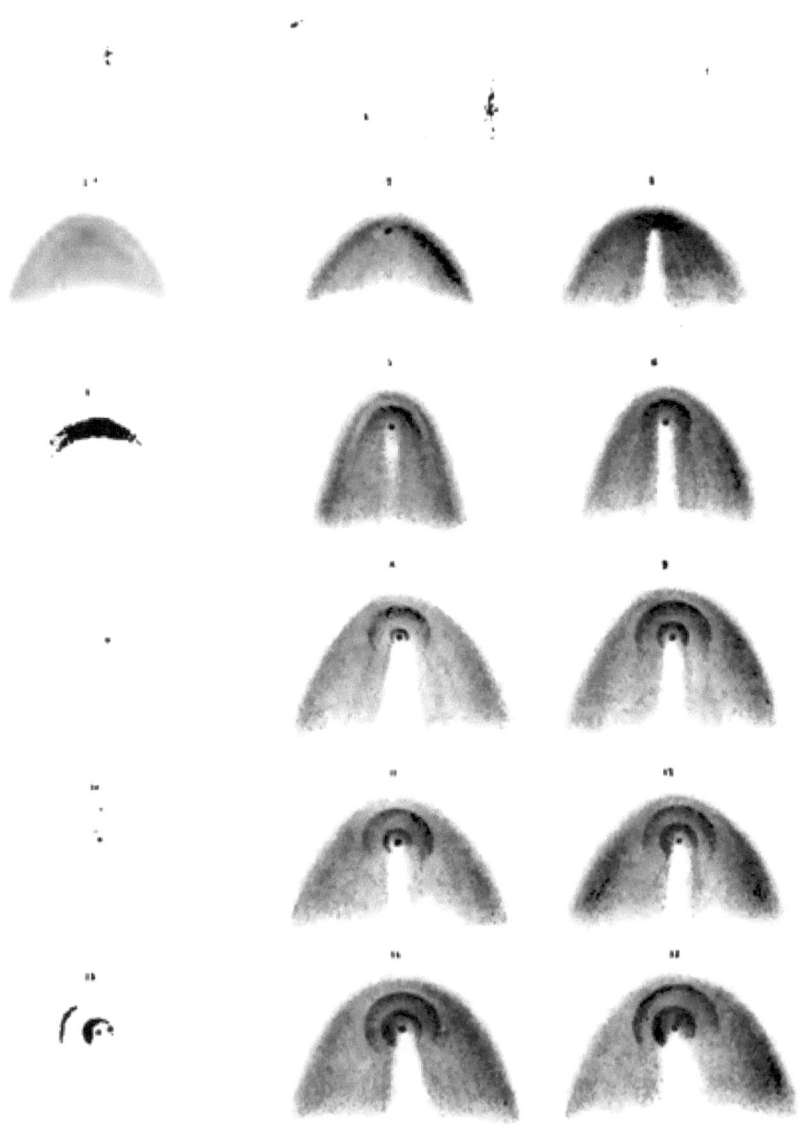

1, Sept 16   2, Sept 23   3, Sept 25   4, Sept 26 6ʰ   5, Sept 30 6ʰ 30ᵐ   6, Sept 30 7ʰ 10ᵐ   7, Oct 3 5ʰ 30ᵐ   8, Oct 3 6ʰ 10ᵐ   9, Oct 3 7ʰ 30ᵐ

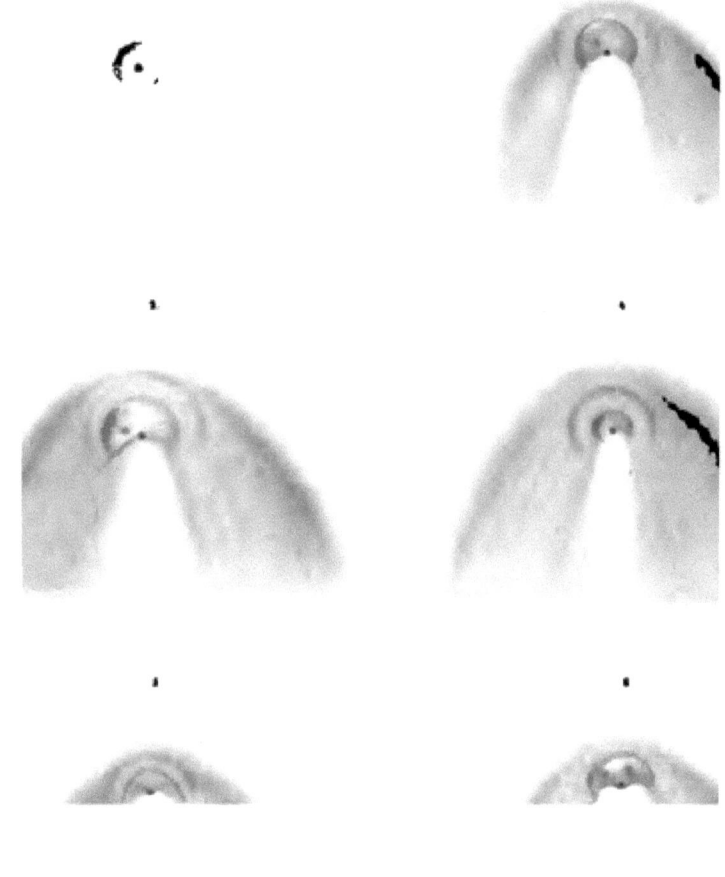

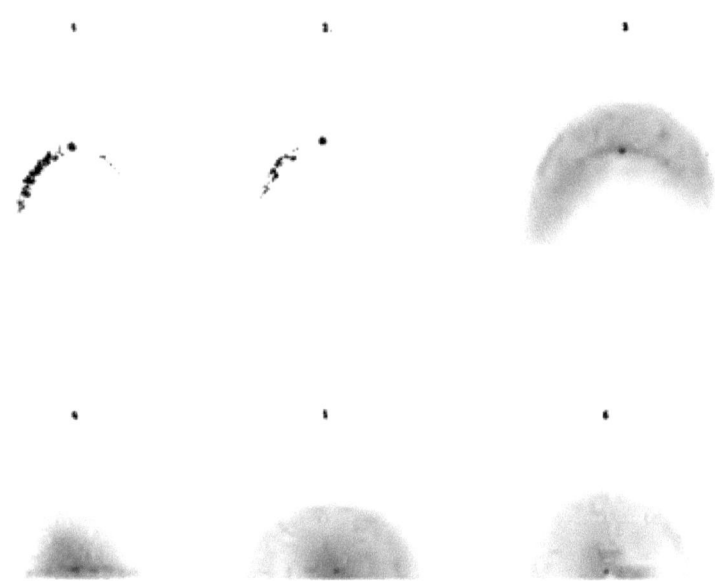

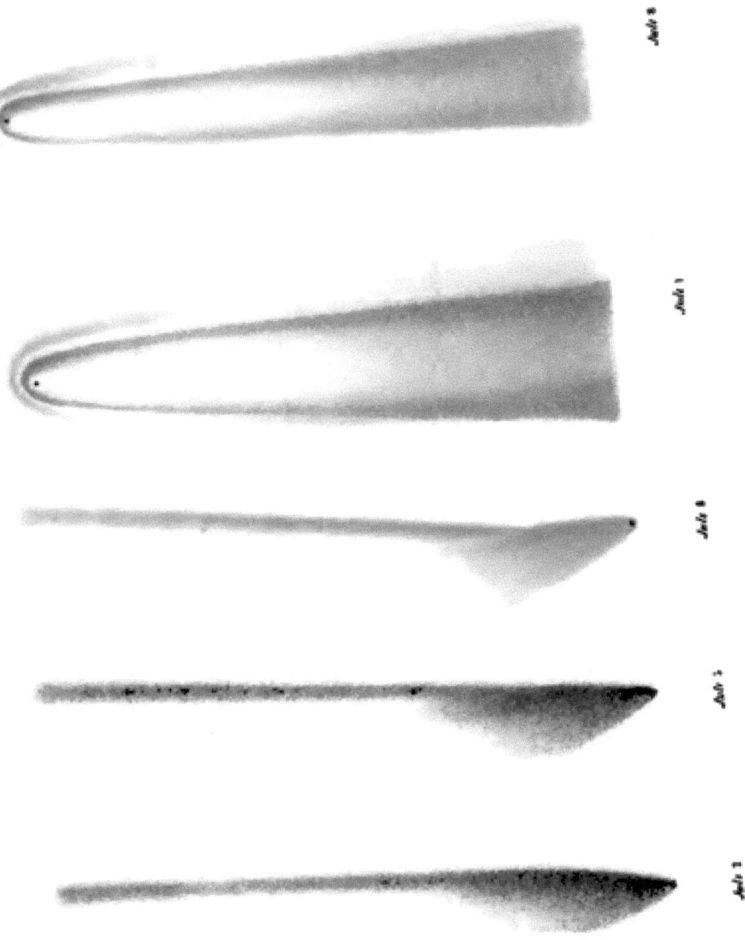

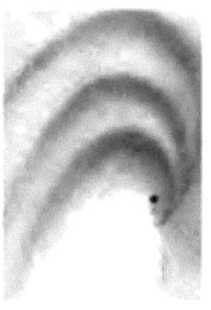

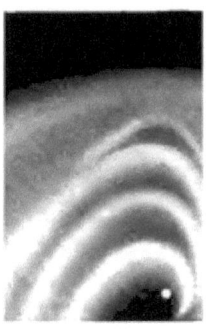

1

2

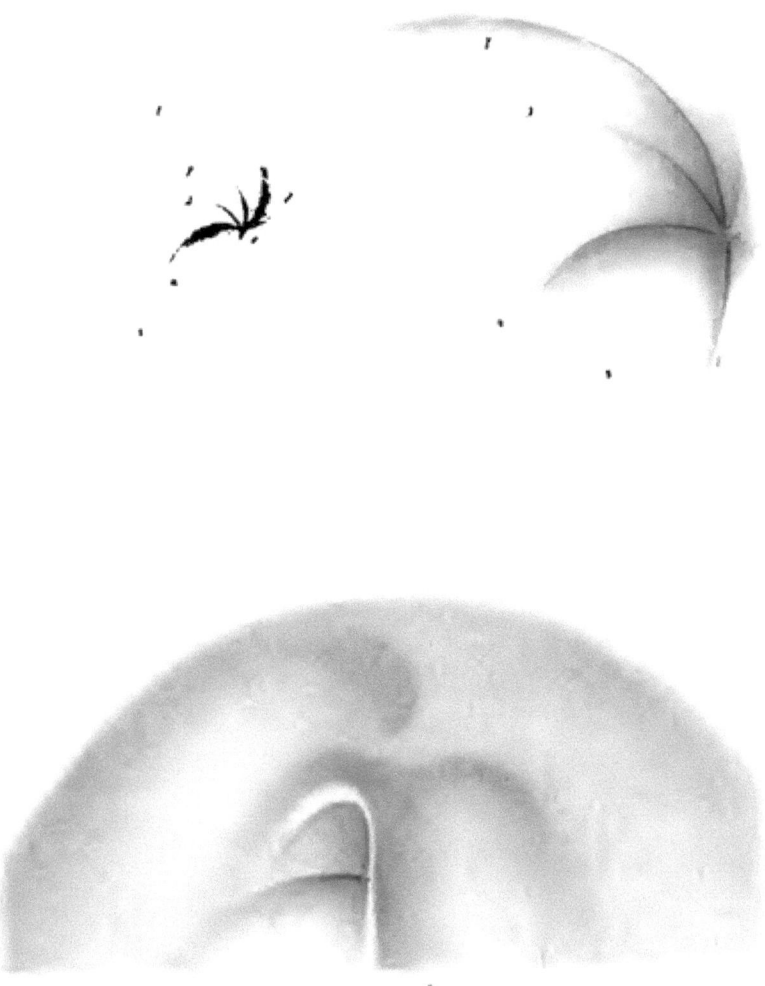

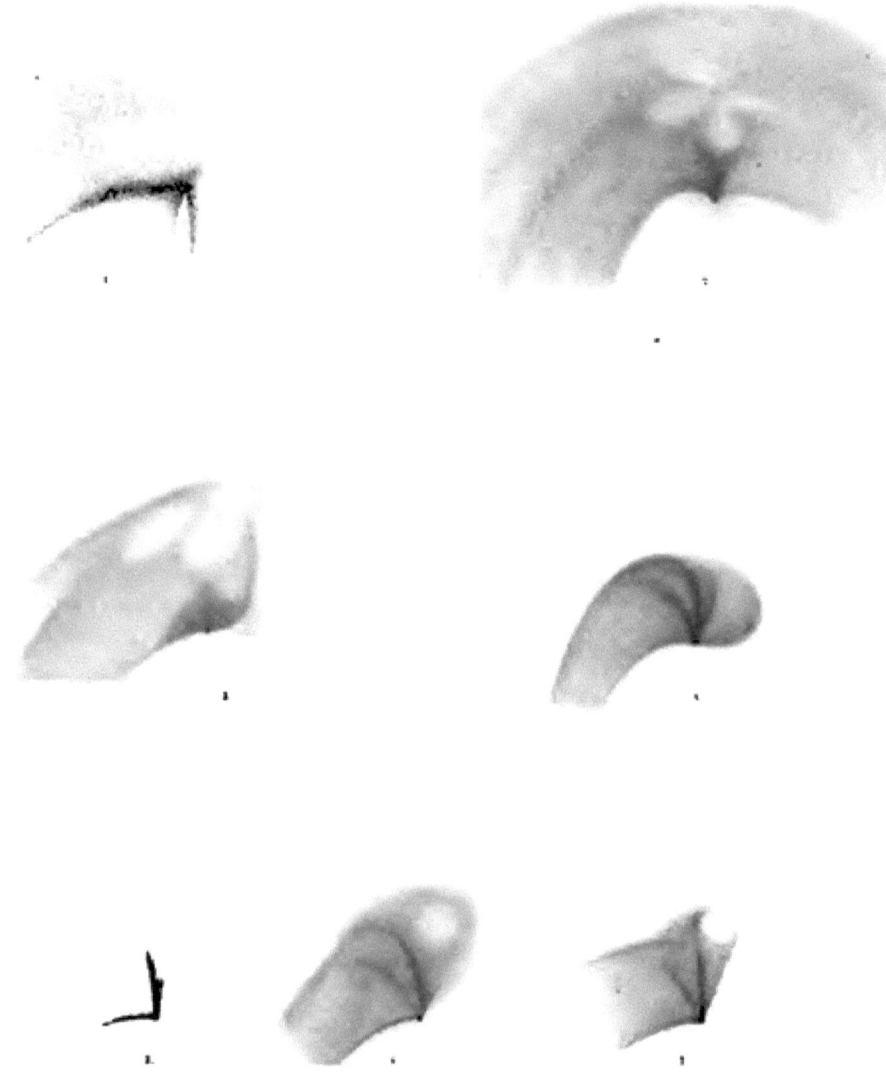

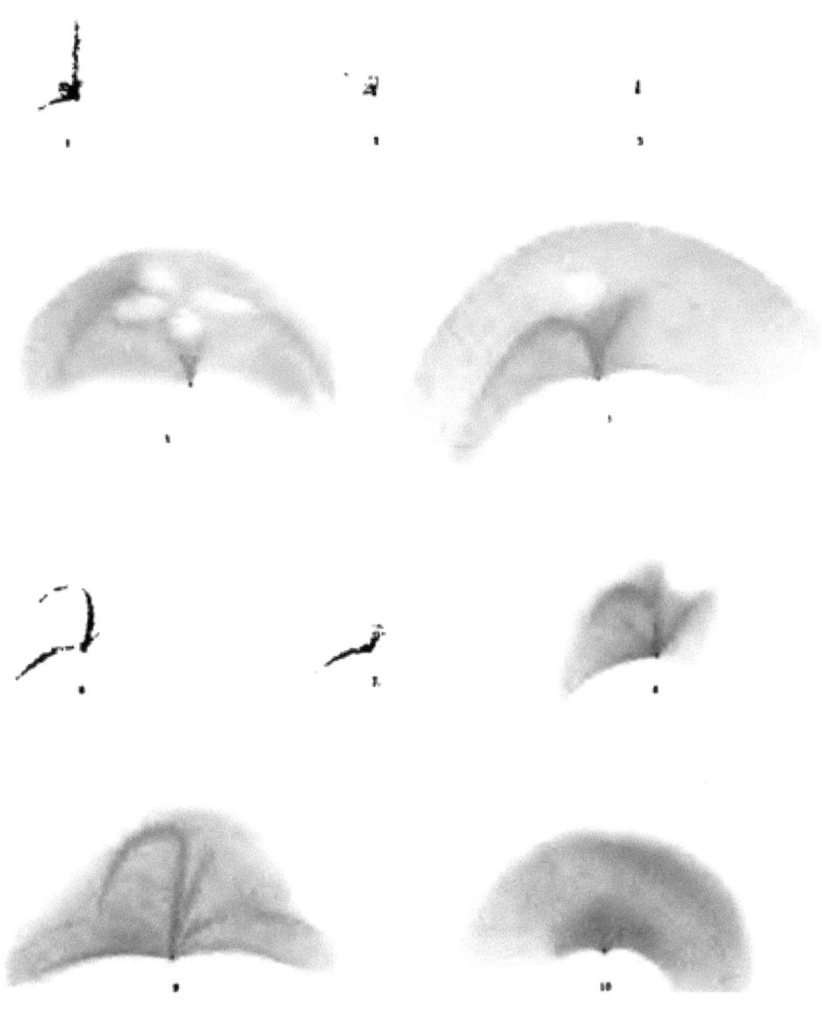

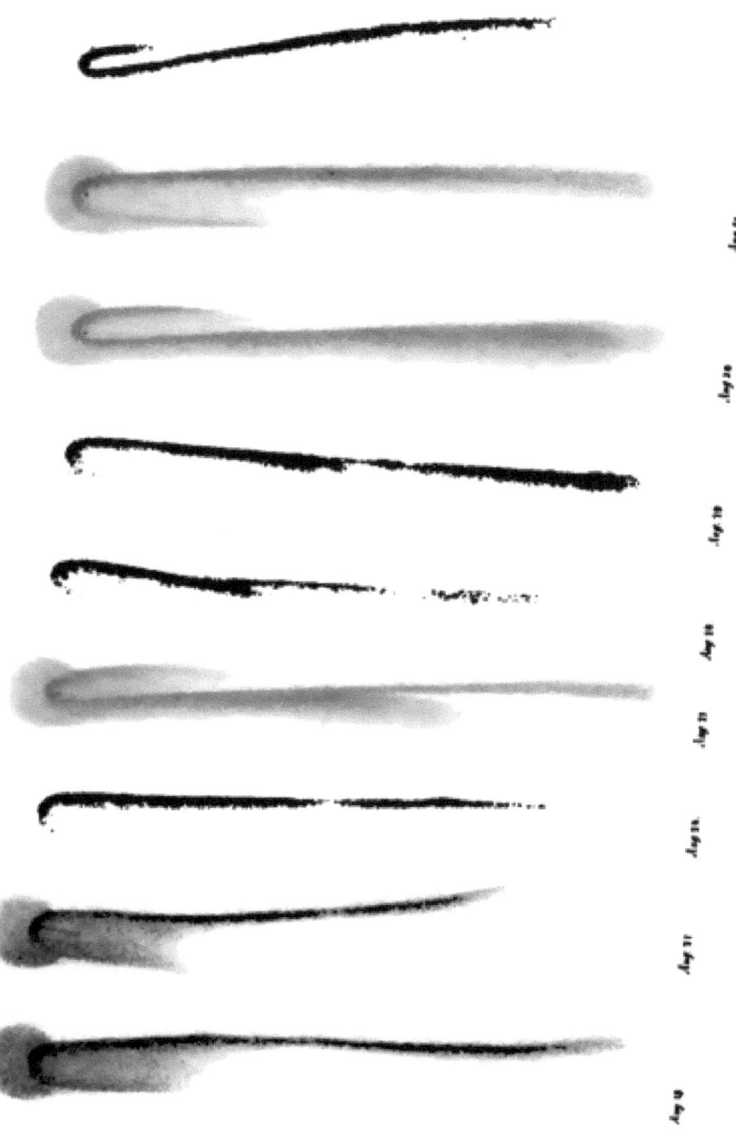

Sept 2.

Aug 31

Aug 30

Aug 28

Aug 25

Aug 22

Aug 20

Aug 17

Aug 13

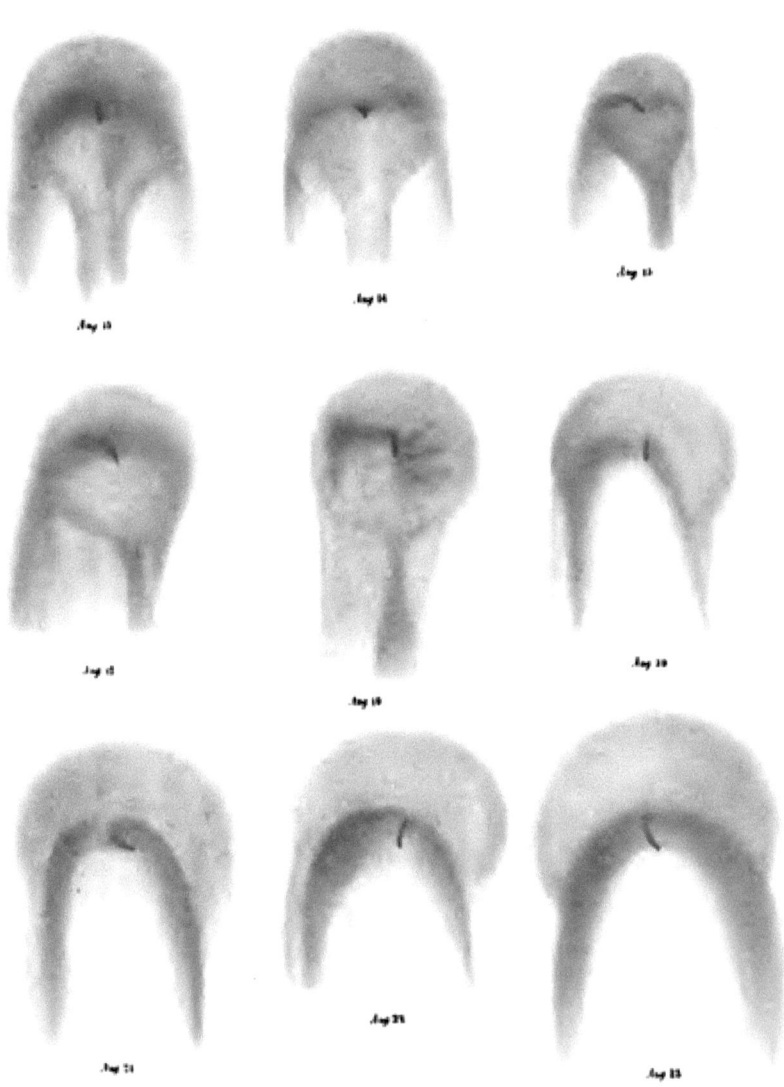

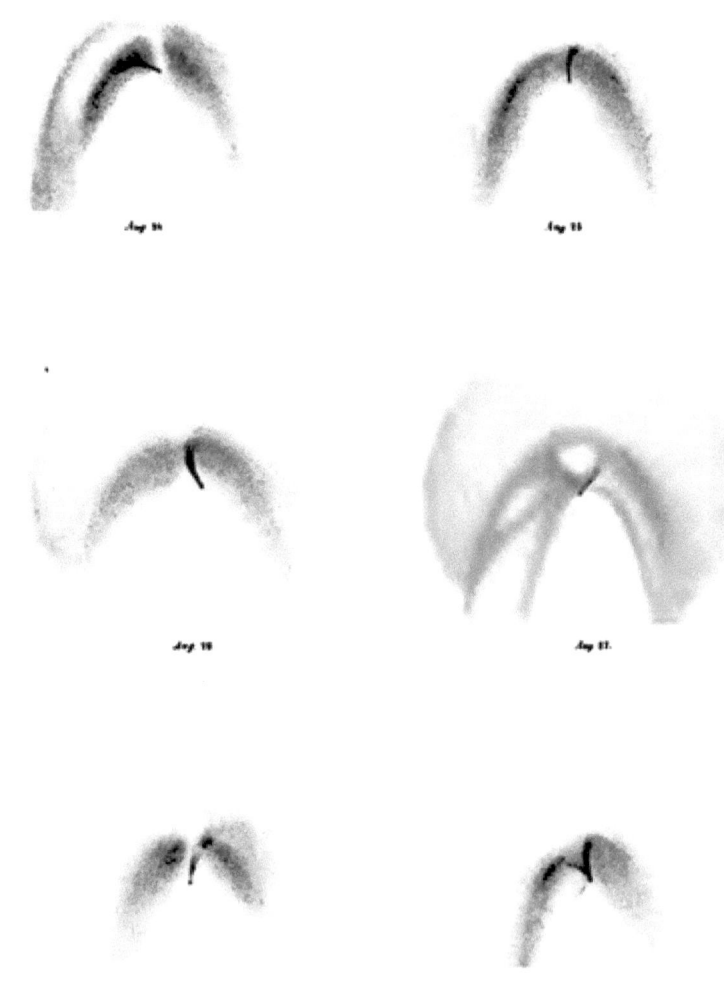

Aug 20.   *Aug 23.*

Aug 26.   *Aug 27.*

Comet. II 1862.

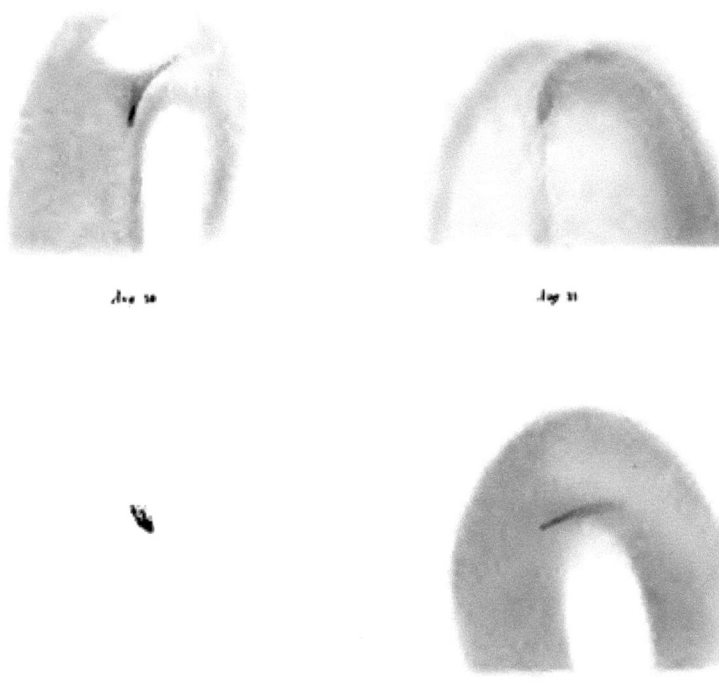

Aug 20   *Aug 31*

Sept 4   *Sept 6*

Aug 21 8ʰ 5 (im mit Urgrösseg)

Aug 29 9ʰ 6 (im mit Urgrösseg)

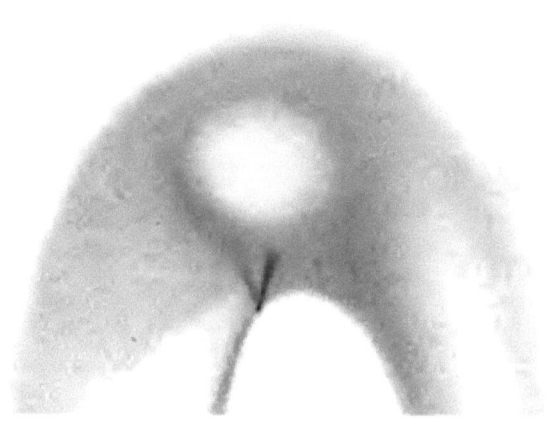

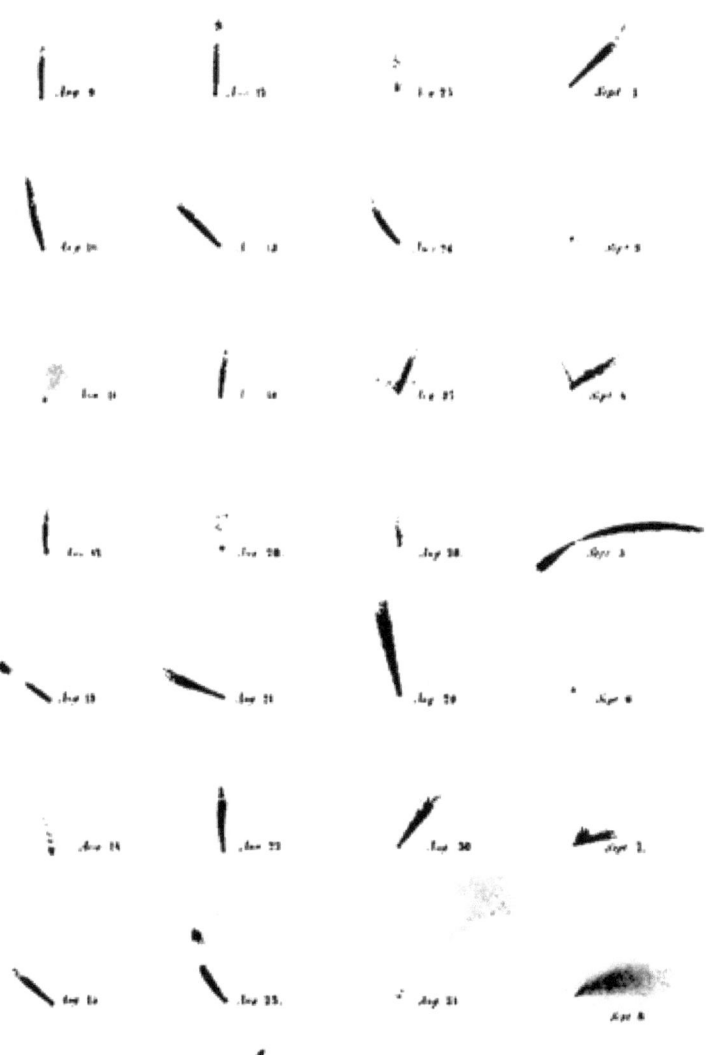